BECOMING
A COACH
The Essential ICF Guide

教练的常识

乔纳森·帕斯莫尔（Jonathan Passmore）
特蕾西·辛克莱（Tracy Sinclair） | 著

群智企业教练 | 译

吴彦群　陈秋佳　张非凡 | 审校

中国人民大学出版社
·北京·

译者序

2019年暑假，我们全家去贵阳旅游，住在独山县的一家山顶酒店里。一天晚上，狂风骤雨，早上起来发现，因为停电、断网、塌方、封路，我们被困在了山顶酒店。这场意外却带给了我一天神仙般的生活，在云端与世隔绝，拍照、听风、观云、喝茶、看书，我还在这一天做了一个决定，写一本关于教练的书。

教练在全球尚属于年轻行业，在中国更是刚刚起步。2020年前，和教练相关的书籍屈指可数，已有的书大多聚焦在某一个教练主题上，没有哪本书能够提供一个关于教练的全局图。

因为开办了群智企业教练，身边常常有学员来咨询我，关于教练，有没有一本好的入门书籍可以推荐。每当这时，我都会萌发出撰写“你的第一本教练书”的冲动，因为即使在全球市场，也没有一本全面介绍教练行业和教练核心能力的启蒙书。

下山后，我迅速起草了这本书的大纲。但是日常的忙碌很快打断了我的写书计划，大纲也安静地躺在了电脑的某个文件夹中。

2020年元旦假期后的第一周，我收到了一封邮件。发件人是英国雷丁大学亨利商学院亨利教练中心主任Jonathan Passmore和时任国际教练联合会（International Coaching Federation，ICF）全球董事会主席的Tracy Sinclair，他们正在合著一本关于教练的书，希望由我来主导中文版的出版。

我惊喜地发现，他们这本书的目录和我曾经的大纲草稿竟然如此相似。这就是我心中理想的教练百科全书，也是中国市场需要的一本教练常识书，简直太好了！他山之石，可以攻玉，于是我欣然接受了两位教练前辈的邀请。这对我和群智企业教练而言，是一份认可、一份荣幸，更是一份责任。

然而，原定2020年4月出版的书却一再延迟，原因是ICF这两年正在进行一系列的改革。2019年11月，曾经使用了25年的“核心能力模型”有了新版本，这只是改革的第一步；之后ICF又更新了“道德规范”；2020年9月，基于新版的核心能力模型，ICF又发布了专业级认证教练PCC的认证评估细则；等等。

这一系列的改革和本书的作者特蕾西分不开，她于2018年担任ICF全球董事会主席，在任职期间直接领导了ICF的改革。两位作者与时俱进，不断更新和迭代书中的内容。ICF高管团队对本书的出版提供了支持和协助，对本书进行了审读，以确保本书内容的准确性和完整性。2021年初《教练的常识》全球版终于面世了！

群智企业教练翻译小组也在2021年春天正式成立，包括八位优秀的教练，加上陈秋佳和张非凡两位教练界的翻译大咖和我担任审校。这个小组异常认真，我常常被大家的“较真儿”打动，仅presence这个词就提出了多个中文译法，大家反复讨论如何翻译才能做到既准确又通俗易懂。

这是全球第一本详细介绍ICF新版核心能力模型的著作，虽然是ICF指南，但它远远超越了ICF定义的教练核心能力和教练认证本身。书中第1章就提出了教练成熟度的概念，我对此很有共鸣。面对每一期来群智企业教练学习的学员，我都强调，教练不仅是一个职业、一个工具、一种技能，更代表着新的理念、新的人际互动方式、新的关系、新的生活状态。教练的本质是发展和成长，教练的成熟是一个无限的过程，获得教练认证不是要抵达一个目的地，而是要持续发展、终身成长。

在中国，对于大多数人来说，教练有点遥不可及，《教练的常识》的出版将有助于让更多人认识教练，本书完美地实现了通俗和专业的平衡，不仅给正规的教练培训提供了一个权威性的指导，而且可以服务于任何对教练感兴趣的业余爱好者。

如果你刚刚接触教练，有一点点兴趣，那么本书将在你决定学习教练前，帮助你了解教练的价值和不同的教练方法，确定最适合自己的学习路径。

如果你正在参加专业的教练认证培训项目，本书全面介绍了 ICF 的认证体系，并且深入细致地阐述了认证教练需要掌握的核心能力，带你了解众多教练流派，拓宽你的思维。

如果你已经是一名认证教练，本书可以给你提供持续精进的方法，书中给出了很多有启发性或能引起反思的问题，支持你进一步提升教练成熟度，在实践中不断发展自我。

如果你是一名教练实践者，书中丰富的教练方法和大量的教练工具不仅能提高你的实践能力，而且能支持你将这些技能应用于教练实践中。

除此之外，本书还适合广大的教练型管理者，群智企业教练每年都给成倍增加的企业管理者提供各种教练培训课程和线上微课，支持企业经理人学习教练知识，将高压式管理转变为激励赋能型管理。他们中有些人可能对教练这个职业感兴趣，更多的人是对将教练技术运用到企业管理中感兴趣，这本书是大家必不可少的资源。

本书审校陈秋佳老师说："中国是一个文化上高度统一的国家，很多'信念'流传至今，已经是根深蒂固的'事实'。这就导致有些时候教练听到了'信念'也辨识不出来。本书提供了一个国际化视角，在时间和空间上有相当大的跨度，呈现了不同文化之间的差异、不同时期的社交礼仪。近年来心理学的日益普及，也给教练们带来很大的启发。"

本书的第 1 ～ 4 章由段晓英翻译；第 5 ～ 7 章由王希娜翻译，第 8 ～ 13 章由蒋培红翻译，第 14 ～ 17 章由朱缨翻译，第 19 ～ 21 章由王小石翻译，第 18 章和第 22 章由陈秋佳和张非凡翻译，第 23 ～ 28 章由吴齐元翻译，第 29 ～ 33 章由李晓轩翻译，第 34 章由李漫翻译。最后全书由吴彦群、陈秋佳和张非凡审校。

发自肺腑地感谢群智企业教练翻译小组的各位成员，大家的努力让这本著作在中国得以出版。这本书必将成为人手一本的教练经典。希望经由这本书，我们共同创造中国教练行业的美好前景，人人都可以学一点教练，人人都值得拥有教练，人人都可以成为教练，取得成功！

吴彦群

目录

第三部分 教练方法

第四部分 教练实践

第一部分

BECOMING A COACH

开启新的旅程

本部分由四章组成，目的是为本书的其他部分做好铺垫，提供介绍和背景。

第 1 章是关于教练成熟度的话题，开篇介绍了成为合格教练的一些步骤，如参加经过认可的培训并获得国际教练联合会（ICF）的认证。需要强调的是，这些步骤并不只是达到目的的手段。事实上，随着时间的推移，一个人可以寻求和获得的经验及成熟度是没有尽头的。因此我们也提出，提高成熟度是一个持续终生的发展和成长旅程。

在第 2 章中，我们探讨了教练的定义。首先介绍了为什么明确教练的定义如此重要。继而提出了目前存在的几种定义，并分享了相应的例子，这些例子凸显了教练工作的基本议题和相似性，以及每种情况下的细微差别。本章还探讨了教练和其他工作方式以及向客户提供的其他专业服务之间的不同。我们从讨论教练和辅导开始，因为这两种模式经常被混淆并交织在一起。这些工作方式的差异将在第 31 章进一步探讨。与此同时我们还概述了教练与心理咨询 / 治疗的关系和教练与顾问的关系。

第 3 章和第 4 章分别讨论了“我是谁”和“我的客户是谁”。对“我是谁”的探究着眼于自我觉察和自我反思的概念与益处（这一领域在第 30 章也有探讨）。我们将 MBTI 模型定位为可以用来深入了解自己的众多视角之一。此外还强调了自我觉察的重要性，以及它是如何在 ICF 核心能力模型中得到强调的。最后，我们提供了一些工具和方法的使用建议，教练可以在其发展成熟度的道路上将这些作为反思的实践，以提高自我觉察能力。

第 4 章还探讨了我们面对客户时所持的教练心态。这一章再一次强调了“视角”的概念，并分享了几个优势测评工具的例子，这些工具可以用来帮助塑造和培养我们的教练心态，使我们能够从一种积极的而不是消极的角度来与客户互动。我们注意到，这些工具不仅对教练有用，还可以为客户提供有威力的“视窗”，使其“看到”自己，从而提高自我觉察，这也是教练过程的一部分。

第 1 章

通往教练的成长之旅

关于教练的发展，职业教练界的讨论很多。国际教练联合会（International Coaching Federation，ICF）对教练的发展从初学者到助理级认证教练（Associate Credentialed Coach，ACC）、专业级认证教练（Professional Credentialed Coach，PCC），最后到大师级认证教练（Master Credentialed Coach，MCC）等各个阶段都有自身的术语。本书的关注点落在“成熟度”上，将其作为教练发展的另一个思考维度，因为我们意识到现实中许多表现极佳的教练可能尚未获得 MCC 认证。本章介绍的就是“成熟度”这一概念。在我们眼中，教练的发展不是抵达一个目的地，而是一个持续的过程。即使是已经具有 MCC 资质的教练，其发展也需要持续进行。我们都在发展的旅程中。

教练成熟度

正如所有职业对于能力或技能水平都有要求一样，教练也是如此。作为一名新入行的 ICF 教练，你的旅程可能始于第一次接受同事或专业教练的教练过程。这个体验可能让你对教练这个职业产生兴趣，可能帮助你去发现最适合自己的选择。或者你已经决定参加一个短期教练技能课程，因为这个体验引发了你的好奇心。无论是何种情况，当你决定要成为一名教练时，你就已经正式开始了你的发展旅程。

然而，完成一个正式的培训项目，不论是获认证的特定教练培训时数（Approved Specific Coach Training Hours，ASCTH）或获认证的教练培训计划（Approved Coach Training Program，ACTP）课程，都只是该旅程的一部分。要成为ICF认证教练，你还需要完成以下内容，包括：

1. 教练小时数的记录。

2. 教练知识测评。

3. 教练辅导的记录。

4. 教练水平测评。

现在，你也许正在这段旅程中，你可能已经是ICF认证的ACC或PCC，或者你已经是一位MCC，并渴望继续拓展学习，又或者你从事了多年的教练工作但没有获得正规的教练资质。

无论你现在在哪儿，迈向成熟之旅的脚步都不会停止。我们之所以选择“成熟”一词，而不是“精通”，是因为“精通”暗含着结束的意思，经过多年训练和实践后，我们成了大师级认证教练。相反，“成熟”意味着一个无限的过程，在这个过程中，发展从未停止。在教练实践的旅途上，我们总是可以变得更成熟、更具反思性和更深刻。

事实上，我们想要指出，如果一个教练不再学习，那意味着他将不再准备当教练。教练工作要求我们保持对客户和自己的好奇心，把客户看作是有能力学习和实现改变的人，并且作为一个保持开放、愿意学习，努力适应客户和我们所在的动态世界的学习者，去亲自践行这个理念。

在这本书中，我们的目标是为教练的继续发展提供多种方式，其关注点从教练能力、教练模型、教练实践，到最终的兼收并蓄和融会贯通。通往教练成熟度的发展之旅见知识框1-1。

此框架借鉴了大卫·克拉特巴克（David Clutterbuck）和大卫·麦金森（David Megginson）的研究成果，呈现了教练成熟度多个不同的层次，但我们认为或许还有一个存在于这些层次之外的层次，这可能是一种对

知识框 1－1　通往教练成熟度的发展之旅

教练的关注点	方法	在此成熟度阶段常见的问题
关注模型	控制	我如何将客户引领到我认为他们应该去的地方？ 我该如何在客户身上应用我的模型？
关注工具和技巧	容纳	如何能让客户既有思考的空间又能确保其目标实现？ 我该如何使用这些工具和技巧？
关注理念	引导	我相信世界运作的方式是 X，基于这个世界观，我如何最大限度地帮助客户？ 客户及其议题如何适应这个世界观？
关注整合和兼收并蓄	赋能	在教练开始前，客户和我都不知道问题的答案以及本次教练进程的方向。我们是否足够放松，允许问题和解决方案通过一次彼此协作的对话自然呈现？ 鉴于面前这个人因历史、国家、文化、个性的差异而成为一个独一无二的人，在当下这个时间点，如何运用多种模型、框架和视角为这位客户及本次对话提供服务？

模型幻象的超越。

大多数教练通常都是从关注模型开始的，如知识框 1－1 所示："我该如何在客户身上应用我的模型？"

接下来，教练便会关注工具本身："我要如何将这些工具应用在客户身上？"之后关注理念，这里教练假设客户与自己是相似的，然后逐渐形成一种整合的方式。在形成整合方式的过程中，教练的目标是从多个角度出发，吸收多种框架、模型和工具，而并非执着于其中某一种，同时考虑相关系统性因素，去适应、调整并与客户合作，而不是以既得利益或小我意识去帮助客户发展。

在教练发展之旅中，你可能经历以下变化：

- 从一个有限的视角，即只有一个教练模型是最好的，通常还是你在课程上学到的那个，转向更为广阔的视角，即不同的人会以不同的方式学习和发生改变。
- 从对确定性的需求、对完美解决方案的寻找，转为享受教练过程中的不确定性和模糊性，允许一切出现。
- 从关注解决客户当前的问题，转向帮助客户培养更深层次的自我觉察和个人责任感。
- 从绩效导向、关注行为，转向当下同在感导向、关注状态。
- 从完全聚焦于自己或者客户，转向关注自我、客户和客户系统之间的关系。
- 从关注对话本身转向关注关系。

你在自己的发展之旅上正处在何处？你可能要思考一下这些问题。

当然，某本书中对类似的一系列问题只给出一个宽泛的指南。对你而言，更重要的是开始思考这些问题，并探索在自己的发展历程中发展到下一个阶段的可能性。我们希望本书能为你提供一些实用性资源：理解 ICF 的能力要求，将这些能力应用于自己的教练实践，反思你在教练实践中的更多做法，并且认识到你的发展是踏上一段旅程，而不是去往一个目的地。

结语

在本章中我们提出，所有教练无论是新手、专业人士还是大师，都处在一段个人发展的旅程中。我们认为与其关注某个特定的阶段——比如 ACC、PCC 和 MCC，不如将发展视为持续提高和成长的旅程，这样的视角对所有教练都更有帮助。

第 2 章

什么是教练?

20 世纪 80 年代，教练作为一门独立的学科开始发展（Brock，2012；Passmore & Theeboom，2016），其定义一直是教练从业者和研究者经常争论的内容，几乎所有相关的书籍、文章和博客都对“什么是教练”给出了观点。

教练的定义

许多教练从业者可能把对教练定义的探索视为一种学术追求。不过，我们认为思考“什么是教练”这个问题至少有以下三个原因：

首先，明确的定义对教练实践至关重要。标准化的定义使得客户更能明确从教练那里能得到什么。

其次，教练的定义对于研究也至关重要。我们需要清楚地描述教练的范畴，以理解正在研究的现象。由于教练仍然是一个新兴的研究领域，因此有必要明确其关键组成部分，以便将教练实践与其他类似的助人性干预措施（如心理咨询或顾问）区分开来，并为其理论发展提供一个平台。

最后，一致的定义对于教练培育和资质至关重要。对教练工作的共同理解使得我们能够开发出共享的知识体系和统一的培训标准，以科学的基础框架来支持教练的教学工作。

ICF 持有类似观点，并将教练明确定义为：

> 教练是指在一个发人深省和富有创造性的过程中与客户合作，激励客户最大限度地发挥个人和专业潜能。

相关定义

事实上，关于教练的定义已经有了很多表述，从中可以反映出作者、研究人员和从业者等因其自身工作的不同而感受到的细微差别。知识框 2－1 中列出了十种不同的定义，以便与 ICF 给出的定义进行比较和对照。只有通过思考他人如何定义教练，我们才能充分理解教练的本质和在实践中的界限。

知识框 2－1　教练的定义

1. 教练是指通过辅导或指导的形式短期内提高绩效和技能水平。（Parsloe，1992）

2. 释放人们的潜能，帮助他们达到最佳状态。教练是帮助他人学习而非教授知识。（Whitmore，1992）

3. 一种协作的、聚焦解决方案的、以结果为导向的系统化过程，在这种过程中，教练引导被教练者提升工作表现、丰富生活经验，实现自主学习和个人成长。（Grant，2001）

4. 促进他人提升绩效、学习和发展的艺术。（Downey，1993）

5. ［共创式教练］教练是一种强大的同盟关系，旨在推进人的终身学习过程，提升个人效率和满足感。（Whitworth et al.，1998）

6. 是在一对一的关系中用来帮助他人成为更有效的管理者或领导者的心理技能和方法。这些技能通常用于具体的当下时刻，与工作相

关的问题……以使客户能够将其整合为自己的永久性管理方式或领导技能。（Peltier，2010）

7. 引导者（教练）和参与者（客户）之间的苏格拉底式的对话，引导者使用的大多数干预措施是提出开放性问题，激发参与者的自我觉察和个人责任感。（Passmore & Fillery-Travis，2011）

8. 一种教练和被教练者之间的反思过程，被教练者通过与教练持续地对话和协商，产生了积极的行为变化，从而实现个人目标或工作目标。（Lai，2014）

9. 在组织中拥有管理权力和责任的客户与使用多种行为技巧和方法的顾问之间形成的一种帮助性关系，在一个正式约定的教练协议框架中，顾问帮助客户实现共同制定的一系列目标，提升客户的职业表现和个人满意度，进而提升客户所在组织的绩效。（Kilburg，1996）

10. 一个个人发展过程，通过聚集的、结构化的互动，采用恰当的策略、工具和技术来促进被教练者发生所期望的、可持续的变化。（Bachkirova et al.，2010）

约翰·惠特默（John Whitmore）是大家公认的教练思想开创者之一。他在其影响深远的著作《高绩效教练》（*Coaching for Performance*）中对教练给出了自己的理解。在惠特默看来，教练是“释放人们的潜能，帮助他们达到最佳状态。教练是帮助他人学习而非教授知识，教练是一种引导方式”（Whitmore，1992）。

惠特默大量借鉴了蒂莫西·高威（Timothy Gallwey）关于内心游戏的著作。高威（1986）注意到在体育界运动员的表现中，运动员的内在状态是一个重要的影响因素。他进一步指出，在类似网球、高尔夫等个人运动中，这一点甚至比对手更重要。如运动员能调整好自己的内在状态，其表现就能获得显著改善。在惠特默看来，教练的核心是一种信念：

教练的目的是帮助个体发展更强的自我觉察和个人责任感，借由这种自我觉察和责任感可以带来绩效的提升，即“高绩效教练的基础是觉察和担责”（Whitmore，1992）。

还有其他开创者给出了不同的定义。劳拉·惠特沃思（Laura Whitworth）是美国的教练先驱之一，比肩托马斯·伦纳德（Thomas Leonard）（Brock，2009）。惠特沃思创造了共创式教练，其定义是“基于信任与保密基础的……一种充满可能性的关系”（Whitworth，Kinsey-House，& Sandahl，1998）。

这些定义都强调了教练过程的本质，及其对人、人际互动和协作的依赖。强调是关系将教练与其他培训式干预区分开来，可以说培训的核心主要是知识层面的交流。

乔纳森·帕斯莫尔（Jonathan Passmore）和安妮特·菲勒里－特拉维斯（Annette Fillery-Travis）采用了一个过程导向的定义，并试图将教练与辅导、心理咨询和其他基于对话的方法区分开来，同时结合了惠特默概念中教练的根本性目的：自我觉察和个人责任感。他们将教练定义为“引导者（教练）和参与者（客户）之间的苏格拉底式的对话，引导者使用的大多数干预措施是提出开放性问题，激发参与者的自我觉察和个人责任感”（Passmore & Fillery-Travis，2011）。

英国著名教练学者塔蒂亚娜·巴奇洛娃（Tatiana Bachkirova）认为，教练是“一个个人发展过程，通过聚焦的、结构化的互动，采用恰当的策略、工具和技术来促进被教练者发生所期望的、可持续的变化”（Bachkirova et al.，2010）。莱（Lai，2014）提出，教练过程是“教练和被教练者之间的反思过程，被教练者通过与教练持续地对话和协商，产生了积极的行为变化，从而实现个人目标或工作目标”。她再次强调，教练的主要目的是促成积极的行为改变，这是一个结构化过程。此外，莱在教练的定义中提出了“协商”一词，这也体现了之前的定义，即教练是基于关系的学习和发展过程。

上述定义为读者提供了多样化的视角，同时也保留了 ICF 教练定义中关于教练和客户之间的协作、非指导性过程的精髓。

教练与辅导

教练与辅导通常被视为一个连续体。教练与辅导都关乎个人和职业发展，随着分享的增加，这个连续体一端的教练就朝着另一端的辅导演变（见图 2－1）。

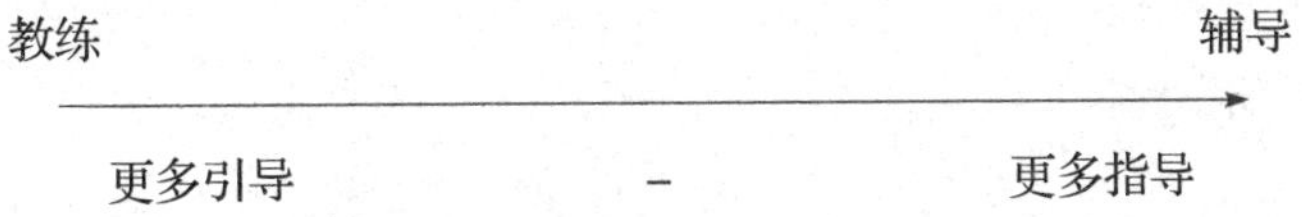

图 2－1　教练到辅导的连续体

从这个意义上说，我们可以将辅导视为一种更佳的教导形式。它通常发生在更资深或更有经验的导师与初级或经验较浅的被辅导者分享关于如何在特定的工作、角色、职业或组织中获得提升的知识和见解之时。

有些作者提出，职场辅导涉及的是经验较浅的个人（学徒）和经验丰富的个人（导师）之间的关系，其目的是帮助学徒获得个人和专业成长（Eby，Rhodes，& Allen，2007）。导师可能是工作中的同事、主管或组织内的其他人，但也可能是学徒管辖链之外的人。有人认为，教练在结构化流程方面不同于辅导，教练会使用诸如 GROW 之类的教练模型，也会使用特定的工具和测评帮助客户唤起觉察（Joo，2005）。

教练与辅导的另一个区别是关系的长度。教练任务通常在几个月内完成，但辅导关系通常会持续几年（Passmore，2016）。

最后，就目的而言，工作场所中的教练主要是为了通过自我觉察和学习来提高客户的绩效或幸福感，但辅导的目的从新员工的社会化到管理水平的提升，不一而足（Joo，2005）。

教练需要谨记的是，已经签约并提供的是教练服务，不要变为辅导关系。具体而言，教练应该警惕长期关系的发生，在这样的关系中，教练会令客户产生依赖性，导致教练关系持续多年而不是几个月。虽然这样的关系并没有什么错，但在我们看来，这更像是辅导而不是教练。

教练面临的另一种情况是被要求提供建议。经验不足的管理者可能会要求他们的教练这样做，经验不足的教练可能会退回到过去的行为模式，分享经验或知识，给出“你应该……做”之类的建议。同样，我们认为这是辅导而非教练。

辅导对高级管理人员可能非常有用，因为他们看重的是有一位值得信赖的顾问为其服务，定期讨论他们的问题和难题，汇集他们的观点，并将其用于指导他人。

教练与心理咨询 / 治疗

对于教练和客户而言，了解心理咨询 / 治疗与教练之间的区别很重要。有时，当客户来接受教练干预时，他们其实是有临床症状的，需要接受经过专业培训的治疗师的帮助。同时，教练亦有可能卷入探讨自身知识和所受培训之外的话题。

随着在教练干预中对心理学模型和工具的使用的增加，心理咨询 / 治疗和教练之间的区分更需要清晰化（Bachkirova，2008）。这种区分对于确保教练保持在其能力范围内和合约事项范围内提供服务是必不可少的。

心理咨询 / 治疗和教练之间的相似之处很多。两者都关注“关系”，都认识到需要对过程或者“客户的承诺”进行约定，都通过“从业者（教练）的自我觉察”来引导改变，都认识到保持对话、向前发展的需要。此外，心理咨询 / 治疗和教练在一些基本的专业技能，如倾听、临在、信任和唤起觉察等方面是相通的。

然而在我们看来，心理咨询 / 治疗和教练之间至少有三点不同。首先，客户接受心理咨询 / 治疗的最初动机不同于教练。例如，个人通常期望通过心理咨询 / 治疗环节来解决心理问题和功能障碍。从这个意义上说，我们通常认为心理咨询 / 治疗主要聚焦于问题。相比之下，教练的客户是带着获得个人和职业发展提升的期待而来。从这个意义上说，我们认为教练聚焦于解决方案。

其次，心理咨询 / 治疗的关注点可能涉及任何与客户心理健康相关的事项，而教练过程通常仅限于约定的合约目标，其预期成果和评估方法通常在与相关方（如客户、主管和其他利益相关者）进行第一次约谈之前确定。

最后，心理咨询工作的时间跨度更长。教练合约可能规定有 4 次、6 次或 12 次约谈，而心理治疗师通常按周签订合约，双方关系持续的时间视需要而定。大多数情况下，心理咨询关系将持续一年，有的甚至持续多年。

在与可能已经出现临床症状的客户合作时，教练需要保持谨慎。在接受教练服务之前，这类客户应该咨询自己的心理医生或治疗师。教练也需要小心，不要把工作延伸到以下领域，例如从工作中优先事项的探讨延伸到工作场所的压力，这就可能延伸到痛苦、焦虑或抑郁的感觉，以及客户因临床症状而需要服药的情形。我们再次强调，在合约签订阶段，教练需要明确教练过程应该包括哪些内容，以及在哪些方面可能出现与教练议题不相关的情况，教练可以将这些情况交给接受过适当培训的专业人员。关于这方面的指引和参考资料详见第 6 章。

教练与顾问

最后一个容易混淆的领域是顾问。与辅导类似，顾问也会给出建议。教练在组织中参与的可能是更广泛的组织变革的一部分，但他们聚焦于通过引导的方式促进个人改变。相比之下，顾问是为个人、团队或董事会提供专家建议。

团队教练位于边界地带。在我们看来，它是一种不同于个人教练的干预方式。即便是用引导的方式，与一个团队共同工作，也不同于与团队成员一对一地工作。我们认为团队教练与行动学习之间的共同性更多。在一对一教练这种亲密、私人化、紧密的关系中，教练需要全程与客户在一起。这样紧密的连接无法在与一个群体共同工作中产生。团队教练或群体教练能够带来巨大的益处，但它的成功实施需要一套在个人教练核心能力之外的技能。

结语

总之，教练是一种独特的方法。它与辅导、心理咨询 / 治疗和顾问的不同之处在于，它专注于一对一的关系，是一个促进过程，相对而言周期较短，通常关注帮助客户识别一个目标或新的洞见并为之努力。

在与客户合作时，教练需要确保客户在签订合约的过程中就了解什么是教练，以及教练过程可以如何帮助他们。这一方面有助于教练和客户就如何合作达成共识，另一方面也有助于管理客户对于教练期间教练做什么和不做什么的期待。

第 3 章

我是谁?

在教练过程中，了解“我是谁”的重要性不亚于了解什么是教练。教练在与客户的互动中起着核心作用，甚至可以说，教练是教练关系中的工具。通过引导客户认识自我，教练可以帮助他们克服工作中的障碍，也可以通过分享自己的感悟和讲述故事来帮助客户走上自我探索的道路。

在本章中，我们将把教练本人视为教练过程中的核心工具，并且探索有哪些方法能让教练通过提高自我觉察能力来加深对自身的理解。第一种方法是通过使用性格测试问卷进行自我反思，第二种方法是记录个人日志，第三种方法是有意识地将教练实践视为自我发现的持续学习之旅。下面对不同的方法进行介绍。

我是谁?

教练服务是一个高度个人化的过程。它要求教练表现得真实，从而可以建立信任关系，让客户在接受教练干预的过程中变得更加开放和易于亲近。与此同时，教练还需要摆正自己的位置。教练的任务是管理过程，而不是大量参与、指导或影响这个过程。

在我们看来，教练是一个可以帮助客户实现约定目标的工具。目标可能是客户对自己产生新认识，或者是对某种情况、某个行动计划有了新洞察。要做到这一点，教练需要有高度的自我觉察，知道何时需要干预，何时需要退后一步：干预时促进反思、启发新构想、给出暗示或分享洞见；退后一步时可以保持沉默，让客户反思和回味对话内容，给予他们产生个人见解的时间。

自我觉察与自我反思

自我觉察和自我反思这两个词经常交替使用，仿佛它们是一回事。然而，我们可以看到二者之间是有区别的。对我们来说，自我反思是一个教练可以参与的过程，有助于其培养更高的自我觉察能力；相比之下，自我觉察则是反思过程的结果，使教练对自己的感受、行为和想法更加敏锐而有意识，将其根植于个人经历和性格特征背景中，并对环境和客户做出回应。

自我觉察能力强的人更有可能：

- 愿意坦诚地看待自己；
- 识别优势和可改进领域；
- 能够体会各种情绪；
- 识别并治愈最深层次的情绪；
- 停止去做无效的事情；
- 有意识地思考、感觉和行动；
- 行动更加积极主动；
- 愿意学习、成长和改变；
- 对新体验持开放态度；
- 对自身脆弱性感到更加自在。

视角

有多种方法能提高自我觉察能力，以便更好地了解自己，教练就是其中之一，因为在教练干预过程中，可以从他人处收集反馈，观察自己的行为、想法和情绪。然而，如果只是观察和获得反馈并不能产生自我觉察。我们还需要对收集到的信息进行深刻的思考与探究，使其对我们有意义。换句话说，我们需要对这些反馈进行反思。

性格类型视角

心理测量问卷是一个帮助我们审视自己的非常有用的工具。有大量性格测试问卷可供选择（参阅教练的各种心理工具讨论，Passmore，2012），有些问卷是以类型划分的性格模型。它们借鉴了卡尔·荣格（Carl Jung）的理念。最受欢迎的有迈尔斯 - 布里格斯类型指标（Myers-Briggs Type Indicator，MBTI）、Insights、DISC（Dominance，Influence，Steady，Compliance）和 16 型人格等，这些问卷能帮助我们思考自己的行为偏好。

荣格认为每个人都有行为偏好，通过理解这些偏好，我们得以更好地了解自己，调整我们面对他人时的行为，减少冲突，改善与他人的关系（Jung，1923）。

作为教练，我们可以对客户（已接受适当的培训）使用这些问卷，亦可用于我们自己，从而加深对自己行为偏好的理解，并看到这些偏好如何影响我们的教练方式。

表 3 - 1 是对四个关键问题的回答。表 3 - 2 探讨了与教练行为相关的偏好。

表 3－1　对四个关键问题的回答

问题一：人们从哪里获得能量？	
外倾型 偏好从外部世界的人和事中获得能量。他们的注意力集中在外部世界的事物上，与他人和事件互动让他们充满活力。 • 喜欢社交 • 从外部世界寻找乐趣 • 善于交际，周边有很多朋友 • 先说后思考 • 兴趣广泛 • 通过交谈发现自己的观点 • 表现力强 • 辛苦工作一天后，恢复能量的典型方式是与一群朋友外出聚会	**内倾型** 偏好从内心世界的思想和感受中获得能量。他们倾向于将注意力集中于内心世界，通常是因为其内心世界非常丰富。花时间独自思考和感受让他们精力充沛。 • 安静 • 深沉 • 说话前先思考 • 淡定从容 • 喜欢 1 ～ 2 位亲密的朋友 • 兴趣上在乎深度 • 喜欢通过书写表达思想 • 辛苦工作一天后，恢复能量的典型方式是与一位密友度过一个安静的晚上
问题二：人们关注哪种信息？	
实感型 偏好实感的人通过五种感觉器官获取信息，他们信任自己看到、听到和直接接触到的。他们更喜欢切实、具体和聚焦当下的信息。他们是周围真实世界的观察者，关注细节和解决实际问题。 • 关注当下 • 留意细节 • 关注实实在在的东西 • 相信经验 • 喜欢事实 • 需要一个一个摆事实	**直觉型** 偏好直觉的人有全局观，关注事实背后的关联和更宽泛的战略意义，由此来获取信息。他们善于理解事实背后的含义，如趋势、影响、模式等。他们更喜欢新的机会和用不同的方式做事。 • 抽象、理论化 • 富有想象力 • 未来导向 • 相信直觉洞察力 • 富有战略性 • 喜欢各种点子 • 需要全局观来看到事件之间的相关性

续表

问题三：人们如何做决策？	
理性型 偏好理性决策的人往往倾向于基于逻辑、事实和客观分析作出判断。他们致力于找出某个情况的客观真相。或者说，他们会带着对公平和公正的理想化去寻找可能的最佳结果。 • 注重分析 • 客观 • 逻辑型问题解决者 • 不近人情 • 公平的 • 原则性强 • 任务导向	**感性型** 偏好感性决策的人会基于主观感受作出判断。他们体谅他人的需求，有同理心，在做决定时会权衡他人的感受。他们看重慈悲心、对他人的欣赏和人际关系的和谐。 • 富有同情心 • 慈悲 • 体谅他人的需求 • 回应他人的感受 • 个人价值观导向 • 主观性强 • 以人为本
问题四：人们如何主导生活？	
判断型 偏好在外部世界中使用自身判断的人，喜欢有计划、有秩序地生活。他们喜欢做决策并促成共识，然后制订结构化的计划，以便实施。计划、时间表和完成任务对他们来说很重要。 • 善于组织 • 有条不紊 • 坚决果断 • 善于执行决策 • 注重完成任务 • 事先计划 • 讨厌临时的变化	**感知型** 偏好在外部世界中使用自身感知的人，喜欢以一种自发、灵活的方式生活。他们更喜欢理解和体验生活，而不是控制生活。他们倾向于对各种可能性和选择保持开放，直到最后一刻再做决定。 • 顺其自然 • 灵活 • 把事情留到最后一刻再做决定 • 响应变化 • 随性 • 倾向于拖延决策 • 顺应当下 • 回避严格的计划

资料来源：Rogers（2017）.

表 3－2　与教练行为相关的偏好

偏好	可能具备的优势	可能需要发展的领域
外倾型（E）	• 帮助客户探索范围广泛的议题 • 建立教练合作伙伴关系 • 思维敏捷	• 运用沉默 • 帮助客户深入探索议题 • 达到“前行路径”阶段
内倾型（I）	• 帮助客户探索议题深度 • 对策略进行反思 • 运用沉默	• 帮助客户推进行动 • 帮助客户探索所有相关议题 • 建立教练合作伙伴关系
实感型（S）	• 观察细节 • 运用“探索现实”阶段 • 在“前行路径”阶段帮助客户确定切实可行的步骤	• 全局观 • 在选择阶段形成更多想法 • 运用直觉
直觉型（N）	• 有全局观 • 运用直觉 • 在选择阶段形成更多想法	• 具体化 • 检测直觉 • 在“前行路径”阶段帮助客户确定切实可行的步骤
理性型（T）	• 保持客观 • 勇于挑战	• 感知到客户的感受 • 同理心 • 在合适的时候用支持性方式挑战客户
感性型（F）	• 温暖 • 有同理心	• 兼顾感受与想法 • 挑战客户 • 更加客观
判断型（J）	• 有条理 • 果断	• 适时地帮助客户做决定 • 灵活
感知型（P）	• 自然 • 灵活	• 有条理 • 帮助客户做决定

资源来源：Passmore，Rawle-Cope，Gibbes，& Holloway（2006）.

16 型人格、MBTI 以及其他基于荣格主张的问卷背后的理论表明，我们在与世界互动时都有自己的偏好。比如，写字时我们偏好用右手或者左手，是因为那只手让自己感觉更容易或更舒服。我们并不评估左手与右手写字能力的优劣，一旦这么做，我们往往就会倾向于忽略使用左手的可能性。如果我们尝试用左手写字，会认为这种体验是笨拙的或不自然的。

就像左手 / 右手二分法一样，16型人格展示了人们在与周围世界发生关系时有两种选择，我们倾向于选择一种而放弃另一种。我们会在四个区域中面临这样的选择。

第一个区域表现为内倾型（I，Introversion）和外倾型（E，Extraversion）之间的选择；第二个区域表现为实感型（S，Sensing）和直觉型（N，Intuition）之间的选择；第三个区域表现为理性型（T，Thinking）和感性型（F，Feeling）之间的选择；第四个区域表现为判断型（J，Judging）和感知型（P，Perceiving）之间的选择。

人格特质视角

另一种思考个性的方法是看人格特质。最常见的是大五人格模型（Big Five），也称“海洋模型”（OCEAN Model）。该模型主要有五个维度：尽责性、外倾性、宜人性、开放性和神经质性（情绪稳定性）(见表3－3)。

表3－3　大五人格模型

维度	描述
尽责性	仔细、可靠、努力、条理、守时、自律、雄心
外倾性	善交际、风趣、关爱、友善、健谈、温暖
宜人性	谦虚、无私、同情心、信任、慷慨、依从、仁慈、宽容、灵活
开放性	别出心裁、想象力、创造力、兴趣广泛、好奇、大胆、开明、独立、偏好多样性
神经质性（情绪稳定性）	忧虑、情绪化、敏感、喜怒无常、无安全感、自怜、脆弱（情绪稳定：冷静、自在、放松、平和、有安全感、坚韧）

资料来源：McCrae & Costa（1987）.

虽然探讨人格特质和教练风格的研究很少（Jones et al.，2014），但我们从其他研究领域可以得出的结论是，尽责性有助于提升学习效果和应用能力。尽责性分数高与工作成功相关。或许这并不奇怪，据称著名的高尔夫运动员杰克·尼克拉斯（Jack Nickolas）曾经说过："越努力，越幸运。"

可能影响教练结果的另一个因素是宜人性。那些更能建立信任的个人通常具有同理心和利他心，他们很可能会更好地与客户建立关系。我们也认为这种特质可能会使他们比那些自私自利的人更能成为好教练。

最后，我们推测神经质性分数高的教练可能是效率较低的教练。高度情绪化、缺乏安全感和易受伤害可能与成功的教练负相关。不过，在这些年来培训过的众多教练中，我认识的很多具有神经质性人格特质的教练已经培养出在与客户打交道时管理自己神经质的技能。

第三种视角

有些特定问卷可以成为审视自己性格的第三视角，包括情商问卷（如 EQI 和 MSCEIT）、坚韧性问卷（如 MTQ48）、领导力问卷（如 TLQ 和 ILM72）和优势问卷（如 VIA）等（我们将在第 4 章中探讨 VIA）。

每种问卷都提供了一个了解"我们是谁"的不同视角，给了我们思考自身的机会，同时也促使我们思考，我们的偏好或交往风格如何帮助或阻碍我们作为领导者或教练。

作为个人发展的一部分，我们鼓励你完成 2 ～ 3 份不同的问卷，并花一些时间记录和反思它们对你自己、你的教练方式，以及你如何建立和维护与客户的关系所带来的影响。

记录日志

在探索了各种不同的视角之后，接下来重要的是反思从中获得的反馈并培养教练心态（第 7 章将更深入地讨论这种心态）。教练心态旨在促使我们开放、好奇、灵活和以客户为中心。教练心态的具体内容见知识框 3－1。

知识框 3－1　教练心态

1. 承认客户对自己的选择负责。
2. 作为教练进行持续的学习和自我发展。
3. 持续不断地加强反思，以增强个人的教练能力。
4. 对环境和文化给自己及他人带来的影响保持觉察与开放。
5. 利用自我觉察和直觉使客户受益。
6. 培养并保持调节自己情绪的能力。
7. 为约谈做好思想上和情绪上的准备。
8. 必要时寻求外部的帮助。

一种探索和记录个人发展的方式是写个人日志。作为一名新人（或一名经验丰富的教练），每天或每周练习的一部分就是写日志，其目的是记录你的发展历程。

你可以先写下这段旅程的开始。我们在知识框 3－2 中提出了一些有用的问题，供你在旅程开始时思考。清单的内容不够全面，但或许可以提供一个支持你开始探索的起点。

知识框 3－2　开启你的学习之旅

在你开启学习之旅时可以考虑的几个问题：

- 你在之前的职业生涯中做过什么？
- 你对教练工作了解多少？
- 你对教练工作有什么经验？当时发生了什么？
- 什么吸引你从事教练工作？
- 你希望从更多的教练学习中得到什么？

- 你给此次学习之旅带来的礼物是什么？
- 你认为自己特别需要关注哪些学习领域？

有些人喜欢用长长的手记，以高度结构化和深思熟虑的方式写出完整的句子来描述他们的经历；有些人喜欢用意识流的写作手法，听写软件对于这种写作风格往往很有帮助；还有些人喜欢更流畅的方法，比如使用思维导图、画画和弱结构化的风格。方式本身并不那么重要，重要的是它提供了一种机制来捕捉你的思考过程并记录下来，以便进行月度或年度反思，凸显你的学习旅程，以及当时你认为重要的那些内容。

有人会觉得这个过程不容易。希望你记住的是，这是你的“秘密”日志。它不需要给任何人阅读、审查或评估。记录的内容没有对错之分，写日志的方式也没有对错之分。这由你来选择。

反思实践

写日志的目的不只是记录我们从哪里来，更重要的是为我们提供一个反思的机会。在过去，教练实践是关注的焦点。实践的时间越多，教练的能力就越强：

更多教练工作时间 = 更好的教练

但我们知道事情远不是这么简单。驾驶车辆的经验告诉我们，只是花了更多时间开车并不总是等同于开车技能的持续提升。与这个等式中的因素同样重要的还有成长心态（即对改进持开放和渴望态度）。我们带着问题来回顾每一次驾驶经历，问自己可以从这段经历中学到什么，从而帮助自己成为一个更好的司机。日志就是一种工具，我们可以用它来鼓励自己的反思过程。它帮助我们抽出时间停下来，去思考发生了什么，并捕捉自己的想法。本书后续（第 30 章）将提供结构化的反思过程，会用八个问题来指导你怎么做。

了解自我

无论你完成了 2 份还是 22 份问卷，每一份都只是关于你是谁的一张黑白素描画像。事实是，我们远比任何一份问卷所能描述的更复杂，而且有更多层次和更多变化。早在 20 世纪 60 年代，英国诗人菲利普·拉金（Phillip Larkin）在其“人类存在的百万片花瓣的力量”（Larkin，1974）这一措辞中就指出了人的复杂性。

虽然问卷颇有裨益，并且我们鼓励你将其作为一种对自己进行更多探索的方式，但我们也在此提醒：不要让问卷去定义或限制你。测评问卷只是根据你的输入生成一份报告而已。证据表明，随着时间的推移，我们会因学习和生活经历的不同而发生改变。因此，如果你在教练课程的 12 个月后做了一份相同的表格，其结果很可能与你在课程第一天收到的报告有所不同。此外，你在家里如何看待自己，或者你在课程中如何看待自己，也可能与同事在工作中如何看待你，或者你的朋友在社交活动中如何看待你有所不同。

结语

在本章中，我们指出自我觉察是教练发展的重要组成部分。自我觉察可以通过积极的自我反思得以发展，诸如从反馈中收集见解、采用心理测量问卷等工具。我们探讨了三种不同的视角：性格类型、人格特质和我们所称的“第三种视角”。通过使用 2 ～ 3 份测评问卷，教练可以在反思数据时获得新的见解，并更全面地反思自己的教练实践。写个人日志是一种可行的方法。我们还要保持谨慎，任何一份测评问卷的结果都不能代表我们的全貌，作为人，我们是多面、复杂而令人惊奇的。

第 4 章

我的客户是谁?

在第 3 章中，我们指出自我觉察对于教练来说是一个重要方面，并提供了一些提升自我觉察能力的方法，包括心理测量问卷、自我反思和记录日志，从不同的视角来思考我是谁。我们相信同样的原则也适用于思考我的客户是谁。每个人都是独一无二的，既有各自的优点，也有自身的偏见、成见以及人生观，或许正是因为如此，他们才是精彩的。

在本章中，我们再次论述教练心态的概念，将这一概念应用于我们如何思考和看待客户。我们应该把他们看作待“修复”的人还是待见证的奇迹?

缺陷心理学模型与积极心理学模型

心理学在创立后 100 年左右的时间里，主要关注点在于解释功能障碍。正如人们所知，这种缺陷或疾病使得心理学家非常积极地去思考、研究关于人类的精神疾病和功能障碍问题。取得诸如《精神疾病诊断与统计手册》(DSM）之类的研究成果，DSM 描述了数百种精神疾病，以及如何诊断和治疗这些精神疾病。

人类功能中更积极正向的一面则被忽略了：当人们处于最佳状态时会做什么？当然，也有许多如卡尔·罗杰斯（Carl Rogers）和亚伯拉罕·马斯洛（Abraham Maslow）之类的心理学家以及像人类潜能运动之类的活动的研究者，他们在这个时期里关注过积极的一面，但这远远不及对消极行为和缺陷功能的关注。

最近几十年，人们更加关注人类行为的积极方面。从人类潜能运动或者说人本主义心理学中诞生了积极心理学。这种新的方法认为，我们也需要考虑人类功能的积极方面，而不是只关注消极部分，并运用类似研究功能障碍的方法，特别是定量方法对积极方面加以研究。

视角

正如我们在本章开头所建议的，关于如何思考和看待客户，一个实用的出发点是思考我们的心态。作为一名教练，我们是在寻找客户身上的问题，还是在帮助他们寻找对的东西？ICF 能力中关于教练心态的描述，鼓励我们以积极的心态对待客户，保持开放、好奇、灵活和以客户为中心。

我们并不是说需要表现得天真幼稚，也不是说要忽视无益的行为或临床医学问题，只是建议从关注每个客户内在的积极方面和潜力开始。而优势视角就是这种思考方式之一。

优势测评工具种类很多，已经有很多相关内容公布（示例见知识框 4－1）。

知识框 4－1　优势问卷示例

- 优势行动价值问卷；
- Realize2 优势测评；
- StrengthScope 优势测评；
- 克利夫顿（Clifton）优势识别器；
- High5 测试。

在本章中，我们将主要回顾最为流行、广泛使用的工具——优势行动价值问卷（Peterson & Seligman，2004）。该工具最初是在一个研究项目中开发出来的，其目的是识别和描述人类优势，现在已经有众多对优势概念感兴趣的参与者完成了该问卷。

在研究中该模型识别了 24 个优势，划分为六组，分别是：智慧与知识、勇气、人道、节制、正义、超越（见表 4－1）。

表 4－1 优势行动价值问卷

智慧与知识	• 创造力
	• 好奇心
	• 思辨力
	• 好学
	• 洞察力
勇气	• 勇敢
	• 坚韧
	• 正直
	• 活力
人道	• 爱
	• 善良
	• 社交智力
节制	• 宽恕
	• 谦逊
	• 审慎
	• 自我规范
正义	• 团队精神
	• 公平
	• 领导力
超越	• 对美的欣赏
	• 感恩
	• 希望
	• 幽默
	• 灵性

研究者认为，对个人优势的觉察可以通过一个良性循环实现。第一步是培养觉察。这可以通过完成优势问卷或者反思个人经历实现。有了这种自我觉察，个体就对自身有哪些选择有更清晰的认识，从而选择利用一种或多种他们感知到的优势。通过更频繁地使用这些优势，个体会更加自信，从而更有可能达成正向的结果，这又反过来会鼓励个体更多地使用这些优势（见图 4－1）。

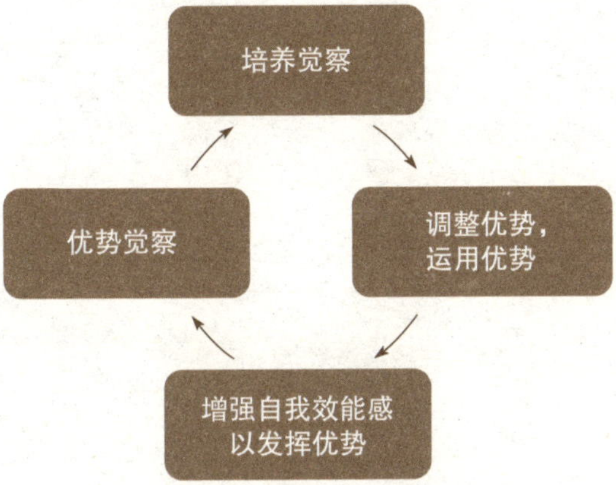

图 4－1 个人优势觉察的良性循环

这里值得一提的是，在第 3 章中我们提及对待所有心理测评都要谨慎。虽然心理测评会带来帮助，但我们不要让这些测评去定义或限制自己以及我们看待客户的方式。客户如果仅仅某一项优势的得分低于另一项，例如在勇敢和创造力方面得分较高，但在宽恕和爱方面得分较低，这并不意味着他们无法宽恕他人或爱他人。要知道，此类工具如同开罐器，而不是量尺。我们鼓励你保持好奇心，并与客户探讨他们对分数的看法。

第二个需要考虑的因素是种族和性别，这些会影响人们如何看待自己和使用问卷报告的方式。有研究（Brdar et al.，2011）调查了性格优势和生活满意度之间的关系在性别上的差异，一共 818 人（488 名女性和 330 名男性）参与了两份问卷调查，分别是优势行动价值问卷和生活满意度量表。结果显示，希望和感恩对生活满意度的影响最大。同样有趣的是，十种性格优势显示出了性别差异，而在生活满意度得分上没有显示出性别差异（见知识框 4－2）。

知识框 4－2　不同性别眼中的性格优势

女性最看重的五种优势：

- 正直
- 善良
- 爱
- 感恩
- 公平

男性最看重的五种优势：

- 正直
- 希望
- 幽默
- 感恩
- 好奇心

这些结果表明，（至少本研究中的）女性和男性，以其所报告的优势来看，其看待自身的方式确有不同。该研究的第二部分还审视了男性和女性对生活满意度预测因素的看法，其结果显示出了性别差异：女性看重爱和对美的欣赏，而男性则偏爱创造力和洞察力（见知识框 4－3）。

知识框 4－3　不同性别的生活满意度预测因素

女性的生活满意度预测因素：

- 活力
- 感恩

- 希望
- 对美的欣赏
- 爱

男性的生活满意度预测因素：

- 创造力
- 洞察力
- 公平
- 幽默

在回顾这些结果时，可以发现似乎部分内容符合我们对女性或男性的固有印象：女性在善良和爱方面得分较高，男性在幽默和好奇心方面得分较高。

不评判，无条件地积极看待

我们建议教练努力培养一种心态：无条件地积极看待每位客户，珍视每位客户。如果我们在工作中经常带着自己的偏见与成见，做到这一点可能就会很难。那么如何才能做到呢？

当然，每个有经验的教练都有自己的方法。我发现一个对我很有用的策略是去寻找“我也是”。我能从客户所说的话中找到什么？或者说客户的话能让我认为或觉得“我也是”吗？也许客户喜欢某一类型的音乐或运动队，穿某种风格的衣服，或者有某种口音，这些都可能会将我们隔开，但是通过寻觅并找到一个“我也是”，就可以为教练关系架起一座桥梁。

另一种心态是努力做到不评判。这就要求我们作为教练，避免评判客户的好与坏，去接受客户本来的样子。我们的职责是帮助客户去理解和评估（唤起觉察），并且如果他们愿意，就进一步计划并实施他们在思维、情感或行为方面的改变（促进客户成长）。怎样才能做到呢?

每个有经验的教练都会有自己的方法，就像无条件积极看待客户一样，从某种意义上讲，你需要找到自己的方法。不过有一种方法我们发现很有用：在聆听的时候，专注于当下，因为当我们在约谈中开始反思时，就会增加评估的风险。这种方式让我们可以与客户始终在一起，积极倾听、参与其中，鼓励客户自己探索，这样我们就可以处理在其他情况下可能导致痛苦、愤怒、沮丧或悲伤的问题。我们的反思时间可以是在约谈后，在日志中写下这些感受，并将这些情绪反应纳入监督中。

在参与教练培训时，你值得花些时间与你的督导师、导师和培训师一起思考以下问题：客户可能对你说的最糟糕的内容什么？以下是我们作为培训师的一些例子（见知识框 4-4）。当然，别人眼中的“最坏”可能在你看来是“最好”，或者至少不会引起你的焦虑或情绪反应。每个人都有自己的观点。思考自己是什么样的人，将有助于你更好地了解世界的多样性，以及了解人们对你的想法、感受和采取的行为。

知识框 4-4　客户可能会说的“最糟糕”情形示例

“我和 ××（此处是一个你尊敬或者你爱的人的名字）有婚外情。”

“我觉得你是个差劲的教练，我要向 ICF 报告你的……（此处是你感觉自己教练工作最糟糕的方面）”

“我得告诉你，我刚从监狱里释放，我因为……（此处是你非常厌恶的罪名）犯罪。”

“我想在周末穿上女性的服装去……（此处是一个你觉得很难接受的行为），并且在想我如何……”

如果愿意，你可以想一想，并在你的个人日志上写下你的“最糟糕”

的四到五个例子。

我们将在本书后续内容中看到，不评判、无条件地积极看待的观点来自卡尔·罗杰斯的“必要和充分的条件”理念（Rogers，1957）。我们将在第 16 章详细探讨这些条件，它们是以人为中心的人本主义方法的一部分。

结语

在本章中，我们探讨了教练需要如何培养和保持对客户的关注，它可以通过正向、不评判、无条件地积极看待的教练心态来发展。通过规避刻板印象，把每位客户当作一份奖励，教练就能够在为客户服务的过程中建立和管理好关系，避免因专业知识而带来的教练干预失败的风险。

第二部分

发展教练核心能力

BECOMING A COACH

本部分着眼于ICF的教练方法和教练能力。本书从第5章开始，介绍ICF简史，ICF核心能力模型是如何形成的，并概述能力评估过程，该过程产生了2019年9月批准的最新能力模型的主体内容。我们也将对这个最新能力模型加以简要概述，并大致介绍它是如何体现在ICF对三个不同级别证书申请的要求中的。本部分后续各章依次介绍每种能力，并进行更深入的探索，旨在探讨每种能力的要求以及如何将其展示在教练实践中。

重要的是要注意，这些能力并不一定要按照特定的顺序来应用，尽管某些能力适合在教练对话的初期展示，而其他能力适合在对话结束时展示。实际上，这些能力的目的是以自然的对话方式展现流畅且相互交织的对话过程。只是出于成书的目的，每种能力将按整体模型中提到的顺序依次阐述。

ICF核心能力模型分为四个领域，本部分从第一个领域即基础领域开始：第6章介绍能力1展现道德规范，第7章介绍能力2体现教练心态。展现专业精神和遵守道德规范、承诺发展和秉持特定的教练心态，这两项能力被认为是任何良好教练实践的基础，因此被视为在每次教练对话中展示和运用各项能力的前提条件。

第二个领域是共创关系领域，涵盖三项能力：第8章是能力3建立和保持合约，第9章是能力4培养信任和安全感，第10章是能力5保持同在感。这三项能力都侧重于建立关系，不仅是与客户建立适当的关系，而且要创造环境和条件让客户以安全、信任、被支持的方式工作。关系的概念还会从直接客户扩展到影响教练活动最终能否成功的其他参与方。我们对如何建立和维护这些关系以及与之相关的合约给予了特别关注。共创关系领域的最后一个方面是教练的状态如何影响和体现这种关系，以及教练如何完全地与客户保持同在，以服务于客户的学习并朝着既定的目标和结果前进。

第三个领域是有效沟通领域，包含两项能力：第11章是能力6积极聆听，第12章是能力7唤起觉察。教练的有效沟通是通过许多高级沟通技能的巧妙结合运用实现的。不过，从最简单的形式来看，这两项能力都聚焦于聆听的深度和广度，即教练在各个层面上如何真正、深入地聆听客户。在全面聆听的基础上，教练能够以一种唤起客户觉察的方式与之对话，即引导客户去思考，在教练目标下他们对自己及所处情形的觉察和学习，以及如何运用觉察助力目标的推进。

第四个领域是促进学习和成长领域，包括第13章的能力8促进客户成长。第13章将探讨教练如何引导客户在教练约谈或整个教练活动之外，将学习成果融入下一步行动。

第 5 章

ICF 核心能力模型介绍

本章介绍 ICF 核心能力模型。首先简要介绍核心能力模型的产生过程，并概述推进 2019 年 9 月最新能力模型获得批准的教练职业分析。本章还介绍 ICF 核心能力模型的概览，以及该模型如何体现在 ICF 对三个级别证书申请的要求中。最后介绍一些支持文档，其中许多文档在 ICF（2019）中都有全文共享。

背景

ICF 是世界上最大的专业教练组织，其成员来自超过 145 个国家和地区。该组织成立于 1995 年，旨在提供一个空间供所有教练互相支持、彼此成长，帮助他们发展教练职业生涯。自成立以来，ICF 发展迅速，这也反映出教练及其专业化的发展过程。ICF 最初推出了大师级认证教练证书，首批 34 个证书于 1998 年颁发。1999 年增加了专业级认证教练证书，2004 年引入了助理级认证教练证书。

作为一家以证据为导向的组织，ICF 运用职业分析流程，从实践者和学术机构处汲取经验和研究成果，对教练核心能力进行了两次评估。每个环节的目标都是确保 ICF 提出的能力既反映发展中的实践，又反映对教练过程中所涉及的行为和心理过程的日益加深的了解。从这些评估中获得的洞察，融入更广泛的、持续改进的认证工作，其中包括教练知识测评、考核方法以及 ICF 授证培训项目的课程标准。

2018—2019 年的职业分析在严格的、为期两年的教练实践分析的基础上形成，基于来自全球 1 300 多名教练的研究成果和教练实践而开展，这些教练代表不同的教练学科、培训、背景和教练风格。该过程总结见知识框 5 - 1。

知识框 5 - 1 ICF 职业分析

ICF 更新的能力模型的产生过程

该研究使用了一种混合模式的方法，该方法经常用于工作分析和能力建模。ICF-HumRRO（Human Resources Research Organization，人力资源研究组织）研究团队完成了以下研究工作：

- 与六位经验丰富的教练进行半结构式访谈；
- 成立工作坊，收集教练工作中关键事件的书面记录；
- 成立工作坊，确定任务、知识、能力和其他（教练特有的）特征；
- 开展调研，验证任务、知识、能力、其他特征；
- 召开研讨会，对更新的能力模型收集反馈意见；
- 对更新的能力模型进行开发和验证。

我们还请了一组议题相关专家教练（Subject Matter Expert，SME），将教练任务、知识、能力、其他特征联系起来。该活动主要用于协助进行认证评估，而不是更新能力模型，并且为流程提供整体视角。

ICF 认证

ICF 为教练从业者提供了全球认可的、独立的认证计划。认证一词用来描述教练所获得的称号，它代表了 ICF 授予的一种资质，这种资质需要定期更新。更新举措旨在向 ICF 认证教练的客户保证，该教练不仅与教练目标和教练实践相匹配，也满足严格的教育和教练经验要求，而且 ICF 认证教练还表现出对 ICF 核心能力的透彻了解。更新举措可以保证教练定期进行持续的专业发展活动，以维护和进一步提升知识水平，同时还可以检查其实践，以确保其保持教练技能，并且在职业发展过程中职业道德与合规性符合最佳实践。ICF 证书每三年更新一次。

ICF 提供三个级别的认证：助理级、专业级和大师级，不同的级别需要参加不同等级的特定教练培训，需要相应的教练经验以及 ICF 核心能力。

以下是对每个级别 ICF 证书 * 要求的总结。

助理级认证教练：

- 60 小时以上的专业教练培训；
- 10 小时的教练辅导；
- 教练培训开始后，有 100 小时以上的教练经验；
- 通过教练知识测评；
- 核心能力评估达到 ACC 最低要求。

专业级认证教练：

- 125 小时以上的专业教练培训；
- 10 小时的教练辅导；
- 教练培训开始后，有 500 小时以上的教练经验；
- 通过教练知识测评；
- 核心能力评估达到 PCC 最低要求。

大师级认证教练：

- 200 小时以上的专业教练培训；
- 10 小时的教练辅导；
- 教练培训开始后，有 2 500 小时以上的教练经验；

- 通过教练知识测评；
- 核心能力评估达到 MCC 最低要求；
- 教练必须持有 PCC 证书，然后才能申请 MCC 证书。

* 有关每个级别证书的更多详细信息、要求和申请过程，请访问 ICF 网站。

ICF 核心能力模型

ICF 核心能力模型由四个领域的八项核心能力组成（ICF，2019b）。该模型反映了上面提及的 ICF 在 2018—2019 年进行职业分析所做的最新工作。开发该模型的目的是让人们了解 ICF 定义的当今教练职业中使用的技能和方法。此外，诚信、卓越、协作和尊重的 ICF 核心价值观成为该模型的核心。ICF 核心能力模型见知识框 5 - 2。

知识框 5 - 2　ICF 核心能力模型

A. 基础领域：

1. 展现道德规范。
2. 体现教练心态。

B. 共创关系领域：

3. 培养和保持合约。
4. 培养信任和安全感。
5. 保持同在感。

C. 有效沟通领域：

6. 积极聆听。
7. 唤起觉察。

D. 促进学习和成长领域：

8. 促进客户成长。

核心能力模型（ICF，2019b）和 ICF 对教练的定义（ICF，2007）被用作教练知识测评（ICF，2020a，2020b）的基础，这是教练申请 ICF 证书时考核过程的一部分。八项能力位于代表教练对话核心特征的四个领域中。各个领域和各项能力之间同等重要，没有任何优先级，对于合格的教练来说，这些都是要展示出来的核心或关键。正因为如此，该能力模型也为教练提供了支持，用以弥补教练参与的培训与 ICF 期望的专项教练培训之间的差距。

在核心能力模型发展过程中，职业分析证实了将近 25 年前开发的最初的模型中，很多部分对于当今的教练实践仍然至关重要。职业分析中出现的一些新的或更重要的元素和议题已经整合到更新后的教练核心能力模型中（ICF，2019b）。

本部分的余下各章将详细讨论这些元素和议题。值得注意的是，余下各章强调了以下方面，这些对于当今的教练实践至关重要：

- 道德行为；
- 保密；
- 教练心态；
- 反思性实践和专业性发展；
- 扩大对教练合约的关注，包括各级教练合约之间的重要区别；
- 强化教练与客户之间的伙伴关系意识；
- 对文化、系统和背景的觉察。

核心能力模型将先前模型的基础部分与职业分析中出现的新议题相结合，反映了当今教练实践中的关键因素，并作为强有力而全面的标准，服务于教练职业进化的下一阶段。

关于此能力模型的一个要点是，这些领域、单项能力及其子能力不构成一份检查清单，也不一定按照教练过程的时间顺序进行。某些方面的能力虽然倾向于在教练活动或约谈的开始或结束时体现，但大多数能力都被视为教练在任何时候都可能表现出的行为和品质，甚至在很多情况下贯穿整个教练工作。因此，该模型旨在描述相互影响的教练特征与特性，该模型的各组成部分应被视为一个整体。

该模型在ICF授证的教练培训项目的设计和交付中起着重要作用。此类教练培训项目需要证明至少80%的培训集中在ICF核心能力上。这样，学员接受了良好的教育，并为证书申请的相关评估过程做好了准备。ICF授证的培训提供者也将接受性能评估、审核和更新的程序，这一点与认证和更新证书的过程中评估教练的方式相同，以保持其课程的授证资格，从而保证学员培训质量的严格性和一致性。

有用的文档

ICF制作了一些文档，作为发展、评估和认证流程的一部分。

ACC、PCC和MCC最低技能要求

三个级别的ICF认证过程反映了每个教练经历的持续成长过程。ICF制定了最低技能要求，以帮助教练为ACC、PCC或MCC的认证评估做准备。它的目的是帮助教练成功完成ACC、PCC或MCC的表现评估，并帮助其继续发展教练技能。

最低技能要求帮助那些想要学习和运用这些能力的人以及那些寻求资格认证的人，理解考官对每一项能力都考核什么。教练除了了解要成功体现ACC、PCC或MCC的能力所需展现的最低技能水平，还可以了解哪些行为可能妨碍ACC、PCC或MCC的表现评估流程成功完成。此外，这些文档还可以帮助教练回答以下问题：成为ACC、PCC或MCC意味着什么？在评估ACC、PCC或MCC时，ICF考官会关注什么？在我的教练之旅中，通过ACC、PCC或MCC评估，我需要发挥哪些优势并在哪些技能领域进一步成长？

核心能力对比表

核心能力对比表是对每个认证级别最低技能要求文档的改编，并列出了 ACC、PCC 和 MCC 的评分档次，包括合格和不合格的标准。

PCC 能力标识

能力标识是接受过培训的考官在聆听教练对话过程时使用的指标，以确定在教练对话录音中体现出了哪些 ICF 核心能力，以及在多大程度上体现出来。PCC 能力标识是在专业级别的教练对话中应该展示的能力。这些标识支持评估过程的公正、持续、有效、可靠、可重复和可辩护。这些标识可作为基准，帮助理解对 PCC 的期望，并用作教练辅导过程的一部分。但是，它们不是教练的工具，不应该用作通过表现考核的清单或公式，更不应该成为教练工作过程中的清单。PCC 能力标识的详细信息可以在 ICF 网站（ICF，2019d）上找到。

ICF 道德规范

ICF 致力于保持和促进教练工作的卓越性。因此，ICF 希望所有会员和认证教练（教练、教练导师、教练督导、教练培训师和学员）都遵守道德规范：要胜任工作并有效地将 ICF 核心能力模型（ICF，2019b）整合到他们的工作中。

根据 ICF 诚信、卓越、协作和尊重的核心价值观以及 ICF 对教练的定义（ICF，2007），道德规范（ICF，2019a）旨在将适当的指导方针、问责机制和可执行的行为标准，提供给所有承诺遵守该规范的 ICF 成员和 ICF 证书持有者。

本部分的以下各章将依次介绍每个领域和每项能力，并提供每项能力的概述。此外，本书用实例和描述来帮助教练用务实的方式将能力带进生活中，从而说明每项能力的精髓，以及如何在一场精彩的教练对话中将这些能力融合在一起。最后，第 33 章“提高你的教练技能”，概述了 ACC、PCC 和 MCC 级别认证教练之间的一些区别。第 28 章“继续职业发展”提供了许多途径来发展获得证书以及作为一名教练成长所需要的教练技能。

结语

在第 5 章中，我们介绍了 ICF 核心能力模型的背景，以及在 ACC、PCC 和 MCC 三个级别上获得教练证书的相关内容。教练的概念、理解和应用在不断发展，但教练仍然是一个相对“年轻”的职业。因此，我们重点介绍了 ICF 职业分析所强调的关键变化，这些变化带来的成果旨在反映当今环境中有效教练的技能和行为。本部分的后续各章将依次介绍每项能力，并更深入地探讨每项能力的意图以及在教练实践中如何展示。

第6章

基础领域
能力1：展现道德规范

基础领域侧重于教练在教练工作中以及与相关人的所有互动中应如何表现自己。从更广泛的能力发展观点来看，基础领域内的能力被视为一组聚焦于教练本人的能力（即描述教练是谁，描述教练的存在状态），而其他三个领域关注教练的行为（即教练做什么）。在职业分析过程中，通常将这两个角度分别定义为“关注工作者”与“关注工作”。

基础领域包括两个方面的能力，展现道德规范和体现教练心态，其本质旨在突出期望ICF认证教练体现的专业精神。这种专业精神被认为是教练实践的基础，教练能力在此基础上得以应用。该领域内所包含的专业精神特别囊括了ICF的两个核心价值：诚信和卓越。

从这个领域开始，我们很快就会看到，好的教练不仅仅展示技能，还在于真诚、持续地展示一种心态。这种心态可以告诉我们作为专业人士如何开展工作，以及我们作为人如何行动。在本章中，我们将研究这两项能力中的第一项：展现道德规范，体现教练心态将在第7章介绍。

知识框6-1对展现道德规范进行了描述。

知识框6-1　能力1：展现道德规范

定义：理解并始终如一地践行教练道德伦理和标准。

1. 在与客户、资助人和利益相关者互动时表现出个人的正直和诚信。

2. 对客户的身份、环境、经验、价值观和信念保持敏锐。

3. 对客户、资助人和利益相关者使用恰当且表示尊重的语言。

4. 遵守 ICF 道德规范并坚持核心价值观。

5. 根据与利益相关者的约定及相关法律，对客户信息保密。

6. 保持教练与咨询、心理治疗、其他支持性专业之间的区别。

7. 视情况将客户推荐给其他支持性专业人员。

ICF 道德规范（ICF，2019a）中定义的道德实践被认为是教练关系的基础。所有级别的教练都需要理解该规范并持续践行。对于 ICF 的所有认证级别而言，都有相似且严格的标准，要求教练证明对道德规范的良好掌握。此外要指出的是，该能力强调了七个需要特别注意的子能力。

在与客户、资助人和利益相关者互动时表现出个人的正直和诚信

该子能力被认为是至关重要的，它总述了对教练行为的期望，教练行为不仅表现在教练约谈中，而且表现在作为一名教练行业从业人员的总体行为中。这种期望超出了客户的范围，扩展到了教练活动的资助人，甚至所有利益相关者。资助人通常是组织内的个人（或实体），从客户的教练进展中获得既得利益，正在积极地促进该个人对教练服务的使用，并有可能为教练提供资金。利益相关者通常是组织内的个人（或实体），从客户的教练进展中获得相关利益。例如，这些人员可以是人力资源代表、安排教练活动的经纪人或其他相关的第三方。这里要传递的信息就是，希望教练在任何时候都本着正直和诚信的态度行事，这个要求在道德规范的所有章节中都得到了体现。

对客户的身份、环境、经验、价值观和信念保持敏锐

对客户状态保持敏锐，体现了教练的数项重要品质。教练在工作中体现的包容性、非评判性、公正性和同理心至关重要。此外，教练了解这些品质对客户、教练工作和教练关系的影响也很重要。通过对客户状态保持敏锐，教练可以与客户进行互动，并与之合作，而不仅仅是针对客户在约谈中带来的教练目标和话题开展工作。人的本性会导致我们去评判，持有偏见，并将其作为自己的道德、伦理、行为基石的一部分，而此时自我反思和自我调节就是教练始终如一地展示其正直和诚实的重要表现。以下是一些需要反思的问题：

- 我自己的宗教 / 信仰对我的教练工作有何影响？
- 上述信仰与客户的信仰相符（或不相符）的程度如何？
- 我们的一致性 / 不一致对教练关系和教练过程有什么影响？
- 这种影响对教练关系有帮助还是无益？
- 如果我的客户分享了特别痛苦的经历，我该如何应对？
- 如果我对这段经历没有任何参考框架，我的回应会如何受到影响？
- 如果我对这段经历有很多参考框架，我的回应会如何受到影响？
- 也许我也有类似的经历……我有可能产生“过度同理心”吗？
- 当我的信念、视角、观点、经验跟客户的不同或相反时，如何确保自己在当下保持开放和敏锐？
- 我的世界观对我的教练工作有何影响？
- 我的观点有多稳定？
- 我的身份、环境、经验、价值观和信念如何影响我的教练工作，无论是在一般情况下还是在与客户一起时？

教练督导中的反思实践对于教练而言是非常有用且强大的资源，教练可对这些品质进行检查和自我管理。道德规范还表明，正直和诚信有

这样一种含义，如果我们感到自己无法跟特定的客户展示这些品质，我们可以寻求专业帮助；当我们感到无法解决可能存在的差异或不匹配时，甚至可以终止教练关系。你可以阅读第 29 章中关于督导的更多信息。

对客户、资助人和利益相关者使用恰当且表示尊重的语言

在这一子能力里，我们看到如何用语言来体现自身的正直和诚信，以及如何展示敏锐性和包容性。教练的语言旨在寻求一个精细又微妙的平衡，深思熟虑和有意为之之间以及自发和直觉之间的平衡，并始终尊重各参与方。这也是 ICF 关于尊重的核心价值观如何体现在道德规范和能力模型中的一个例子。

为了使用恰当且表示尊重的语言，第一个要回答的问题是：我知道什么是恰当和表示尊重的吗？这就回到前面讲的子能力，并着重说明了为什么对客户的身份和环境有觉察和保持敏锐很重要。此外，对态度保持敏锐同样重要，甚至更重要。例如，教练可能了解某人的身份，并对其抱有敏锐性，正是教练对这个身份的态度会告知他应如何与客户互动和做教练工作，从而在教练环境中该使用什么语言和该展现什么行为。在第 7 章中，你将更多地了解教练的心态。

遵守 ICF 道德规范并坚持核心价值观

ICF 道德规范被认为是教练的核心知识，可以在 ICF 网站（2019a）上找到，下面介绍该规范的目的和概况。

为了每位 ICF 教练每次都做到最好，ICF 成员和教练应承诺：

- 将道德行为作为教练职业的基础；
- 根据需要在教练领域持续学习；
- 探索持续的自我觉察、自我检视和自我完善；

- 在所有专业互动中表现出一个有道德的人的状态和行为；
- 承担作为 ICF 会员和教练的全部责任；
- 全身心地投入和参与到教练职业中，成为整个行业和社群的榜样；
- 坚持最高标准，以期体现教练职业的积极形象；
- 在每一次互动中保持完全地处于当下；
- 了解并遵守适用于每个国家 / 地区、省 / 市政府和当地行政机构的法律和法规；
- 为培训师、服务提供者和正在接受培训的教练提供安全的空间去学习并在道德规范上精益求精，努力成为最高水准的专业教练；
- 拥抱多样性和包容性，并珍视全球利益相关者的丰富性。

ICF 道德规范的重要性体现在以下方面：它必须是 ICF 授证的教练培训课程的一部分，也是教练在申请证书（以及 ACC 级别的证书更新）之前必须与导师一起完成的工作。ICF 还提供免费的道德规范在线课程，并且有一个 ICF 实践社区（也向 ICF 成员免费开放）致力于道德的讨论和发展。

道德规范与个人的道德和价值观紧密相关。在许多情况下，道德决策不是非黑即白，而是有各种灰色地带。虽然道德规范提供了教练工作的基础，但是对实践中出现的道德困境进行思考时，反思性的思维方式和探究过程亦至关重要。为此，2010 年，时任 ICF 道德教育小组委员会主席莱奥拉·罗森（Liora Rosen）制定了一份简单的道德审查清单（见图 6－1）。

步骤本身是清晰明了的。不过，第四步需要进一步阐述。此步骤涉及四个不同视角的探索，第一个视角是“过滤器”。过滤器指的是当我们对某事物进行判断和决策时所借鉴的广泛的参照框架。这些过滤器可能包括但不限于我们的文化、种族、宗教、受教育程度、性别、年龄、地理位置和社会经济背景，以及我们与该道德问题相关的需求、价值观、情感和动机。这些过滤器的性质和影响将告知我们如何看待特定的问题或情况。

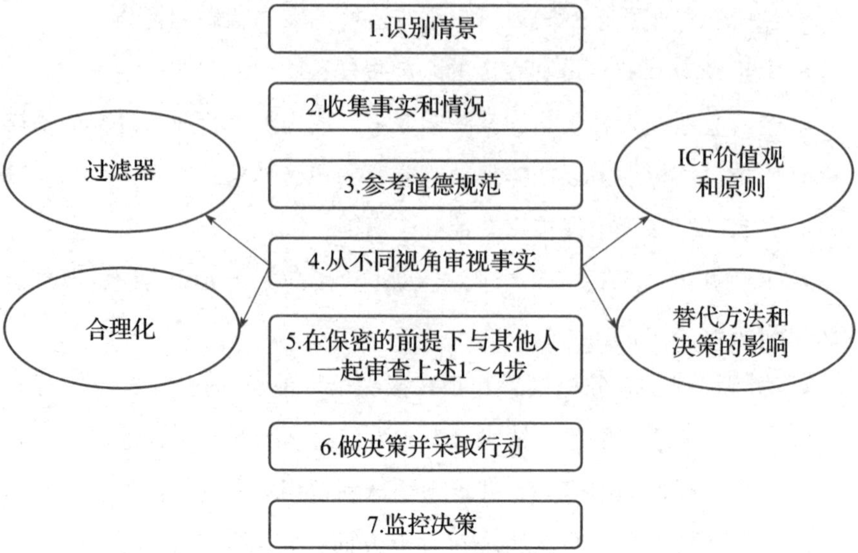

图 6－1　道德审查清单

第二个视角是合理化，它是指这样一个事实，人的天性就是支持那些可以强化自己的立场、态度、信念和价值观等的内容。考虑到这一点以及我们使用的“过滤器”作为个人的、独特的参考框架或“道德指南针”，我们会发现自己的偏见（有意识地和无意识地）将不可避免地在判断情况的过程中发挥作用。出于这个原因，该模型提倡考虑余下两个视角，并与其他人讨论情况（第五步），获取一系列其他输入，以进行公正客观的审查。

第三个视角是反思 ICF 的诚信、卓越、协作和尊重的核心价值观与原则，探讨它们在所考虑的问题中，是否受到重视、在多大程度上受到了重视。

第四个视角是关注某些替代方法和决策或对该情况的回应，探索其可行性和影响，以便识别前进的可能途径。

更多地学习和了解 ICF 道德规范的最佳方法之一就是讨论。通过对涉及道德问题的情境进行思考并与同事按照此清单中的步骤讨论，借由一场发人深思的谈话，我们可以看到对该情境的处理方式会如何（有意

识地和 / 或无意识地）受到自己的经验、价值观、信念和偏见的影响。

知识框 6－2 介绍的是一个供反思的道德案例研究。

知识框 6－2 道德案例研究

一天早上，与你一起工作了几个月的乔（Joe）在教练约谈中迟到了，他的言行非常严肃且充满压力。起初，他对实情闭口不谈，只说他非常忙，并承受着追赶最后期限的巨大压力。

突然，他透露自己遇到了麻烦。他在给客户报价过程中出现了重大失误。他知道要花很长时间才能查清楚错误是怎么发生的，以及出错的确切原因。

由于他感到很大的时间压力，他简单地向客户保证，他不会受到任何形式的经济处罚，并且他所在的组织将承担由该错误导致的财务成本。

第二天，在有高管团队参与的会议中，领导层决定公司将拒绝承担由该错误导致的任何费用，并要求客户承担损失。高管们并不知道乔对客户的承诺。

乔感到深陷窘境。客户组织的文化是要花时间来慢慢处理提案，因此客户对草率的错误以及方向或行动的临时变动没什么容忍度。而他的组织文化是快节奏甚至进攻性的，决策被频繁地制定和更改。

他想获得你的帮助来决定如何采取行动。你们的教练对话才刚开始，他就立即做出了决定："我要撒谎。我要隐藏数字，想个办法掩盖这件事。这是我唯一的出路。"

作为同一家公司其他经理的教练，你已经听到过一些抱怨，乔在他的所有业务往来中都不诚实，并且你已经与负责管理教练项目的人事经理建立了密切的业务关系。

尽管你有信心在此之前很好地处理了保密问题，但是这种情况正在考验你们达成的保密协议。

以下是一些你可能需要花几分钟考虑的问题：

- 道德案例研究中的道德困境是什么？
- 涉及道德规范的什么元素？
- 你对解决方案有何建议？
- 道德审查清单中的哪些内容最能启发你的思考？

以下是 ICF 道德规范中的一些思想和参考，为这个特定案例的道德讨论和决策提供了思路：

第四部分：道德标准

第一节：对客户的责任

…………

第 2 项：在服务开始之前，与我的客户和资助人及有关各方确立关于角色、责任和权利的合约 / 协议。

- 在这种情况下，谁是资助人？你是否与他们签有教练服务合约？
- 如果签有教练服务合约，你在该合约中应履行的责任是什么？

第 3 项：根据与各方的约定，保持最高等级的机密性。我了解并同意遵守与个人数据和通信有关的所有适用法律。

- 乔违反法律了吗？
- 他撒谎属于什么类型的违规行为（如果有）？
- 客户所在组织在公司政策中对谎言或虚假陈述数据等有何规定？
- 乔撒谎是否违反了其公司法规？

第 4 项：清晰地了解在所有教练互动过程中，所有各方之间如何交换信息。

- 在三方教练服务合约中，你围绕信息交换签订了什么协议？

第 5 项：与客户、资助人或各利益方有清楚的协议，规定在何种情况下不会对信息进行保密（例如：根据法律规定，依照有效的法院命令或传票来判定的非法活动；迫在眉睫或可能对自己或他人造成危害的风险；等等）。如果我有理由相信上述情况之一适用，我可能需要通知相应的主管部门。

● 如果乔撒谎确实构成你违反保密承诺的适当原因，那么你是否在教练服务合约中提到了这一点，并且乔（和资助人）是否在知情的情况下同意了此保密限制？

第二节：对实践和表现的责任

作为ICF专业人士，我

…………

第17项：认识到我的个人局限或环境可能会对我的教练表现或专业教练关系产生损害、冲突或干扰。我将寻求支持，以确定将要采取的行动，并在必要时及时寻求相关的专业指导。这可能包括暂停或终止我的教练关系。

你已经听到有关乔诚信问题的投诉，并且你与负责管理教练项目的人事经理有密切的业务关系……

● 这足以构成一个“个人问题”吗？

● 根据你听说过的情况，你是否对乔有偏见（有意识或无意识地）？

● 你与人事经理的密切关系是否会影响你对乔和这种情况的看法？

● 在这种情况下，其中任何一点是否足以削弱你作为教练的表现？

在这个阶段，乔还没有撒谎，他正在谈论自己撒谎的决定。这对该情况和你的潜在反应有何影响？最后，你认为道德规范有没有其他部分与之相关，或可以帮助你考虑这种情况？

在大多数情况下，教练的道德违规行为是由简单的错误或者缺乏觉察、考虑或知识而导致的，并不是故意的。重要的是，教练应谨慎考虑教练实践中的道德问题，并应从参考资料和指导中获得支持。同伴小组讨论、实践社区和特殊兴趣小组都是获得此类支持的可能来源（请记住，在进行此类讨论时，必须坚持对客户和资助人的保密性）。理想情况下，道德困境和问题也应带到与教练督导的谈话中，这是教练持续进行实践管理和专业发展的一部分。ICF 提供了可以对有关个人或项目投诉进行审查的机制：道德行为审查程序和项目投诉程序。这些由独立审查委员会（Independent Review Board，IRB）处理。

在第 23 章，我们提供了另一个模型来审查道德决策：APPEAR 模型（Passmore & Turner，2018）。此模型是有用的启发式方法，可指导你应对困难的、挑战性的道德困境管理流程，并鼓励你更广泛地思考且考虑每个案例中的个体与独特情况，以求能够平衡客户和组织的需求以及我们自己的道德、法律和合约中的责任。

根据与利益相关者的约定及相关法律，对客户信息保密

保密一直是教练关系的重要特征，最新的 ICF 核心能力模型尤其强调保密是至关重要的特性和任务。为此，它在 ICF 道德规范（其摘录见知识框 6 – 3）中被多次提到。

知识框 6 – 3　ICF 道德规范摘录

第二部分：关键定义

保密——保护教练活动中获得的任何信息，除非获准同意披露。

第四部分：道德标准

第一节　对客户的责任

第 3 项：根据与各方的约定，保持最高等级的机密性。我了解并同意遵守与个人数据和通信有关的所有适用法律。

第 5 项：与客户、资助人或各利益方有清楚的协议，规定在何种情况下不会对信息进行保密（例如：根据法律规定，依照有效的法院命令或传票来判定的非法活动；迫在眉睫或可能对自己或他人造成危害的风险；等等）。如果我有理由相信上述情况之一适用，我可能需要通知相应的主管部门。

第 7 项：采取提高机密性、安全性和隐私性的方式来维护、存储和处置任何在我的职业互动过程中创建的记录，包括电子文档和沟通记录，并遵守任何适用的法律和协议。此外，我力求在教练服务中恰当地采用新兴的、成长中的技术（辅助教练服务的技术），并了解各种道德标准如何适用于它们。

第二节　对实践和表现的责任

第 19 项：维护 ICF 会员的隐私，仅在 ICF 或 ICF 会员授权下使用 ICF 会员的联系信息（电子邮件地址、电话号码等）。

（ICF，2019a）

以下几点需要再次强调。

“保持最高等级的机密性”表示教练必须采取所有可能的措施，确保教练对话的内容仅教练和客户知晓。这意味着要格外小心任何可能记录下来的教练笔记，确保它们不会被他人看到，并在任何可能的情况下都被匿名化。这也意味着要小心存储在笔记本电脑、iPad 或其他电子设备上的所有客户数据，确保数据的安全性。

保密还意味着不要与他人口头分享教练对话中的内容。以下是一些有关如何应对的示例。

- 你可能会在走廊碰见客户经理，他询问教练工作的进展情况——未经客户事先明确同意，分享任何进展都是不合适的。三方合约非常重要的方面就是必须讨论并商定何时汇报、何时分享进展和保密性问题。

此外，我们建议由客户来进行进展分享和汇报。客户和直属经理之间关于进展的直接沟通可以使他们在工作场所的关系不受影响，同时保持关系内责任界限的清晰，且与教练的相关工作区分开。

- 你想与你的督导讨论客户的情况……与客户签约的过程中应告知客户，你会与督导进行交流，这是你职业发展的一部分。你应告知客户，这意味着你和督导可能会讨论某些与客户有关的内容，但是客户的身份始终保密，而且督导也受相同的道德规范和保密性界限的约束。
- 你想录音或抄录与客户的对话，以便可以将记录用于辅导或评估目的……同样道理，你应该与客户签约，获得客户同意。
- 你与虚拟助理（A Virtual Assistant，VA）① 合作，他可以帮助你安排约谈等事情……VA 也需要遵守道德规范，并在签约过程中告知客户此事。这里的一个提示是，与 VA 签约时，你要给他们发送一份道德规范，并要求他们签署，以便将其作为协议文档的一部分记录在案。

尽管核心能力模型或道德规范没有规定教练协议和合约必须以书面形式签订，但我们强烈建议签订书面合同。记录教练活动的关键因素，然后要求每一方签署协议，这是良好的职业习惯。通过这种方式，所有各方都清楚其他各方对自己的期望，及自己在教练活动中所扮演的角色。

可能令人惊讶的是，在大多数情况下，专业地解决上述问题的工具正是教练合约或协议。当培训教练学员时，我们经常认为“条条大路通合约”，从许多方面来看也确实如此。内容详尽的合约是为教练活动打下良好基础的关键。我们将在第 8 章能力 3 中详细探讨教练合约，而此处要说明的是，保密性也与隐私相关。现在，全球范围内的数据隐私法规更加严格，因此，重要的是，教练必须确保各方都遵守通用数据保护条例（General Data Protection Regulation，GDPR），以及全球范围内的其

① 一些教练辅助软件平台具备为教练提供日常工作安排和结算管理等助理服务的功能，称为虚拟助理——译者

他数据隐私要求，并且在各种交流中跟客户和其他利益相关者都明确这一点。

保持教练与咨询、心理治疗、其他支持性专业之间的区别

在证书申请中，如果教练对话聚焦于探询和探索，并且对话基于当前和将来的问题，该教练就可以通过保持教练与咨询、心理治疗、其他支持性专业之间的区别的考核。

如果教练专注于告知客户该做什么或如何做（咨询模式），或者谈话主要基于过去，尤其是过去的情绪（治疗模式），则不会通过考核。此外，ICF 指出，如果申请人对 ICF 教练定义中的基本探索和激发技能不清楚，不了解这种技能的运用，会影响其他核心能力的技能水平的展现。例如，如果教练几乎完全在提供建议，或者暗示接受教练选择或建议的特定答案是客户应做的事情，那么信任和安全感、教练当下感、有力的提问、唤起觉察以及客户产生的想法 / 行动和问责将不会存在，这样任何级别的证书申请都不会成功。

视情况将客户推荐给其他支持性专业人员

在保持教练与咨询、心理治疗、其他支持性专业之间的区别的同时，教练还必须知道何时以及如何将客户推荐给另一位支持性专业人员，并采取适当的行动。一如既往地，在服务开始时签订内容详尽的合约是最佳方法，主动明确在教练关系和教练服务中，教练提供和不提供的内容。这有助于减少混淆或误解，从而有可能避免将客户推荐给其他支持性专业人员即转介绍的需要。

有时教练过程会揭示出一些信息、要求、期望和状况，这些都意味着其他工作方式对客户更有用。辅导和咨询或心理治疗就是其中的例子。

有时，客户虽然来找教练，但是他们真正想要的是辅导。他们更想获得信息、建议、指导、想法或策略，而不是探索他们自己的思想、感受和行为以找到解决问题或实现目标的方法。教练首先考虑的是客户想要的与他们需要的之间是否有区别。客户可能希望教练为他们提供解决方案和答案，因为这或许比自己解决问题容易。在这种情况下，教练可以鼓励客户、与客户合作甚至激发客户去反思，以找到自己的解决方案，从而保持教练的角色。

但是，客户的实际需求可能确实是辅导，而且在签约阶段对所提供的服务存在误解或沟通不当。在这种情况下，教练可以提议另一种工作方式或许对客户更有用，并与其探讨聘请导师的可能性。

有意思的是，这并不像表面看起来那样清晰，而且也不总是简单的教练或辅导的案例。现实情况是，很多教练有多种身份：教练、导师、培训师、引导师等，这些身份构成其职业组合。这意味着实际上一些教练会提供混合服务。从 ICF 的角度来看，只要满足两个重要条件，这就是一种完全可以接受的工作方式：

1. 在提交用于 ICF 评估的客户对话录音时，不宜使用提供混合服务的示例。评估过程是为了确定教练理解并可以运用核心教练能力、保持教练模式。在提交的录音中，教练如果时不时地脱离了教练模式，很可能无法通过评估。

2. 在记录客户服务小时数以进行 ICF 认证和续约时，仅应记录合约规定且实际提供教练服务的小时数，而不记录提供混合服务的小时数。

另一个潜在的转介绍的关键方面是看到什么时候咨询或治疗可能更适合客户。客户有时会表现出某些行为或分享某些信息或观点，表明另一种形式的专业服务或资源可能对客户更合适、更有用。在 ICF 道德规范第三部分第一节对客户的责任第 8 项中提到："如有迹象表明，客户从教练关系中获得的价值可能发生了变化，要对其保持警觉。如果确实如此，则要改变关系或鼓励客户 / 资助人寻求另一位教练、另一位专业人士或使用其他资源。”有关何时以及如何向客户推荐心理治疗的指南——《推荐客户进行心理治疗指南》（Hullinger & DiGirolamo，2018），可在 ICF 白皮书中找到。

视情况将客户推荐给其他支持性专业人员在表现测评中不会被直接评估，事实上没有表现出这种能力更可能意味着评估不及格。在证书申请中，当考官评估教练对话的录音时，有两个主要的不合格情况：（1）教练表现出明显的道德违规行为（即违反 ICF 道德规范）；（2）教练时不时会扮演教练以外的角色（例如，咨询师、顾问、老师、培训师）。

结语

本章介绍了 ICF 核心能力模型基础领域的第一个能力：展现道德规范。介绍了此项能力的定义及其子能力，并探讨了每个子能力的基本要素和期望。我们看到这项能力对正直、专业精神、保密和道德操守的重视程度。本章描述了奠定一个人的道德规范的基础因素，并分析了一个道德案例研究，以突出面对道德场景时需要考虑的多种因素。此案例研究的用处还在于确定 ICF 道德规范的哪些部分对道德存疑的引导和告知有帮助，并将该道德规范定位为对教练非常有用的参考资源和指导，作为其专业教练实践的一部分。本章还介绍了一份道德审查清单、它的含义以及可能的解决方案，这份清单提供了一个简单指南以指导如何全面地审查和考虑道德情境。

第 7 章

基础领域
能力 2：体现教练心态

基础领域的第二项能力是体现教练心态。这是一项新的能力，源于 ICF 进行的最新教练职业分析，以及 ICF 学术研究团队完成的关于教练学习历程的定性研究。在职业分析过程中确定的许多核心教练任务、知识和态度，都包括反思实践的各个方面（例如，反思、觉察和自我调节）。这被认为是教练必须从事的一项关键的“自我工作”。

教练心态

知识框 7-1 对体现教练心态进行了描述。

知识框 7-1　能力 2：体现教练心态

定义：建立并保持一种开放、好奇、灵活和以客户为中心的心态。

1. 承认客户对自己的选择负责。
2. 作为教练进行持续的学习和发展。
3. 进行持续不断的反思实践，以增强个人的教练能力。
4. 对于环境和文化给自己及他人带来的影响保持觉察和开放。

5. 利用自我觉察和直觉使客户受益。

6. 发展并保持调节自己情绪的能力。

7. 为约谈做好思想上和情绪上的准备。

8. 必要时寻求外部帮助。

（ICF，2019b）

教练心态被认为非常重要，可以独自构成一项能力，它是描述教练存在之道的关键部分。在实践中，此项能力显而易见地贯穿教练与客户和其他相关方的合作。而且可以注意到，当一个人学习并能够践行这些教练技能时，通常会发生一种转变：教练个人展现这些技能，并将其内化成个性的一部分，将其有意识或无意识地运用在日常生活中。因此，教练心态也是教练如何展示此框架下其他能力的一部分。与能力 1 展现道德规范一样，诸如专业精神、正直、诚信和教练心态等品质是良好教练实践的基础，体现教练心态也是良好教练实践的基础。

此项能力包括八个子能力。

承认客户对自己的选择负责

该子能力聚焦于这样的事实，教练是以客户为中心的。在整个能力框架内，伙伴关系和平等是非常重要的议题。然而，有一点是非常明确的，那就是由客户来确定教练工作的日程和方向。客户还负责确定自己的想法、行动和后续步骤。这些可能要在教练活动开始之初就提出，教练向客户（和任何其他相关方）说明什么是教练、什么不是教练以及教练与其他工作方式有何不同。

这种确认在整个教练过程中都会持续，并在其他能力中得到体现，例如在下面这些情况下：

- 与客户合作制定教练合约（能力 3：建立和保持合约）。
- 在教练过程中表现出对客户的见解、建议和工作的尊重与认可（能力 4：培养信任和安全感）。
- 引导客户提出实现前进的想法（能力 7：唤起觉察）。
- 与客户合作，设计目标、行动和问责方法，并在此过程中认可、支持客户的自主权（能力 8：促进客户成长）。

为了证明这个子能力，教练可能会问的一些例子有：

- 你今天想重点关注什么？
- 你想如何处理？
- 你有哪些选项？
- 你是怎么想的？
- 你现在要做什么？
- 这么做你感觉如何？
- 对此你感到有多坚定？
- 你将如何确保你会履行承诺？

因此，在实践中，教练可以探索、探询、邀请、留意、提问和挑战，这些活动完全服务于为客户赋能，使客户主导并负起自己的责任，正如 ICF 对教练的定义，激励客户最大限度地发挥其个人和专业潜力。

作为教练进行持续的学习和发展

持续不断的学习和发展是 ICF 教练哲学的基础。如第 5 章所述，ICF 认证需更新的特性就是对持续的专业发展活动做出积极主动的承诺，以维持和进一步提升教练作为专业从业者的知识、技能、态度和行为表现。

证书更新过程要求所有教练在其三年的证书有效期内完成至少 40 小时的持续教练教育。该教育在 ICF 网站上有说明，可以采用多种形式，包括：

- ICF 批准的培训；
- 其他培训；
- 自定进度的课程和其他自学课程；
- 导师辅导；
- 教练督导；
- 研究与教学。

对于那些想要在 ACC 级别上更新证书的教练，这部分成长必须包括至少 10 小时的导师辅导，以便教练能充分理解和运用核心能力。教练在任何级别上的证书更新都需要至少 3 小时的教练道德规范的学习，从而再次强化道德规范和职业操守。从世界各地的 ICF 分会、ICF 认可的培训学校，以及 ICF 的学习门户网站，都可以获得学习和发展的机会。

持续学习和发展被认为是教练的一项核心任务和活动，是教练为了更好地服务客户而进行的“自我工作”的重要组成部分。

从非常实际的角度来看，强烈建议教练以积极的态度对待这种要求。许多教练的证书在接下来的几个月就要到期，而他们临时想要完成 40 小时以上的教练教育，于是联系我们。我们期望认证过程中能够看到教练的意向性，此外，如果在三年的时间里提前规划、以一种有意义且具有成本效益的方式完成此发展要求，要容易得多。也正是这种意向性的概念支持了自我工作和持续学习，这是教练心态的核心。

进行持续不断的反思实践，以增强个人的教练能力

在进行持续的学习和发展这一子能力的过程中，反思实践被认为是一项特定而重要的活动。反思实践包括三项核心任务：反思、觉察和自我调节。

反思实践可以采取多种形式，例如：

- 督导（见第 29 章）；

- 同伴小组反思；
- 写日志；
- 导师辅导；
- 有观察员的教练实践，随后进行总结和反馈；
- 听取教练工作的录音。

如能力 7 唤起觉察所述，教练引导客户获得洞察和认知。在这种情况下，教练以身作则，获得自己的洞察和认知。自我调节可以采取几种形式，包括在教练过程中管理自己的情绪、使用自己的直觉、保持教练的模式，以及控制自己去告诉、建议、评判或“修理”客户的倾向。

对于环境和文化给自己及他人带来的影响保持觉察和开放

该子能力要解决的一个问题是偏见：教练可能在教练过程中带有偏见，客户对教练的工作和教练过程可能会产生偏见。因此，教练心态的一部分就是，教练要对可能出现的对自己或他人的偏见，及它们如何影响和冲击正在开展的工作保持觉察。

在实践中，这个子能力可以从以下几个方面得到证明，教练拥有、承认、分享和检查自己关于客户及其所从事的工作的可能的假设。例如：

- 我意识到我在这里做了一个假设，不过我想知道……
- 我想在这里与你确认我的想法是……
- 如果我错了，请质疑或纠正我，但我认为你似乎对我……
- 如果这样不妥请告诉我，我在想，或许……

教练询问或挑战客户的假设也可以体现这个子能力，这与其他能力的某些方面非常紧密地联系在一起，在每个相关案例中都将进行探索。但是，就教练的偏见而言，前一个子能力中提到的反思实践的过程也是探索和解决这些偏见的一种重要且有价值的方法。

利用自我觉察和直觉使客户受益

在教练过程中使用直觉被认为是非常重要的，并且也是一种需要谨慎平衡和管理的技能。对直觉使用的研究得出了非常宽泛的结果，从存在重大缺陷到非常精准的都有，但直觉仍然可以点燃创造性的火花。带着谨慎的评价和判断力运用直觉，再加上不执着于自己分享的内容，很可能会激发客户的觉察或学习能力。

教练可以通过几种方式与客户分享他们的直觉，包括：

- 我有个预感……
- 我对（某某）有一种强烈的感觉，你对此有何看法或感受？
- 我不由得留意到……

发展并保持调节自己情绪的能力

这一点与子能力“进行持续不断的反思实践，以增强个人的教练能力”相连，反思实践被认为是调节个人情绪的宝贵工具。如何有效、适当地处理客户情绪，将在第 10 章和第 11 章专门探讨。但是，为了有效应对客户情绪，我们必须首先了解自己的情绪，以及以什么方式进行自我管理和自我调节，使之不会妨碍客户或教练过程。在教练督导中，这有时被称为“个人侵犯专业”，第 29 章中有更多介绍。

依据当时的状态，教练会将一种具体的情绪带入教练约谈中，而客户的参与也可能会影响教练的情绪。因此，教练调节情绪的能力可能会时刻发生变化，教练应该牢记这一点，并不断检查自己的回应和反应，以确保情绪不会以无益的方式进入这个过程。

通过不断学习、发展和反思实践而形成的自我觉察是一种有用的品质，使教练能够调节自己的情绪。教练什么时候可能需要调节情绪，示例如下：

● 你的客户非常喜欢圣诞节，并对庆祝活动的准备表现出热情和激情。而如果你自己对圣诞节的态度不是那么积极，你感觉圣诞节是一个悲伤、失落或失望的节日，该怎么办？你将如何调整自己的回应、反应和偏见？

● 你的客户说即将离婚，而你最近刚经历了非常痛苦的离婚过程。你将如何确保自己的情感经历不会渗透到你的教练实践中？

● 你的客户分享了对即将到来的旅行的兴奋，他描述的行程恰好你去年也走过，这是你一生中最令人赞叹的经历。你将如何调节自己的情绪，以使自己的“故事”不会占据客户的空间？

在某些情况下，如果由于某种原因无法调节自己的情绪，恰当的做法甚至包括与该客户停止合作，或暂停教练业务一段时间。例如，如果我们的生活正经历一段非常有挑战的时期，或者客户带来的议题对我们而言特别具有触发性和敏感性，那么我们可能难以充分地自我管理并与他人保持同在感。这是非常适合与教练督导一起探索的内容，ICF 道德规范的第四部分道德标准第二节中也做了介绍。

作为 ICF 专业人士，我：

第 17 项：认识到我的个人局限或环境，可能会对我的教练表现或专业教练关系产生损害、冲突或干扰。我将寻求支持，以确定将要采取的行动，并在必要时及时寻求相关的专业指导。这可能包括暂停或终止我的教练关系。

为约谈做好思想上和情绪上的准备

这个子能力确实有助于将能力 2 的各项子能力整合在一起，因为它强调了一种利用自己的最佳教练状态或心态的实践。它通过有意识地和特意地为客户工作做准备，从而利用了能力 2 的上述子能力。这是我们持续进行专业和个人发展的一部分，是一个连续不断的过程，也是为每次教练约谈做准备的一项具体活动。能力评估过程的结果以及 ICF 对教练如何使用时间的研究表明，好的教练都展示了这种实践。

这种约谈前的准备可以采取不同的形式，并且会根据教练的个人喜好而有所不同。可能包括散步、运动、冥想、静坐和反思之类的活动。还可能包括考虑教练何时以及如何进入最佳教练心态的其他方面，例如：

- 在一周中的某几天或一天中的某些时候教练处于最佳状态吗？
- 一天之内教练可以与多少客户互动，仍能保持精力充沛、专业、在当下，并且为每个客户做好充分的准备？
- 教练需要在不同的客户互动之间留出多少空间，以便为下一个客户做好充分的准备？

关于这些内容的论文参见 DiGirolamo et al.（2016）。

必要时寻求外部帮助

上述子能力旨在支持良好教练心态的发展。但是，我们也看到了一些示例，知道我们的心态会在何时以及如何被破坏或影响，使之对客户或教练过程无益。因此，在这些情况下，教练应寻求其所需的支持，以最合适的方式解决这一问题。督导是非常有用的支持来源，相关的更多信息参见第 29 章。

结语

本章介绍并概述了“体现教练心态”这项新能力，它是 ICF 核心能力模型更新版的一部分。这一增补强调了教练的状态和教练的行为具有同等的重要性，以及教练的角色不仅仅存在于和客户及其他利益相关者的直接互动中。本章探讨了每个子能力，它们与模型中的其他能力的直接连接关系，以及对其他能力的支持。本章还着重介绍了教练如何拥有并利用这种能力，这对教练不断发展并走向成熟非常有价值。

第 8 章

共创关系领域
能力 3：建立和保持合约

共创关系领域包括三项能力，它们是建立和保持合约、培养信任和安全感以及保持同在感。共创关系领域集合了包括教练服务和教练约谈的事前和事中做好后勤安排的能力，以及给客户带来成长和发展的那些能力。

本章介绍能力 3 建立和保持合约，此处的合约指的是三个不同层面的合约，具体如下：

1. 关于教练关系的合约。

2. 关于整体教练计划和目标的合约。

3. 关于约谈目标和目的的合约。

这些不同层面的合约在最新的能力框架中被正式地提出来，反映了教练过程和教练职业的持续发展与成熟。

知识框 8－1 描述了建立和保持合约能力。

知识框 8－1　能力 3：建立和保持合约

定义：与客户和利益相关者合作，就教练关系、流程、计划和目标达成明确的合约。就整体教练服务和每次教练约谈达成一致。

1. 解释教练是什么和不是什么，向客户和利益相关者描述教练工作的流程。

2. 就以下内容达成共识：关系中什么是恰当的和不恰当的，教练服务提供什么和不提供什么，以及客户和利益相关者的责任。

3. 就教练关系的指导原则和具体方面达成一致，如后勤、费用、日程安排、期限、合约终止、保密和其他方面的内容。

4. 与客户和利益相关者合作，制定整体教练计划和目标。

5. 与客户合作，确定客户和教练的匹配度。

6. 与客户合作，就其想通过教练约谈所取得的成果，进行设定或再次确认。

7. 与客户合作，确定为了达成希望取得的成果，在约谈中需要处理或解决的议题。

8. 与客户合作，就客户希望通过教练服务或单次约谈所带来成果的衡量标准，进行设定或再次确认。

9. 与客户合作，管理约谈的时间和内容的聚焦。

10. 除非客户提出不同的意见，否则教练应持续以客户期待的成果为导向来开展教练工作。

11. 与客户合作，以尊重本次经历的方式结束教练关系。

（ICF，2019b）

这一能力的本质在于，就教练关系以及这段教练 – 客户关系中每次约谈所涉及的工作内容，什么是适当的和合适的达成清晰的共识。

这项能力的基本要素是，教练在前述三个层面上建立和维持合约。

第一层面：关于教练关系的合约

- 解释教练是什么和不是什么，向客户和利益相关者描述教练工作的流程；

- 就以下内容达成共识：关系中什么是恰当的和不恰当的，教练服务提供什么和不提供什么，以及客户和利益相关者的责任；
- 就教练关系的指导原则和具体方面达成一致，如后勤、费用、日程安排、期限、合约终止、保密和其他方面的内容；
- 与客户合作，确定客户和教练的匹配度；
- 与客户合作，以尊重本次经历的方式结束教练关系。

第二层面：关于整体教练计划和目标的合约

- 与客户和利益相关者合作，制定整体教练计划和目标，以及对教练服务成果进行衡量的相关标准；
- 就教练工作与客户对教练过程投入度的重要性或意义，建立起充分的认识；
- 除非客户提出不同的意见，否则教练应持续以客户期待的成果为导向来开展教练工作。

当为组织提供或在组织内部进行教练时，如果双方形成共识，即教练工作能带来积极正向的结果，那么教练和组织之间可以达成合约，向特定或潜在客户提供一次或多次的教练服务。在这种情况下，教练和组织可以进行讨论，如何就第一层面和第二层面的某些方面达成一致。

当教练直接接触客户，而不涉及任何组织时，教练将直接和客户就关键因素达成一致。

第一层面和第二层面所描述的活动，通常是通过一份书面的、由相关各方签署的教练合约来约定。

第三层面：关于约谈目标和目的的合约

最后，通常在每一次约谈的开始，教练会与客户就本次约谈将涵盖哪些方面的内容，达成一种非正式的口头约定，具体包括：

- 与客户合作，就其想通过教练约谈所取得的成果，进行设定或再次确认；
- 与客户合作，就客户希望通过教练服务或单次约谈所带来成果的衡量标准，进行设定或再次确认；
- 与客户合作，确定为了达成希望取得的成果，在约谈中需要处理或解决的议题；
- 与客户合作，管理约谈的时间和内容的聚焦；
- 除非客户提出不同的意见，否则教练应持续以客户期待的成果为导向来开展教练工作。

透彻地探索教练合约

教练的培训者经常看到教练合约在很多时候并没有得到充分的探索。教练明确和探索教练合约的深度和广度，以及客户想从教练工作中收获的成果，是至关重要的。现在让我们把所有这些指导原则和要求结合在一起，看看此项能力所要求的核心所在。教练合约的第一层面和第二层面专注于审慎周密的专业实践，这一点相对来说容易理解。而教练在第三层面表现出的能力，即在每次教练约谈期间建立和保持合约，很值得进一步探索。

刚接受过培训的教练有时觉得，他们必须迅速找到教练目标，这样就可以开始给客户做真正的工作了，然而与客户广泛且更加深入地合作以了解他们想实现什么，以及为什么这对他们很重要，也是工作的一部分。事实上，建立教练合约可以在约谈的前半部分进行，甚至值得花费整个约谈时间来进行全面的探索，对整个教练服务建立清晰的认识。这个过程不需要在约谈的前几分钟内完成，而且可以在整个约谈的任何时候再次回顾。

虽然每一次教练对话都是不同的，有自己独特的轨迹和节奏，但我们发现在教授这项能力时，有一个办法也许会有帮助，那就是想象适合任何一个精彩的故事、一本书、一份报告、一个项目、一篇论文或一个任务，它们都有开头、中间和结尾。教练也是如此，重要的是要充分探索这三个重要层面，我们在其中一个层面开展工作的有效程度，将不可避免地影响另外两个层面的工作。例如，透彻地探索教练合约，无疑会让客户和教练了解接下来的工作可能会朝哪个方向走，也有助于为教练工作界定最合适和最重要的路径，以及为什么要走这一条路，还能够去发现那些能为客户工作奠定基础的及潜在的重要环境、背景或信息。

此外，透彻地探索教练合约也意味着给予教练对话一个完结，客户接下来将受益于他们在最初就明确知道自己真正想要什么。通过这种方式，教练和客户亦可以重新审视合约，去探讨客户将如何把教练成果运用到约谈后的生活中，以将他们的目标和结果利益最大化。此外，我们甚至会说，如果将整个约谈用来认真完成这项基础工作，也是有用的，教练可以在这个过程中展示出所有的核心能力。事实上，这通常是新手教练与那些经验更丰富和高效的教练的分水岭。新手教练往往急于达成合约，而老到的教练则能理解在达成合约的过程中所做的全面探索的价值。最后，我们的口号是：别匆忙行事！

对教练合约的进一步探讨

在阐明了透彻地探索合约该项能力的必要性之后，下面介绍关于如何才能做到的一些细节。需要强调的第一件事是，在谈论这项能力的某些方面时，我们会使用“在本次约谈中……”这个句式。当客户参加一个教练约谈，教练问他们想谈些什么时，客户很可能会开始分享“在外面的事”，即约谈之外的生活中他们希望发生、实现或改变的事情，例如，“我想改善我与团队的关系”“我想探索我的下一步职业生涯的转变”“我想更健康”。这些目标不仅是很宏观的，而且是客户在教练对话环境之外的日常生活中最终将实现的目标。在探索并理解了客户想要“在外面”实现的目标之后，教练的工作是与客户一起探索，他们在此次教练约谈中要完成的那部分工作及其带来的相应成果是什么。这样，教练不仅知道了那些“在外面”的目标，也知道了教练和客户在此次约谈中要一起做的事情，即“在这里”的目标是什么。

对目标的进一步探索不仅有助于明确教练的工作内容，还有助于客户真正思考他们想要实现和提升的是什么。非常有趣的是，通过更深入的探询，客户实际上经常会根据可能出现的重要洞见，去改变或重新定义约谈的目标。如果教练正在与客户进行的是一系列的约谈，就可能会对整体教练服务有一个总体目标（建立在第一层面或第二层面），然后对于每次单独的教练约谈，仍然会设定一个具体的期望结果。这些结果的实现，将带领客户逐步地趋向总体目标。

需要注意的另一点是，和任何过程一样，有时目标会带来改变，有时甚至目标本身也会改变。例如，教练需要留意和询问对话的方向是否偏离了客户最初的目标，这样就有机会检查一下，基于客户认为什么是最重要或相关的，来决定是继续、改变还是重新调整对话方向。教练可能会说：“现在这个新领域出现了，接下来聚焦在哪个方面会最有帮助？”通过这些询问和检查，教练就可以沿着客户期待的结果继续对话的方向。对这一能力的更新版描述中，有一个值得注意的增补，就是加入了“保持”合约。这一补充强调了这样一个观点，即贯穿整个教练服务的合约都需要重新回顾，以确保它们对客户来说依然具有相关性，以及教练工作是朝着客户期望的方向在继续。

明确成功的衡量标准也是这项能力的一个重要方面。需要再次指出的是，这些衡量标准包括针对客户想要在整个教练服务中获得的成果（第一层面或第二层面），以及在每次教练约谈（第三层面）中期待取得的成果。当整个教练服务或单次约谈结束时，客户如何知道自己已经达成了想要的成果呢？这对于能够让客户产生成就感和进步感是很重要的。此外，当教练服务中有资助人（比如，直线汇报经理）时，用投资回报率或期待回报率来衡量教练工作是十分有益的。如果约谈的目标或结果有所改变，则可能需要重新确认这些衡量标准。

理解这一工作对客户的重要性或意义是很有帮助的。这一探询有助于客户思考他们对这个话题的动机、信心或承诺程度。理解它对他们意味着什么，也有助于客户去发掘，如果事件得到解决或目标得以实现，将为他们的生活带来什么不同。这反过来可能会突出客户的一些价值观，以及为什么这样的对话对他们来说是重要的，其真正的原因是什么。当客户仔细思考他们想要什么和为什么时，此探询也可以进一步明晰教练约谈的实际目标。我们可以通过这样的提问来探索："解决或实现它对你来说意味着什么？""现在来处理这件事，对你来说重要的是什么？""实现这个，会给你带来什么？"

关于这一能力的另一点是，我们还期待教练帮助客户思考，要成功地取得约谈结果，可能需要处理哪些方面的问题。这好比做一个旅行计划。我们可能会想从一个地方旅行到另一个地方，会查看路线，计划如何到达那里。然而，路线设计程序向我们展示的是基于某些假设和平均条件下的路线与时间计划。我们是就这么上路，期待最好能准时到达，没有任何挑战或干扰，还是会查看一下届时的天气预报，是否有道路工程，或可能面临的其他交通障碍等？在教练过程中亦是如此，为了让客户成功实现目标，教练会请客户考虑，是否有任何相关的，可能需要处理、考虑或探索的事件。

最后，建立和保持合约也跟教练如何与客户合作有效管理时间，并恰当地结束约谈或整个教练服务有着密切的联系。从逐次单个教练约谈的角度来看，我们期待教练与客户合作，不仅如前所述需要管理每次教练约谈的内容聚焦，还需要管理时间，从而让对话能够有开头、中间和结尾。教练有责任管理时间，并定期与客户核对，评估朝着既定目标前进的进展，以及客户希望如何利用剩下的时间。这样，客户就可以专注于教练过程本身，而教练可以通过用心地追踪时间来保持教练过程的节奏。教练可以这样发问：

- 我们今天对话的时间已经过半了，对于今天的目标，你觉得进展如何？
- 我们今天还剩下 ×× 分钟，你现在想要聚焦在哪里或者你希望如何使用我们剩下的时间？

时间管理工作也适用于整体教练服务，这样，客户朝着总体目标迈进的进展得到了关注和探索，客户可能想要做出的任何调整也能够得到实现。

最终，教练服务将接近尾声，这项能力的一个重要组成部分是，教练与客户合作，以一种尊重此次经历的方式结束教练关系。这里的关键词是：合作伙伴，教练需要询问并共创一种适当的结束方式，去认可甚至庆祝这项工作和客户在教练过程中取得的进展和成果。这就是工作的开始和结尾相互呼应之处，这项能力也与能力 8（促进客户成长）的某些方面直接相关。

结语

本章着重提出了教练需要建立和保持的三个不同层面的合约。还阐述了为什么教练合约是教练过程中的一个重要方面，并深入探索了建立和保持合约这一能力的每一个要素。

第 9 章

共创关系领域
能力 4：培养信任和安全感

共创关系领域中的第二项能力是培养信任和安全感。虽然本章重点关注能力 4，但它与能力 5（保持同在感）关系密切。正是这两项能力的结合，以及通过能力 3（建立和保持合约）所创造的深入密切的合作，才是真正共创与客户的关系。其他几项能力关注的是教练如何在实际的教练过程中展现其技能，相比较而言，能力 4 和能力 5 特别关注教练如何创建、培育和保持良好的教练 – 客户关系，以支持和推动教练过程以最有效的方式展开。这么说来，该项能力中的“培养”一词，其特殊用意是反映出信任和安全感需要在整个关系中予以关注，而不是通过教练的“一次性活动”创造出来的。

内在关联的能力

所有能力之间存在明显的内在关联，值得注意的是，能力 4 和能力 5 与其他能力高度交织，理想情形下会拧成一股绳，贯穿整个对话过程，创建一个能给客户带来有效的教练体验和成果的环境与关系。教练过程通常被描述为一种舞蹈，教练和客户一起优雅、融洽地共舞。舞蹈的隐喻很形象，和教练过程有很多相似之处，比如客户会像舞蹈中的一个伙伴那样去领舞，刚开始跳时会感觉舞步笨拙，可能踩到彼此的脚，或朝着不同的方向移动。甚至可能觉得其中一个人在跳华尔兹，而另一个人在跳牛仔舞！因此，教练的部分技能是尽快与客户同步，以便工作能够展开。从评估的角度，我们会在教练约谈中观察这些技能的运用，但实际上人们会期望教练与客户刚刚开始接触时就能运用这两项能力。

知识框 9－1 中描述了能力 4。

知识框 9－1　能力 4：培养信任和安全感

定义：与客户合作，创建一个安全的、支持性的环境，允许客户自由分享。保持一个相互尊重和信任的关系。

1. 寻求了解客户的背景，其中包括他们的身份、环境、经验、价值观和信念。

2. 表现出对客户的身份、认知、风格和语言的尊重，并根据客户的需要对教练服务做出调整。

3. 认可并尊重客户在教练过程中所展示的独特才能、洞见和付出的努力。

4. 对客户表示支持、共情和关心。

5. 认可并支持客户对于感受、认知、担忧、信念和建议的表达。

6. 展现开放性和透明性，体现脆弱性，与客户建立信任。

（ICF，2019b）

关键因素

对教练而言，培养信任和安全感的基本要素是：

- 创造一个安全、支持的环境；
- 对客户个人表示尊重；

- 对客户在教练过程中的工作表示认可。

在这项能力中，教练需要理解和尊重客户及客户对教练工作的贡献，教练为客户创造一个安全的空间，让客户能在其中工作。考虑到这项能力旨在共同创建关系并在整个教练对话中都能得到展现，我们期望在教练过程中这项能力会在多处应用。这项能力可以直接通过教练的语言或行为来展示，也可以通过教练的状态来间接地展示。例如，教练和客户关系融洽，并且相互之间保持一段令人舒适的关系时，两人之间会有友好的交谈，这就是展示这项能力的有效方式。

起初，人们会看到教练尝试更好、更有效地了解自己的客户，既了解其为人，又要清楚他们带到教练过程中的是什么。因此，这里关注的重点是客户是谁，而不仅仅是他们带来了什么。这与能力 3（建立和保持合约）有关联，在运用能力 3 的过程中，教练可能已经引导客户对选择的教练议题的意义、重要性和及时性进行了深入的探询。这样，教练就开始认识和理解带来议题的人以及议题本身。在能力 4 中，当更深入地探索与教练工作背景相关的其他方面，包括与其相关的环境、经验、价值观、信念、需求和期待，甚至他们认同的与议题或目标相关的身份时，双方的关系会得到进一步的发展。

一旦教练和客户相互之间有了一定的了解，就会促进认可和尊重。教练对客户在教练过程中工作的认可和尊重，可以通过下面这样的评价来表达，“你似乎对此事做了很多的思考”或“你已经为解决这个课题投入了很多精力，这一点令我印象深刻”。教练支持客户，可以体现在持续引导客户在整个教练过程中分享他们的意见，并更多地说出自身的感受、认知、担忧、信念以及对如何向前推进提出建议等。这些认可与引导以尊重客户的方式和语言来表达。

有时，教练对话的关注点可能涉及一些客户相当敏感的领域。在这些情况下，能力 4 还包括教练触碰到这种敏感领域时，与客户进行核对，并获得客户对朝着此方向进一步探索或探询的许可。这种尊重、体贴的探询、给客户选择的机会，是建立强有力的安全感的教练 – 客户联结的一个重要特征。此外，教练恰当地去适应或匹配客户的说话方式，如在面对面的教练过程中，教练与客户的眼神交流和肢体语言，都能让客户体验到高度的尊重与和谐。

在教练过程中，认可和尊重客户工作的另一个表现，是支持、鼓励和捍卫客户为达成他们的目标所展现出的勇气和 / 或愿意做出改变的愿望。还包括认可他们在做出这些改变时所面临的挑战。这种认可可以通过这样的评价来体现，“我知道对你来说，敢于冒险和做一些不同的事情需要勇气” 和 “我看到你现在越来越喜欢这个新的习惯了”。意识到并包容客户的生活、历史、工作、价值观、信念等，是另一种表达认可和尊重的方式，可以通过这样的评价来表达，“我知道这对你有多重要，以及你过去为此经历了多少挣扎。我现在注意到，你在处理这些情况时有多自信”。

需要强调的是：支持、同理心和关心并不意味着拯救或照顾。这三个品质在教练过程中被观察到的一个核心特质是，教练与客户建立平等关系，并与 “客户是有创造力的、有资源的和完整的” 这一教练原则保持一致。因此，客户不需要教练 “拯救” 他们、“修复” 他们，做出任何使其信心受损，或者导致他们限制或削弱对自身资源认可的行为。这一点也与能力 2（体现教练心态）密切相关。

因此，重要的是教练如何措辞和给予认可，以便客户不会把认可当作来自教练的表扬或批准。为了说明这一点，我们从交互分析法中借鉴了一个模型，名为 “小我状态”（Ego States）（Stewart & Joines，2012），其中教练寻求与客户建立成人与成人间的关系，而不是家长 – 孩子类型的关系。为此，教练应在适当的时候有同理心而不是同情心，以表达对客户能力的信任，并注意客户的优势和成就。当客户在教练过程中开展工作时，教练也应该表现出耐心，而不对客户或者客户的表现进行评判。

以这种平等、非评判、非修理的方式提供的支持，不仅给客户极大的支持，也是对客户很好的赋能，真正邀请他们进入一个安全的空间，在那里他们可以真正利用自己的资源和创造力来战胜挑战，为实现目标做出改变。例如，“你可以做到的，你已经取得了这么多的成就”“我感受到你的悲伤，你现在希望如何面对?”“祝贺你取得这一突破”。

鼓励和允许客户充分表达自己是能力 4 的另一个关键方面，也是展示尊重、支持以及创造信任环境的另一种方式。教练也可以用直接的方式来展示这一能力，例如请客户“再多说一点……”或“你对此怎么想?”这里的共同点是，在不受教练打扰的情况下，大部分时间说话的是客户。此外，客户也被邀请在适当的时候分享更多，以支持约谈向想要的结果方向发展。

最后，教练通过显示自己的脆弱性，来展示开放和透明，这是培养信任和安全感的方式。这一点通过客户同意或不同意教练的看法观察到；比如像这样的说法，“如果我说得不对，请告诉我，我注意到的是……”

结语

本章强调了能力之间的内在关联性，也就是能力 4 和能力 5 之间的具体关系。本章还强调并描述了培养信任和安全感的关键因素。第 10 章将介绍有效地共创关系领域三部曲中的最后一项能力。

第 10 章

共创关系领域
能力 5：保持同在感

在这项能力中，我们将继续来看一看，教练如何与客户共创关系。在这种情况下，我们关注的是教练对“客户在说些什么”以及“客户是谁”保持同在感和好奇的程度。这种建立合作伙伴关系的能力和质量的重要性，亦可见于教练如何以及在多大程度上积极地从客户那里寻求对话内容和对话方向，而不是教练自己提供内容和方向。

保持同在感

知识框 10－1 描述了保持同在感这项能力。

知识框 10－1　能力 5：保持同在感

定义：对客户保持关注和同在感，采取开放、灵活、脚踏实地和自信的风格。

1. 对客户保持专注、觉察，有同理心，对客户及时回应。
2. 在教练过程中表现出想要了解客户的好奇心。
3. 管理自己的情绪，以保持和客户的同在感。
4. 对于处理教练过程中强烈的客户情绪展现信心。

5. 能够适应未知领域的工作。

6. 创造和允许沉默、暂停和反思。

（ICF，2019b）

关键因素

对教练而言，能力 5 的关键因素是：

- 对客户保持完全的专注；
- 展现出好奇心；
- 管理情绪；
- 为反思创造空间。

保持同在感在第一个子能力上的表现是，教练能够保持专注、觉察，有同理心，对客户及时回应。其余的子能力则提供了一些关于教练如何展示同在感的示范，这项能力的核心在于教练在面对挑战、复杂性和不确定性时，能够在多大程度上真正与客户合作，保持稳定和开放，以及教练能够在多大程度上与客户合作超越其教练话题本身。此时重点在于“教练这个人”，而不仅仅是这个话题。到目前为止我们讨论的能力中，合作被视为是至关重要的，正是对合作的关注使得高效的教练对话具备了某些重要的品质。

合作

以下是在保持同在感这项能力中，关于合作的关键因素：

- 表现出尊重和平等；
- 创造信任和安全感；
- 为客户赋能；

- 协助客户对教练过程中的工作负责（详见第 13 章）；
- 支持客户的自主性、发展性思维和积极的改变。

在实践中，教练可以通过多种方式来展示这种合作。首先，教练引导客户共同设计约谈的重点和方向，比如教练可以问："你想从哪里开始？""你想如何着手？""下一步你想往哪里去？""今天我如何能更好地就这个话题和你一起讨论？"教练保持开放，并引导客户对自己的意见表达异议时，客户也会体验到合作。合作还可以通过教练自如地从自身视角转换到客户视角来表现，比如说："我的直觉告诉我，我也可能猜错了，你觉得是怎样的？"这种对不同观点的包容，也可以通过教练提出自己的看法但不执着于此来展现，比如："你对我刚才分享的内容的反应是什么？如果你不同意的话，请尽管提出来。"

合作的另一个方面是，教练回顾客户陈述的选项或可能性，并邀请他们选择自己想怎么做。这里重要的是，客户可以做主，他不仅是设定议程的人，还是在教练过程中设定工作方向和方法的人。例如，客户可能会分享他们关于约谈后前进方向的几个选项，教练可以通过重述和澄清这几个选项来为客户提供回顾，然后引导客户选择那个对客户最有价值的方向。可以这样重述："你已经概述了选项 A、B 和 C，你会选哪个？"这种方法在客户引入几个可能的教练话题时，也很有帮助。此外，这样的回顾在客户探索有冲突、不完全一致或非常不同的可能性时，也很有用，例如："我听到你说想休息 6 个月，同时你也对这个新项目感兴趣，现在对你来说，最想做的是什么？"

教练工作旨在支持客户获得超越教练对话、超越他们带来的具体话题的成长和发展，与其形成合作伙伴的关系是释放这种成长和潜能的关键之一。具体来说，教练可以通过鼓励客户陈述自己的学习收获而不是替他们总结来实现这一点。这样，教练就支持客户掌握评估自己体验的能力，可以这样问："当你描述那个情况时，你注意到什么？""这告诉了你什么？""当你听到自己描述那段经历时，你学到了什么？"

教练这个人

能力 5 的另一个关键方面是“教练这个人”。ACC 级别的教练很可能只关注客户提出的话题。在 PCC 级别，人们期望教练不仅关注和处理客户的话题，还将专注于客户如何思考、感受、学习、叙述和创造，在 MCC 级别更是如此。这也可能延伸到客户的价值观和信念方面，他们如何看待世界，以及他们如何看待或想要达到自己在世界中的位置。例如，教练可能会问：“这个新项目与你之前分享的价值观是如何保持一致的？”或者“在进行那场谈话时，你持有怎样的信念和价值观？”

作为个人，教练也会表现出同理心和及时响应的能力，并展示出他们对教练过程中正在发生的事情的观察。教练可能注意到客户的情绪和感受并进行探询，比如：“我感受到了一些失望的情绪，我想和你确认一下……你有怎样的感觉？”或者“我看到了你的情绪，我知道这对你来说很重要，你想进一步探索吗？”这也把我们带入客户情绪这一话题，尤其是强烈的情绪。教练应该能够恰当地为客户提供一个充分表达自己的空间，包括表达强烈的情绪。这也与我们持有的“客户是有创造力的、有资源的和完整的”这一观点有关。一个表达情感的，例如正在哭泣的客户，并不一定会变得资源匮乏、缺乏创造力或崩溃！罗杰斯（Rogers，1980）说：“我很后悔，当我对我的感情压抑过久，其爆发的方式是扭曲的、具有攻击性或伤害性的。”教练工作的一部分是提供一个表达和探索情感的场所，以帮助客户向前迈进和成长。因此，重要的是，教练可以提供一个空间，允许情绪的表达。为了说明这一点，我们引用了“生命位置”的概念，它源自艾瑞克・伯恩（Eric Berne，1962）的工作，他建立了一种被称为交互分析的心理方法。富兰克林・恩斯特（Franklin Ernst，1971）在此基础上进一步开发，创建了一个名为“OK 围栏”的模型。在这个模型中，有一个健康和有效的位置，教练和客户都持有这样的观点：“我觉得我是 OK 的，你也觉得我是 OK 的。”这意味着，虽然客户可能情绪化或泪眼汪汪，但教练和客户仍然可以继续教练工作，而不是教练假设客户需要停止，或者教练因为当时出现情绪而需要停止。对有些教练来说，处理情绪方面的工作非常自然和舒适，对另一些教练来说则不尽然。在这种情况下，一个对教练很宝贵的成长机会是在这方面对自己进行探索，以及探索自己对其他人情绪的反应。这直接联系到子能力“管理自己的情绪以保持和客户的同在感”，以及能力 2“体现教练心态”中的许多方面。

还有一种方法能表现出我们是专注的、善于观察的并对客户及时响应，就是为了更多地了解客户而产生好奇心。好奇心是通过教练真诚地询问客户的议程和客户作为一个人的各个方面，并时常征求客户的意见和观点来表现的。

还有一点需要说明，教练不是心理治疗，有时客户的情绪状态会显示出也许其他资源对他更适合和有效。这一点请参见 ICF 道德规范第四部分：道德标准，第一节“对客户的责任”中第 8 项：“如有迹象表明客户从教练关系中获得的价值可能发生了变化，要对其保持警觉。如果确实如此，则要改变关系或鼓励客户 / 资助人寻求另一位教练、另一位专业人士或使用其他资源。”如前面的第 6 章所述，关于何时以及如何将客户转介绍给心理治疗师的指南，可参见 ICF 名为《推荐客户进行心理治疗指南》(Hullinger & DiGirilamo，2018）的白皮书。

阻碍

有时教练的状态并不在当下。可能是由于某些因素而缺乏或降低了与客户的同在感，其中一个可能是我们刚刚探索过的强烈的客户情绪。另一个可能挑战同在感的因素是“需要知道”。在我们人生的很多阶段，“知道什么”似乎很重要，我们习惯于和被鼓励去“知道”，在许多情况下，我们是通过自己“知道”多少来被认为是否有价值的。学者、专家和专业人员按照他们“所知道的”来获得报酬。领导者应该知道在组织变革期间做什么，医生应该知道他们的病人出了什么问题。然而，如果考虑到人本主义的方法（见第16章），也许我们的知识实际上会分散注意力，甚至会成为客户做好自己工作的阻碍。

人本主义的方法相信，人有一种“自我修正反射”能力，给予适当的条件，就能够实现他们的目标。一个新教练可能会对这个概念很纠结，因为这与我们生活中其他方面的知识、所持有的社会观念相比，需要实现一个相当重要的心态转变。想到我们的“不知道”会增加价值，给人的感觉几乎是违反直觉的。随着我们在教练实践中的发展，我们开始意识到自己并不知道客户到底经历了什么，也不知道最终什么对他们是最好的，我们的责任也不在于此。他们是自己人生课题的专家，而教练的角色是当他们在其未知领域前行时，与他们舒适地在一起，不试图解决问题或修复什么，只是简单地为他们提供思考的空间与时间，完全地处于当下，认真聆听，用一些干净、简单但又发人深省的问题和觉察，支持其思考和感受的过程。这一挑战可以举例说明，假设一个人在自身领域十分成功，现决定离开公司成为一名教练。虽然他清楚地掌握了教练工作的理论，并从字面上理解了教练能力，但值得注意的是，在教练实践中，他根本无法抗拒给予、建议、修复、推动和引领的欲望，甚至有这个内在的需要。多年来在其职业生涯中，他都是因为自己“所知道的”而被看重。这样一种实情与他对如何为客户增加价值的认知交织在一起。这可能意味着教练自己的预设和信念开始渗透到教练工作中，对增加价值产生相反的效果，甚至阻碍了客户的成长。我们听到很多新手教练说：“我什么都没做”“我不确定我如何才能真正增加价值”“我在努力帮助我的客户实现他们的目标”“只是倾听怎么可能帮助他们？我当然需要给他们一些东西，否则我对他们有什么价值？……他们是为此才付给我钱的呀！”

教练思维方式的这种转变也与第1章探索的教练成熟度密切相关。

若想培养出对“不知道”感到适应的能力，也可能涉及一些个人的修炼（也许可以和我们自己的教练或教练督导进行探索），探索我们自身关于“知道”的信念，“知道”或“不知道”对于我们而言意味着什么，以及我们如何看待自己作为教练的价值。作为教练，我们的价值可以是巨大的，关键在于我们如何定义和理解这一价值。

沉默是金

这项子能力涉及教练创造或允许沉默、暂停或反思的程度。这是一个重要的方面，使得客户能够充分表达自己，能够自由地参与到实现这种充分表达所需要的思考和感受的过程中。这个空间——“教练空间”——能够促使客户从其想法和感觉中找到意义。这个意义的确定过程与能力 7 唤起觉察和能力 8 促进客户成长密切相关。教练可以简单地保持安静，允许客户分享和暂停，然后在其有更多想法浮出时继续分享，以此来鼓励客户。我们可以用乒乓球比赛来做比喻。在打乒乓球时，球员击球并把球传回给对方，我们会听到不断的“啪、啪、啪、啪”的声音。通常当人们刚刚学习教练时，对话听起来就有点像这样，因为教练和客户之间通过一连串的提问和回答进行交流，对话之间只有很少的停顿。我们了解到的是，正是对话之间的空间为处理信息和更好地交流发挥了作用。正是在这个空间里，说出的话被真正地聆听，而不仅仅是被听到。也是在这个教练空间中，我们消化和处理文字，并开始准备自己的回应。在与更有经验的教练进行的对话中，值得注意的是“比赛”变慢了，就好像乒乓球在落地前暂时悬在了两个选手之间的上空，然后另一个人再次说话。通过这种方式，客户拥有了空间，可以真正听到自己以及从自己的表达中获得洞察；教练拥有了空间，可以真正倾听客户，然后花一些时间思考基于他在教练过程中所听到、注意到和体验到的，接下来要说或问些什么。

对教练来说，给客户足够的反思的时间、回答问题的时间和单纯思考的时间很重要（Kline，1999）。克莱恩（Kline）提出，一个人的思考质量与其被聆听的质量直接相关。教练往往觉得他必须通过提出一些出色的问题，或提供一些强大的洞见来增加价值，因此可能陷入自己的预设和表现欲中。而客户所需要的全部，可能是思考的空间和时间，以及被聆听和听到。这就是教练和客户之间合作与“共舞”的一个近乎神奇的作用：能够引导客户自己的智慧出现。

结语

本章是共创关系领域的最后一章。本章强调并概述了合作关系的重要性，以及教练作为“人”而不仅仅是话题。本章还探讨了可能阻碍教练充分展示保持同在感这项能力的几种情况，并以最强大的教练介入措施之一“沉默”来结束。

第 11 章

有效沟通领域
能力 6：积极聆听

教练的有效沟通包括积极聆听和唤起觉察两项能力，知识框 11－1 介绍了能力 6 积极聆听。

知识框 11－1　能力 6：积极聆听

定义：关注客户正在说什么以及没有说出来的部分，以充分理解客户在教练对话中正在传递的内容，并支持客户的自我表达。

1. 考虑客户的背景、身份、环境、经验、价值观和信念，以增强对客户正在沟通的事情的理解。

2. 回顾或总结客户沟通的内容，确保清晰和理解。

3. 当客户言而未尽时，要能够识别并进行探询。

4. 关注、认可和探索客户的情绪、精气神变化、非言语暗示以及其他行为。

5. 整合客户的用词、语调和肢体语言，以确定其传递信息的全部含义。

6. 注意客户在多次约谈中行为和情绪上的倾向，识别其议题和模式。

（ICF，2019b）

在阅读此描述时，你可能注意到这项能力中的一些子能力已经出现在此前介绍过的能力中。积极聆听的子能力可概括为以下几点：

- 关注客户更广泛的背景环境；
- 探寻和聆听，以寻求理解；
- 探索和整合客户的沟通方式，以获得更高的清晰度和更有意义的深度；
- 留意和探索声音、口头语言、精气神和肢体语言；
- 回顾；
- 注意和探索倾向、议题和模式。

上述子能力结合在一起，旨在以一种自然、直观和适当的方式贯穿教练对话。

关键因素

对于教练而言，积极聆听的关键因素是：

- 投入到整体性聆听中；
- 进行回顾以确保理解一致；
- 整合客户的理解，以支持沟通。

从本质上说，这项能力是关于教练学会真正聆听的能力，教练能听到客户关于他是谁、他的事情或教练话题都表达了什么。这项能力可以通过教练以下行为观察到：教练如何回应客户，教练如何使用客户分享的信息和语言来共创对话的框架和方向，包括潜在的值得探索的领域。

在一个基本的层面，关键因素包含了我们所知道的关于出色地积极聆听的全部技能：积极的专注力，表现出真正的兴趣，复述、总结、镜像反应、澄清，鼓励客户分享，不予评判，避免强行加入自己的想法和预设。在这些技能之外，我们又增加了另一个层面的聆听，让客户和教练更深入地探索所表达内容的含义，为客户向前推进提供更多的洞察和觉察。

通过提问和探询来聆听

开启这种更深入聆听的方法之一，是教练的提问或观察能够真实反映出对客户及其情景或话题的了解程度。这似乎是一个显而易见的建议，然而在实践中并不容易做到。教练经常发现，当客户说到一半时，自己很想提问。然后教练的精力就集中在等待客户停下来，然后自己提出问题。我听说过有人把这个情形叫作“问题排队”，这使得教练的精力、注意力和当下感从聆听客户中抽离，因为他更聚焦于自己提问的企图。有很多次，在听教练约谈的录音时，我们甚至听到了教练吸气的声音，他确实在等待客户把话说完，这样自己就可以提出问题。与第 10 章能力 5 所描述的，教练创造一个允许客户完全表达自己的空间相比，上述行为给客户创造了一个截然不同的环境。教练的提问或观察应反映出对客户的了解，这可以通过采用之前从客户那里听到的信息来体现，例如：“在上次约谈中，你提到目前休息对你有多么重要，这个新项目对此的影响是什么？”这样，教练就注意到客户在约谈过程中的行为和情绪的倾向，以辨别客户的特征和模式。这一点很重要，值得再次强调，运用跨越多个约谈所积累起来的信息，正是教练理解更广的背景和客户所说话的全部含义的方式。这一更深入、更广泛的聆听有时被经验不足的教练忽视，然而一旦它发展起来，将有助于教练建立和保持他们与客户的同在感。

更深入的聆听也包括更深入的探询。这种探询可以是关于客户使用的语言和 / 或客户的感受、教练注意到的模式以及客户的处理方式。例如，在语言方面，教练可能会问：“你几次提到自由，自由对你意味着什么？”对于感受，教练可能会问：“当你想到那样的自由时，感觉如何？”深入探询客户的处理过程，教练可以问：“你对自由这一价值观的尊重，将如何支持你实现目标？”对客户情绪的探询也与能力 5 保持同在感中讨论的一些观点相关。例如，教练可能会通过观察客户的情绪、语调、肢体语言、精气神等，来询问或反馈他们的情绪。在这种情况下，教练可能会问："当你谈论这个问题时，你会神采奕奕，笑得很开心，这对你意味着什么？"或者"我注意到你流泪了，发生了什么事？"

假设

假设也是很重要的，它可以帮助教练检查和关注自己对客户所说的话可能持有的假设。当客户提到自由时，教练的头脑可能反应很快而且很容易直接想到，自由对他们自己来说意味着什么，因为当我们在理解他人所说的话时，我们经常会以我们自己、我们的生活和经验作为参考。在教练过程中，这样做的危险在于，我们可能会根据这些假设采取行动，而自由对教练的意义可能与它对客户的意义很不一样。虽然我们可能认为彼此说的是同一种语言，但事实并非如此，每个人在选择词汇和术语来准确地表达其思想、感受的真正意义时，都有自己独特的方式。我们有时需要很努力地找到正确的词，我们在选择用词时是需要费心的，所以教练认真聆听客户分享的用词是非常重要的，因为客户选择这些词是有原因的，这让人想到"话语创造了世界"这句话。

用所有的感官聆听

注意和探索精气神变化是面对客户时，一种引发更深入聆听和沟通的强有力的方式。当然客户的精气神有明显的变化时这一点才需要。当客户的身体、节奏或姿势改变时，我们期待教练通过与客户分享他的观察反馈来展现其同在感。更深入、细微的探询是，询问或探索客户的音调、节奏或说话的音量，以及声音特质方面的其他变化。与精气神变化一样，观察反馈客户声音特质的变化，也是展示我们更深层次聆听的一种方式。例如："当你谈论那个事件时，你的语速会大大加快，声音也会更高，你认为这是为什么呢？"

最后，除了语言、感觉和声音特质，教练还可以询问客户的行为，以及客户如何看待其自身所处的环境、信念和价值观。例如，客户可能会分享某个具体的情况，教练会通过询问客户对人、地点和事件的行为、反应和/或回应来进一步探索。这里值得注意的是，这些问题并不是为了简单地获得数据，比如问他做了什么，你做了什么，然后他又做了什么。教练的重点应该是探索在某些行为发生之前、发生期间或发生之后的处理过程，例如："你的哪些想法和感觉导致你有这种反应？""你在会议上的行为会产生什么影响？""当你进行那次谈话时，你想处于什么样的状态？"通过询问客户的信念、假设、价值观和视角，可以探索客户如何看待自己的经历，比如："对此你会做出什么假设？""从你的立场，你怎么看？""你对此的信念是什么？"

结语

通过本章可以明显看到，聆听也涵盖提问。在教练关系中聆听并不是一种被动的活动，我们需要积极地聆听。作为一名教练，聆听是有目的的，这意味着为了探究、探询和探索而提问，使客户沟通的真正意义被充分地表达、传递和理解。

第 12 章

有效沟通领域
能力 7：唤起觉察

教练有效沟通领域中的第二项能力是唤起觉察。此项能力在教练职业分析过程中被认为是高效实现教练过程的核心。其中包括：

- 客户对改变和学习持开放态度；
- 教练聆听客户；
- 教练利用适当的教练方式和方法来引起客户转变。

知识框 12－1 描述了这项能力。

知识框 12－1　能力 7：唤起觉察

定义：通过使用诸如强有力的发问、沉默、隐喻或类比等工具和技术来促进客户的洞察和学习。

1. 在考虑什么可能是最有用的时候，考虑到客户的体验。
2. 向客户提出挑战，以唤起他们的觉察或洞见。
3. 询问客户关于其思考方式、价值观、需求、期望和信念的问题。
4. 提出有助于客户跳出现有思维框架的问题。
5. 邀请客户分享更多他们在当下的体验。
6. 留意可以促进客户进步的有效方式。
7. 基于客户需求调整教练方式。

8. 帮助客户识别影响现在与未来的行为模式、思考模式和情绪模式的因素。

9. 引导客户提出关于如何向前推进的想法，以及他们愿意和能够做什么。

10. 支持客户重新组织他们的观点。

11. 不执着于分享可能为客户带来新知识的观察、洞见和感受。

（ICF，2019b）

对教练而言，这项能力的关键因素是：

- 为启发新的洞见而提问；
- 分享观察来支持新的学习；
- 支持客户进行反思和重新构思。

什么是强有力的发问？

我们首先把强有力的发问看作是一个引发客户转变的重要教练工具。有时，教练认为一个强有力的发问会因为问题的力量而震惊客户。为了理解什么是一个强有力的发问，我们来回顾一下 ICF 对教练的定义：在一个发人深省和富有创造性的过程中与客户合作，激励客户最大限度地发挥个人和专业潜能（ICF，2007）。

强有力的发问这一工具直接与发人深省相关联。人通常是有习惯的生物，且我们的习惯延伸到思维习惯和行为习惯。有一个来源尚有争议的说法："如果你总是做自己过去一直在做的事情，你将总是会得到自己过去一直得到的结果。"这句话证明了此工具与教练工作的相关性。如果客户目前的行为习惯和思维习惯在教练过程中保持不变，那么他们可能不需要或根本不想要教练干预。他们将此情况带来作为教练议题这个事实，意味着他们很可能正在经历某种与其相关的挑战或复杂性，而通过拓展自身思维、观点发现更多关于此情况的选择，他们将得到支持。这就是此工具的功能和目的。不是为了震惊客户，而是为了能够提出清晰的问题，帮助客户探索议题，探索在这些议题中关于客户的部分——他们的行为以及他们呈现的状态。这些问题旨在帮助客户朝着教练对话的预期目标前进。

要有效使用强有力的发问，需要重视问题的关注点或类型、问题的性质和质量，以及强有力的发问的目的。

问题的关注点或类型

首先来看看问题的关注点或类型。有些词如唤起、探索、超越、生成和重构等是值得关注的。强有力的问题可以挑战客户及其思维，并引导客户突破思维定式和限制去探索并发现看待其所处情景、问题或目标的新方法。这可以通过几种方式来实现：教练可以询问客户的思维方式、假设、信念、价值观、需要和需求等。例如："到目前为止你考虑了哪些选择？""在那件事上，对你来说什么是重要的？""你对这种情况做了什么假设？""为了做出决定你会考虑什么？""你真正想要的是什么？"这些扩展性的问题也可能聚集于让客户思考看待自己的新方式，甚至挑战他们当前的想法，这样他们就可以从不同的角度看问题。这样，教练的问题就会引导客户离开其当前的"故事"，朝着新的和不同的可能性向前看。可以问这样一些问题："那个信念是真的吗？""你如何挑战自己对此的看法？""在这种情况下，你对自己有什么不同的看法？"

除了探索客户的思维界限和他们如何看待自己，强有力的发问还可以聚焦于扩展客户对自己带来的教练话题的觉察。通过强有力的发问，教练会引导客户从不同的角度来看待情况。这些提问旨在支持客户将话题进行重构，使其更具赋能性，例如可以这样问："如果 6 个月后，这个问题已经解决了，你会注意到什么？""看待这个问题的其他视角是什么？”“当你站在他们的角度，你会注意到什么？”“还有什么？”最后这一点也很重要，即教练的提问要引导客户将注意力和思考聚焦到目标上。在这里，教练引导客户探询成功是什么样的，并让客户想象他们想要的未来，还可能包括引导客户探询从未来回到当下。这些问题帮助客户创建新的场景和可能性，从而赋能并引领客户成功实现其目标。此类问题的例子可以是：“你希望一年后事情是怎样的？”“理想的结果是什么样子？”“今天做出什么样的改变，会使你更接近目标？”以及“奇迹问题”：“如果你有一根魔法棒，你想改变什么？”奇迹问题非常有用，因为它直接挑战了惯性思维的限制。有时候有些事情不可能做到，只是因为我们的思考方式的局限，一旦我们的思考通过这些强有力的问题而解锁，就会有更多的选择和可能性。

对未来和新的可能性的关注也与客户的理想自我形象密切相关。比如这样一个问题：“如果凡事皆有可能的话会怎样？”就是运用第 21 章中提到的“探索梦想生活”的理念和精神动力学的方法。博亚特兹（Boyatzis）的着意改变理论（Boyatzis，2008）和“理想自我”的发现也强化了对客户希望、梦想和成功愿景的探索所带来益处的重点关注，拓宽了客户思维中关于可能性的范围。

聚焦未来是教练向前进步的哲学核心。而积极聆听的能力（见第 11 章）非常关注聆听客户当前对世界、对所处环境和对自己的看法，唤起觉察的能力更多的是将这些观点转变为有哪些可能性。提问对这两项能力都很重要，然而，其各自的意图和结果却是不同的。

在我们讨论这些不同类型的问题时，要再次参考 ICF 对教练的定义：“在一个发人深省和富有创造性的过程中与客户合作，激励客户最大限度地发挥个人和专业潜能”（ICF，2007）。

通过激发新的和扩展的思维，教练能够支持客户利用他们与生俱来的创造力。过去的思维习惯使这种创造力处于休眠状态或受到制约。为了激发客户的创造力，教练的角色超越了提出“强有力的发问”的层面，去帮助客户获得新的洞见。一旦客户的创造力被解锁，他们可以看到更多的选项、可能性和选择，他们会更积极地去实现自己的目标，感觉得到更多的激励和更大的满足。

问题的性质和质量

谈到问题的性质和质量，教练的问题应尽可能地清晰和简洁。做到简洁，客户可以更容易地听到和处理这些问题，这意味着客户的脑力正在被最大化，而不是被复杂和冗长的问题分散，理解这些问题都要耗费时间和能量，更不用说处理和回答问题了。出于同样的原因，教练的问题也要以开放式问题为主，一次问一个问题，而不是多个问题，而且其速度应让客户有时间倾听、思考、反思和回答（记住，这不是一场乒乓球比赛！）。英文首字母缩写 WAIT［ Why am I Talking？(我为什么要说话？)］有助于提醒教练，他的问题是为了唤起新的想法，而不是打断客户或展示自己的业绩或意图，所以这里提倡“少即是多”的理念，鼓励教练也要有充足的时间来反思，以便自己能够仔细考虑、构思，用尽可能少的字提出问题，对客户产生最大的积极影响。

通过使用和适当地回顾客户的语言、学习风格和参考框架，也能够提高教练问题的质量。就如同我们在之前的一些能力中看到的，有关建立联结和亲和力的许多方面那样，使用客户的语言会触发镜像神经元，这不仅滋养了亲和力，也为客户带来一种熟悉感，使他们能够更容易地连接并处理这种语言。问题清晰、简洁和使用客户的语言，是南希·克莱恩（1999）在人文主义方法中，对直接发问的描述里提到的特质，本书第 16 章涵盖了这部分内容。

教练还需要考虑客户的经验、背景和沟通方式，分析哪些方法是有效果的，以便适应这些方法并以客户的风格开展工作。此类方式有干中学、反思、实验和视觉化。例如，教练可能会问：“你提到你已经瞥见了未来，你能看到什么？”“你想如何开展这部分工作？”“你现在想做什么？”“你说你已经铆足了劲，那是什么感觉？”关于教练提问质量的最后一点说明是，如果问题是非引导性的，就不会包含教练的结论或指出的方向。这可以清楚地显示教练在多大程度上可以维持和掌控客户的议题，而非教练自己的议题。例如可以这样问：“在你提到的选项中，你想走哪条路？”“你有什么想法？”“你从中得出了什么结论？”

强有力的发问的目的

最终，强有力的发问的目的是支持客户探索新的和不同的想法，它同样也开启了新的和不同的选项、可能性与选择，支持客户更有力量地去做出选择，并采取行动来实现目标。然而很重要的是，要记住，这些问题需要根据我们所听到和了解的关于客户的情况来量身定制。虽然在本章给出了几个问题的例子，但我们强烈建议不要将这些问题作为一个提问清单。每一次教练对话都是不同的、独特的，强有力发问的最好方式是与客户和对话紧密联系，完全地处于当下，用所有的感官来聆听，保持直觉，提出直接从教练过程中听到和了解到的内容中浮现出的问题。程序化的教练过程本身就是一种习惯、一种思维和行为的习惯，其实也正是我们请客户做出改变的地方。

隐喻

现在让我们来了解一下唤起觉察的另一个重要且有用的教练工具：隐喻，这是一种使用客户语言来建立关系、有效沟通和唤起觉察的方式。隐喻这个词的词根之一是 metapherein，意思是延续，即传递的意思。隐喻是给所说的话赋予意义和结构的一种重要方式。我们的语言可能是结构化的、经过斟酌的和有逻辑的，但我们的思想和想法则是更随机、更快速和更多层面的。因此，语言用来表达内心正在发生的事情，隐喻用来分享我们对体验所赋予的意义。基于客户分享的隐喻来工作是与客户沟通和更深入地理解某些事物对其真正意义的一种宝贵的方法。想象一下，当你问："你好吗？"答案如果是"我在云端"或"我觉得自己被困在一个黑暗的洞穴中，找不到出路"，你会想起什么？这些隐喻和象征性语言提供了一个机会，通过卓越的教练技能来了解客户对语言的运用，以及这些隐喻对客户意味着什么，所有这些都是我们通过身处当下和积极聆听实现的。

沉默

沉默也被认为是一种非常有用的唤起觉察的方式，再次指出的是，各项能力之间的内在关联在这里亦有体现。教练允许沉默并留出反思的空间，体现的是为反思、思考和赋予意义而暂停的能力，这种能力能够为客户唤起觉察提供强大的机会。因此，第 10 章也强调和更全面地描述了沉默。

发现可能性

唤起觉察的另一个方面是，教练的提问、直觉和观察为客户创造了全新学习的可能性。此处的关键是创造的可能性……教练不能保证客户会接受学习，但是教练在这项能力中的角色是为促进产生学习的潜在可能性做出贡献。诚然，这时教练可能会偶尔通过分享自己的想法，提供指导或咨询式干预以引发洞见和向前推进（记得始终服务于客户的议程而不是沉溺于教练的议程或自我）。例如，"我可以分享一下我对此的看法吗？它是否对你有帮助或你并不认同，你都可以告诉我。""我认为你是一个富有创造力的思考者，当你也这样看自己时，会发生什么？""你似乎限制了你的选择，你觉得呢？"

提供不同视角

这一部分的行为可能包括，教练分享观察、洞见或感受，但是并不执着，这样也为客户投入新的学习带来可能性。教练给出建议的方式一直是一个有争议的话题。从多年的耳闻证据以及教练约谈的录音，我们知道许多教练会这样做——而且经常取得积极的结果。这在教练核心能力和教练职业分析过程的所有阶段都可以观察到，有两个重要的标准得到了确认：

1. 在获得客户许可后，与客户分享观察、洞见或感受是可以接受的，只要对此不执着即可。

2. 分享应该扩大（而不是缩小）客户的选择范围或视野。

因此，教练的这种介入需要有利于客户的进步或学习，而不是出于教练的意图。这意味着介入为的是扩展和探索客户的思维，也可能是挑战客户的思维，并支持客户用新的、不同的方式来考虑和应对他们的课题。这种介入意味着教练不执着于提出意见，用一种让客户自我发现的方式来进行沟通，而不是基于教练自己“觉得这是对的”或教练知道客户的需求。比如：“听起来你对那个解决方案更满意？”“我听出了失望，是这样吗？”“我的直觉告诉我你仍然缺少些什么，你觉得呢？”

结语

唤起觉察这项能力对客户在思维、感觉和行为中做出改变，最终更接近自身目标和期望的结果很关键。唤起觉察的过程包括仔细的询问、探究和探索，以及教练为帮助客户学习和进步而恰到好处地提供的观点和观察。高效的教练会注意到在教练过程中哪些方面是有用的，并调整自己与客户同步，这包括使用隐喻和沉默，以激发客户的全部潜能来获得成长和发展。

第13章

促进学习和成长领域
能力8：促进客户成长

促进客户成长代表了教练过程的首要功能和目的。学习和成长这两个词，直接体现了教练不只是要解决一个问题、处理一个议题、达到一个目标或应对一个挑战，远不止这些。在一个层面上，它是通过教练工作来处理客户为取得具体、积极和向前迈进的成果而带到约谈中的话题。在另一个层面上，教练工作关注的是客户如何积累和充分利用他们在处理自己的话题时的体验，以在更广泛的意义上最大化个人和专业潜能。由此看来，教练工作的关注点可以从微观和宏观两个角度来概括（见表13－1）。

表13－1　教练的微观－宏观关注点

微观	宏观
话题	人
现在	未来
话题/情景	在哪里，还有什么？
行为	状态
解决一个“问题”	打造能力和最大化潜能

促进客户成长能力的描述见知识框13－1。

知识框 13－1　能力 8：促进客户成长

定义：与客户合作，将学习和洞见转化为行动。提升客户在教练过程中的自主性。

1. 与客户一起工作，将新的觉察、洞见和收获整合到他们的世界观和行为中。

2. 与客户合作，设计目标、行动方案和问责措施，以整合和扩展新的学习。

3. 认可并支持客户自主设计目标、行动方案和担责的方法。

4. 支持客户明确可能获得的结果，或者从确定的行动计划中学习。

5. 引导客户考虑如何前进，基于已有的资源、获得的支持和面临的潜在障碍。

6. 与客户合作，总结约谈中或约谈之间的学习点与洞见。

7. 庆祝客户的进步和成功。

8. 与客户合作，结束约谈。

关键因素

对于教练而言，促进客户成长的关键因素是：

- 帮助将学习转化为行动；
- 尊重客户的自主权；
- 庆祝进步；
- 与客户合作结束约谈。

在唤起觉察能力中，教练支持客户实现扩展的思维和更大的觉察，而促进客户成长则侧重于如何让客户思考他们从教练过程中获得了哪些学习和洞见，以及为了自身的利益如何在教练对话之外应用和整合这些内容。简单地说，此项能力是指教练如何帮助客户利用自身增强的觉察，从而实现客户的成长。此外，教练过程中包含的“向前迈进”意味着此能力还专注于接下来的步骤及相关的计划和实施。

自主学习

促进客户成长探讨和评估的是教练促进客户的自主性，以及让他们创造、主张和决定如何使用从教练对话（以及在整个教练过程）中产生的新知的能力。同时还关注教练如何与客户合作，创造让新的学习和成长发生的可能性。

促进客户成长包括教练引导客户探索，通过约谈关于教练议题或事件有哪些收获，比如，“今天我们探索了这个话题，你从中了解了什么？”然而，本着避免教练风格公式化的原则，我们鼓励教练使用多种方式来进行这样的探询。例如，“关于……你获得了什么洞见？”“关于……你得出了什么结论？”“现在你已经做了进一步的探索，发生了哪些改变？”这类探询也可能是客户关于自己学习的一些认知，比如他们的行为会因此有什么不同，以及他们如何看待现在的自己。例如，“今天作为领导者，你学到了什么？”“当做出这些决定后，你会有什么不同的行动？”“作为父母，你的洞见对有什么影响？”

对学习的促进、整合和应用

促进客户成长还涉及教练引导客户，超越他在教练约谈中的特定教练话题或议题的学习，在更广泛的环境（从微观到宏观）中进一步探索。因此，这项能力确实为教练工作和过程开启了可能性，为客户将自己作为一个人来关注提供成长和发展机会，而不仅仅局限于解决问题。教练可以通过提出这样的问题，探索这种更广泛的学习及其应用：“在其他什么地方，你还会用到这一洞见？”“你如何更广泛地应用这些学习成果？”“你将如何利用今天的学习来更主动地工作？”

除了这些和学习相关的探询问题，教练可以通过提供自己对客户的观察，并通过与客户合作，寻求客户进一步的意见或探索来促进客户成长。这可以在整个约谈的恰当节点发生，可能是通过关注语调、肢体语言、情绪、思维方式或语言来实现。例如，“我注意到当你这么说的时候，你的肩膀下垂，深深地叹了口气，这是什么原因？”“我注意到你今天更自信地谈论这一点，有什么不同？”

本质上，在这项能力中重要的是教练探索并引导一个关于学习、洞见、结论和决定等的探询。这不是强制性的，以唤起客户自我发现，而不是由教练告诉或教导客户怎么做。通过这种方式，客户会因为学习的结果自然而然地被推到一个进步的空间，这有助于对约谈后会采取的步骤展开讨论。

这里需要注意的重点是，虽然这是最后一项能力，但有关促进学习和成长的合作与探询过程不一定只在教练约谈的结尾才出现。洞见、学习、觉察、观察和决定等可能在教练约谈的任何时候出现。

下一步是什么？

确立学习、洞见、结论和决策等的过程自然会让人关注接下来的步骤。因此，这项能力也解决了教练如何以对客户有意义和帮助其向前迈进的方式结束教练约谈（也有可能是整个教练服务）。我们在第 7 章中谈到，一个出色的教练约谈有开始、中间和结束。我们甚至可能认为约谈的时间是以三分之一、三分之一、三分之一这种形式分配的。而现实中，中间部分的用时很可能超过约谈时间的三分之一，但不要低估在约谈的开始和结束部分与客户一起进行缜密工作所需的时间。通常，开始和结束部分被挤压在教练约谈的第一分钟和最后两分钟，而事实上，如果做得好，它们会为客户提供获得重要洞见和进步的机会。在约谈（和整个教练服务）工作开始时打下坚实和全面的基础，有助于顺利结束约谈（或整个教练服务），我们现在就来探索一下结束部分。

从本质上说，促进客户成长是期待教练帮助客户进一步运用和推进约谈成果。推进成果的一个重要部分是教练询问客户实现目标的进展。可以不定时地提问，例如：“现在约谈时间只剩一半了，对于你希望通过约谈得到的成果，我们的进展如何？”也可以用一种特定的方式，比如：“一开始你说你的动力是 10 分中的 4 分，你希望至少是 8 分，你觉得现在是几分？”

促进客户成长的另一个方面是，教练与客户合作，围绕着客户在约谈结束后会做什么进行探索，以便他们继续朝着最终目标前进。这一探询旨在支持客户探索和决定更多的想法、行为变化、行动、实验、自我反思、研究或客户会参与的进一步的评估，以便客户超越教练对话，持续进步。请注意下一步有多种实现方式，可见的行动并不一定是最合适的，思考很可能有助于实现完美的下一步。在这种情况下，教练可以询问思考的关注点和性质，以及它将如何帮助客户向前。

制定后续步骤是一个教练和客户共创的过程，教练支持客户做出决定，激励他们为最大化自身潜能和实现目标而采取所需的步骤。这可能包括教练鼓励客户、成为客户最强有力的支持，以及相信客户具备采取这些行动的能力。还可能包括教练认可客户在到目前为止的教练过程中所做的工作，为了支持客户采取那些能给自己带来渴望的成果的行动，教练甚至可以提出这样的挑战性问题：“如果不是现在，更待何时？”教练可能会向客户提出建议，只要它不是强制性的，支持和尊重客户的自主权，服务于客户的议程和进步，并与客户的风格一致。

设计教练约谈完成后的行动和目标，可能包括教练探索约谈后客户可能采取的行动，以及客户对采取这些行动的感受以及他们承诺的意愿度。再次考虑 ICF 对教练的定义：“在一个发人深省和富有创造性的过程中与客户合作，激励客户最大限度地发挥个人和专业潜能。”

这里的关键词是“激励”。虽然下一步对客户来说可能具有挑战性，但他们可以找到需要的资源（从自己身上和 / 或在他人的支持下）来采取这些步骤，因为他们是为了最大化自己的潜能而被激励去行动，不是觉得自己“应该”做这些事情。因此，合作是非常重要的，这样就可以让客户拥有一种自我责任感，并且感受到他们在教练约谈完成后的计划是合适的，可以实现的。因此，这种合作还将包括明确潜在的障碍和制订备用计划，以及考虑客户可能需要怎样的支持来帮助他们采取行动。在某些方面，这一过程就像在项目经理办公室里设计出一个看起来很出色的项目计划。然而，当进入现实世界时，计划可能在开始之前就失败了，因为没有做风险分析或实施方案以确保计划的可行性和成功。因此，教练工作的这个阶段是支持客户带着一份可以让他们迈向成功的坚实计划离开约谈。

教练还支持客户对他们的目标和计划做出承诺（包括应用和衡量承诺的机制），让他们可以对自己负责。除了建立问责制，另外两个方面是教练与客户合作（而不是指示）结束约谈，以及教练对教练工作的全貌以及客户想要在每一个约谈中获得的内容都要心中有数。通过这种方式，教练帮助客户对他们朝着目标前行的总体进展负责，从而为支持他们最大化个人和专业潜能打好基础。

结语

促进客户成长中的探索与工作为客户前进、发展和成长，超越约谈中话题的范围，提供了一个丰富的领域。所以重要的是，在教练过程中给这个步骤足够的时间和空间，而不是在教练过程的结尾，即教练注意到约谈时间即将结束时，才插入这部分的内容。在第 8 章我们研究了能力 3“建立和保持合约”，探讨了给全面探索客户的约谈目标留出足够时间和空间的重要性，以便教练工作有一个坚实和清晰的基础。同样，这最后一项能力亦是教练过程的重要组成部分，它支持并使得在约谈中完成的工作能够转化成下一步行动中新的模式和习惯。我们早些时候注意到，教练经常匆忙建立教练合约，这种匆忙也经常发生在最后这项能力上。教练的工作职责包括管理教练约谈设定的时间界限，然而很多时候，教练没有时间来充分开展这项工作，结果发现自己会以一种不优雅、笨拙和生硬的方式提出这样的问题："我们还有两分钟，约谈结束后你要做什么？"

因此，建议记住开始、中间和结束这一简单概念，让教练约谈保持平衡并有自己的节奏，对客户工作的各个方面进行充分和丰富的探索。

对八项核心能力的回顾

在介绍了八项核心能力中的每一项之后，在这一部分结束之际，我想提出一些想法，以将这些能力结合在一起。之前已经注意到，教练过程有时被描述为一种舞蹈，这既体现了教练和客户之间的伙伴关系，也体现了教练以相互交织的方式运用核心能力。虽然我们已经单独讨论了每项能力，但重要的是要记住，这八项能力不是一个清单，也不遵循固定的顺序。也许一些能力的某些方面在教练约谈的开始或结束时更突出，但现实是，它们在整个工作中是相互关联的，形成一条连贯统一的线。有几个例子可以体现这些能力的协同作用：透彻地探索教练合约（能力3）不仅为整个工作打下了基础，还为约谈提供了完美的参考，被带到最后形成一个有相关性的且优雅的结尾，并生成适当的后续步骤（能力8）。积极聆听（能力6）让教练具有到位和适当的观察和互动（能力7）。清晰且发人深省的提问（能力7）可唤起客户的觉察，可以给客户带来重要的学习成果（能力8）。基于学习成果，客户会做出选择和决定，采取行动（能力8）。随着教练工作的开展，体现教练－客户关系质量的能力（能力4、能力5）贯穿整个教练过程，为客户积极有力的改变创造最佳条件。当教练过程有一个强有力的专业的道德规范（能力1）和内在的教练心态（能力2）做支撑时，客户就可以从教练工作的威力中充分获益。

第二部分

教练方法

BECOMING A COACH

本部分共九章，探索各种不同的心理学方法如何为教练过程提供有用的洞见并加以应用。

我们从通用融合框架（Universal Eclectic Framework，UEF）开始，它借鉴了一些最广为人知的心理学模型。针对每种方法，我们都提供了相关的背景介绍和概述，之后给出了具体的例子，说明该方法与教练工作的相关性以及如何在相应的教练情景中运用。在第 14 章，我们分享了通用融合框架，并对该框架的关键特征进行了说明，介绍了人本主义方法、行为学方法、认知行为学方法、格式塔方法、系统性方法、心理动力学方法、进化论方法和生物学方法。

第 15 章到第 21 章分别介绍一种不同的心理学方法，目的是为这些方法的历史、起源和发展过程提供概览。对于每一种方法，重点介绍了如何将这些方法的原则和哲学理念简单而清晰地应用于教练工作的概念和实践层面。每一种方法的介绍都涵盖了该领域中关键人物开发的相关工具和模型，它们为这些理论赋予了生命。我们还特别说明了其中的一些原则是如何融入 ICF 核心能力模型中的。

第 22 章是本部分的最后一章，介绍了整合的理念。出色的教练实践需要利用多样的方法与资源，从而能够灵活地适应每一位客户的独特性和每一次教练约谈的独特性。这就带来了一种可以自然、有机、直观地呈现在教练关系和教练对话中的整合方法。我们介绍了一个七流整合教练模型，旨在呈现一种将不同方法整合在一起的方式。

第 14 章

通用融合教练方法

在本章中，我们将综述通用融合教练模型。该模型借鉴了心理学上最广为人知的八种方法，并将其应用于教练工作。我们将概述每种心理学方法及其如何应用于教练工作，重点关注应用于教练工作的人本主义方法、行为学方法、认知行为学方法、格式塔方法和心理动力学方法等。

通用融合教练模型

回顾历史，心理学家和哲学家对于理解人类是如何学习的有着共同的兴趣。很多相关的理论应运而生，并且各有侧重点。例如古希腊哲学家苏格拉底（Socrates）使用提问的方式帮助学生学习，尽管他具有挑衅性的提问最终使他身陷麻烦。还有其他作者提出了更多的方法。例如斯金纳（B. F. Skinner，1938）认为奖励可以激励学习，而大卫·库伯（David Kolb，1984）则认为我们在现实世界中的经历是学习的关键组成部分，他认为通过反思、理论化和检验的过程，成人可以开始用新的、不同的方式理解世界。

通用融合教练模型涵盖了八种主要的心理学方法：人本主义方法、行为学方法、认知行为学方法、格式塔方法、系统性方法、心理动力学方法、进化论方法和生物学方法。该模型由艾莉森·哈丁厄姆（Alison

Hardingham，2006）提出，名为“英国融合模式”，随后在她任教于亨利商学院期间将其发展为通用融合教练模型。

并不是所有的教练方法都能在该模型中找到准确的、对应的心理学方法，而且该模型也没有涵盖所有的心理学方法。但它确实提供了一种可以对目前多元的教练方法进行思考和归类的方式。

通用融合教练模型首先考虑每一种心理学方法如何解释人类学习和发展的方式。学习的部分一般是通过关于学习或改变的理论方法来描述的。这些理论方法的发展往往伴随着将理论方法应用于一对一工作环境的教练方法的发展。在很多情况下，这些理论方法最初应用于心理咨询，如心理治疗和认知行为治疗。然而，有些方法并不适用于一对一的工作，比如有关进化理论的方法，该方法认为改变是在上千年中而不是几个月内发生的。

在本书其他章节中，我们将更深入地探讨这些不同的方法。每章聚焦于某一方法，并探讨其根源、在心理咨询中的应用以及它如何适用于教练场景。本章将对这些应用于教练过程中的不同方法进行概述（见图 14-1）。

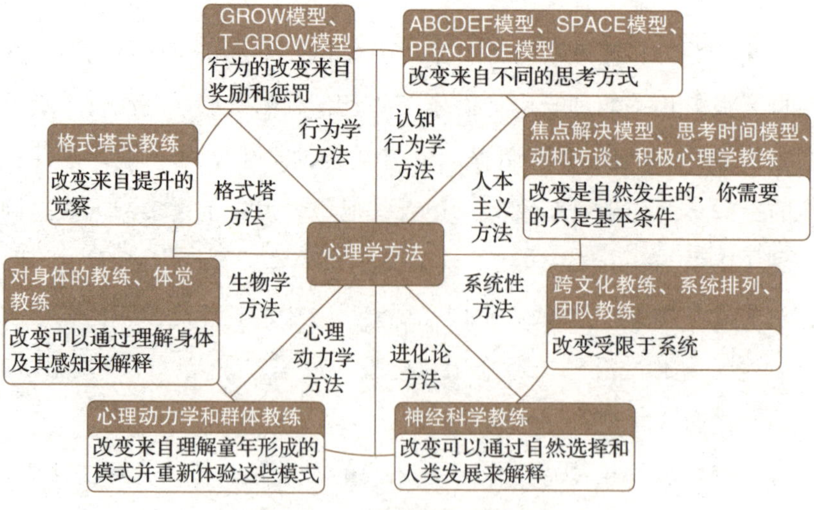

图 14-1　通用融合教练模型

资料来源：Reproduced with permission from Henley Business School (2020).

人本主义方法

人本主义方法假设改变是自然发生的，前提是存在温暖、真诚和无条件的积极关注等基本条件。这些基本条件有时被称为充分必要条件，是通过教练与客户的关系来表达的。在这种关系中，发展、成长或疗愈可能会发生。教练或治疗师的基本工具就是关系的品质，它确保客户体验到教练给予的温暖和同理心。因此，在人本主义方法中工具的使用不太普遍。相反，教练聚焦的重点是关系，以及教练如何运用倾听，并对客户展现出同理心。

在教练中，体现人本主义理念的方法之一的就是南希·克莱恩的思考时间模型（Kline，1999），本书将在第 16 章介绍。

行为学方法

行为学方法强调奖惩的重要性。这种方法相信动物，包括人类的行为，都能受到奖励（比如食物或者加薪）的刺激。通过这一点，动物开始将奖励与刺激联系起来，这可以从伊凡·巴甫洛夫（Pavlova，1927）训练狗把食物奖励和铃声联系起来得以阐明，而斯金纳的工作则是训练鸽子和老鼠，通过食物奖励来使其遵循某种行为模式。行为主义者认为不可能完全理解心智这个“黑匣子”，因此最好关注我们能看到的方面即人类的行为。如果一个人的行为是恰当的，那么人们怎么想和相信什么并不重要，因为我们所能看到的只是行为，而不是他们的想法。

行为学方法是现代组织管理的基础，构成了使用能力框架的理论基础，通常用于发展领域，如评估打分。

在教练工作中，GROW 模式是基于行为学方法的典型例子（Whitmore，1992）。GROW 模型主要关注人类行为，但是和其他模型一样，随着时间的推移，借鉴其他研究，增加了度量和对错误思维的探索。本书将在第 15 章中介绍更多关于 GROW 模型和行为学方法的内容。GROW 模型的提问示例见知识框 14 - 1。

知识框 14 - 1　GROW 模型的提问示例

- 今天你想关注的话题是什么?
- 你在本次约谈中的目标是什么?
- 你现在面临的现实情况是怎样的?
- 哪个选项可以让你更接近这个目标?
- 你想从我们的谈话中带走什么并以此前行?

认知行为学方法

认知行为学方法认为学习、发展和改变的发生是信念、情绪、行为和外部触发因素相互作用的结果。这种方法中常用的模型是 ABCDEF 模型和黑醋栗面包模型（Current Bun model）。

教练使用 ABCDEF 模型帮助客户战胜挑战，放弃对他们无益的信念，努力建立新的、基于证据的、更符合逻辑的和更加赋能的信念。我们将在第 17 章进一步探讨 ABCDEF 模型和认知行为学方法。ABCDEF 模型的描述见知识框 14 - 2。

知识框 14 - 2　ABCDEF 模型

A= 激发性事件（Activating Event）

B= 信念（Beliefs）(我们对某事持有的看法。)

C= 结果（Consequences）(我们的反应：行为、情绪、想法、生理反应。)

D= 争辩性陈述（Disputing Statement）(我们告诉自己的、有帮助的且基于证据的陈述。)

E= 有效的新信念（Effective New Beliefs）（对激发性事件产生的新的理解和信念。）

F= 未来的行动（Future Action）

格式塔方法

格式塔方法的假设是，提升觉察是改变的关键。通过更多地了解我们自己、我们的环境和客户，我们可以开始观察自身运作的模式和更广阔的环境。

格式塔方法把个体看作是思想、身体、情感和精神的整体，每个人都是独一无二的。对于治疗师来说，这就意味着专注于当下，专注于眼前的思想、感受和感觉，并将这些带到治疗中来加深理解。其目的是建立客户的自信，并帮助他们更好地体验当下。

在教练过程中，这意味着：

- 关注身体和思想；
- 保持对内容和环境的觉察；
- 使用隐喻和图像；
- 使用设定的方法（如椅子工作法）探索想法。

第 18 章将进一步探讨格式塔方法。

系统性方法

系统性方法有助于教练认识到他身处于特定的角色、团队、组织、经济体、国家和历史背景中。这些系统性的因素或内容，会影响客户个体和其他人的行为。

奥什瑞（Oshry，2007a，2007b）在他的组织系统工作中提出了系统性方法。他指出，大多数雇员会属于以下四种情况之一：高层、中层、基层和顾客。高层给组织的某个部分分派任务（职责），无论是整个组织，其中一个分部、部门、项目团队还是一个班级。它们觉得自己承担着所有的责任，却没有人按其要求去做。基层的员工执行任务，他们认为高层应该关注自己并向自己提供信息，高层却没能做到这一点。中层则体验着相互冲突的要求：基层员工要求资源和信息，而高层要求行动。中层认为他们永远无法满足这两个群体的要求。最后，顾客为了取得进展转而向其他人寻求产品或服务，并感到这个系统不断让自己失望。

即使在最复杂、多层级、多功能的组织中，我们每个人也都是不断地进出于高层、中层、基层、顾客这些不同的情境。在每一种情境下，都存在着独特的机会对整个系统做出贡献；同时也都存在着易犯的错误，轻易地导致我们丧失应做的贡献。

为了在教练工作中应用系统性方法，教练引导客户：

- 思考组织背景的重要性；
- 利用家庭的隐喻帮助客户识别元素之间的相互关系；
- 帮助客户保持政治上的敏锐。

诸如“力场”和“系统排列”等技巧可以帮助客户考虑工作场所中的系统动力，并制订相应的管理计划。例如，力场分析技术会请客户识别、列出和评估带来改变（期望的结果）的力量和抗拒改变（期望的结果）的力量，而系统排列则探索利益相关者和他们之间的关系。

第 20 章将更加深入地探讨系统性方法和力场模型。

心理动力学方法

心理动力学与潜意识动力有关。其信念是：作为人类，我们像冰山一样，大部分感受和行为都是由自身意识之外的本能与思想（潜意识）驱动的。

这可能作为心理防御表现在许多方面，如投射、否认、投射认同和扮演。心理动力学教练的作用是帮助客户更清楚地察觉这些机制，理解它们的起源、触发因素，并在确定这些机制没有带来帮助时，找到方法管理这些防御机制。

第 21 章将对心理动力学方法进行更深入的探讨。

进化论方法

进化心理学关注的是为什么人类以现有的方式进化。基于达尔文的物种起源理论（Darwin，1859），为什么人类的思想、情感和行为的某些特征或方面幸存了下来？它们带来了哪些好处？

在教练工作方面，这些心理学理论为神经科学教练的方法提供了理论依据。通过帮助客户了解大脑及其结构、功能和运作方式，客户可以更清楚地了解大脑作为一种“装置”，如何帮助和阻碍他们追求自己的目标。

生物学方法

对人类行为的生物学解释源自遗传学以及基因决定人类行为的方法。关于先天（基因）和后天（环境与关系）之间的平衡，仍有相当多的争论。普遍认同的结论是，人类行为的 60% 左右是由基因决定的，40% 是由环境因素决定的。但即使只有 40%，也给客户留下了巨大的空间来选择他们的行为。

就教练工作而言，这些生物学理论为类似体觉教练的方法提供了理论依据。体觉关注的是整个身体，帮助客户提高身体意识，并通过体会身体的感觉，使自己对不断变化的情绪和思想更加敏锐。知识框 14－3 是应用通用融合教练模型的一个例子。

知识框 14－3　应用通用融合教练模型

在教练罗斯（Ross）和客户桑德拉（Sandra）之间最初的电话交谈中，罗斯察觉到人本主义方法是有用的。尽管桑德拉要求就职业抱负进行一次富有挑战性的谈话，但罗斯还是觉得他自己在谈话中也是特别被需要的。桑德拉对于教练工作和她在公司中的角色都感到焦虑。罗斯希望利用“必要和充分条件”来提供一个关系的平台，以便将来的工作可以建立在这个平台的基础上。

罗斯将第一个小时用于听桑德拉讲述故事。罗斯的表现让人觉得温暖，他高度肯定了桑德拉的讲述，从言辞和感受两方面回顾了他所听到的。

一旦关系稳定了，罗斯就开始了一些认知行为方面的工作。桑德拉倾向于把自己没有获得晋升视为一个信号，就是自己的能力不如其他经理。罗斯鼓励桑德拉探索这些限制性的信念，运用“连锁推理”发现桑德拉认为自己不配成为她所在组织的领导者的原因，并最终挑战她的这个核心身份认同。

随着教练工作的继续，罗斯觉得思考所处的工作环境系统会对桑德拉有帮助。该组织的领导者以男性为主，女性领导者数量有限。桑德拉觉得这会降低她的积极性，对她与组织的关系产生了负面影响。罗斯使用力场分析技术来探索组织目前如何限制她的领导力范围（系统性方法）。随后，使用椅子工作法（格式塔方法）帮助她计划一次与上司和人力资源部的棘手对话，后者曾公开承诺增加女性在组织中担任领导者的人数。对桑德拉来说，使用这种技术本身就是一种挑战，因为她以前从未做过类似的尝试。这增加了她对改变的紧迫感，并为她提供了一份脚本——用上司和人力资源部都能听进去的方式来阐述她的观点，并为变革提供一些积极的建议。

在教练工作的最后阶段，罗斯运用了行为技术，邀请桑德拉观察其他资深女性领导者和“榜样”们的领导方式，并思考她在为其他女性员工塑造榜样方面扮演着什么角色，这些女性员工可能希望桑德拉成为她们的榜样，成为她们做出改变的支持者。

关于如何使用该模型的经验

首先值得注意的是，就像我们在教练工作中使用的大多数模型一样，通用融合教练模型对客户是隐形的。模型的目的是为教练提供启发或一张地图，以指导他们与客户一起工作。

客户看到的是教练展现的行为，以及教练选择的工具。教练需要充分了解这些工具，从而能够为客户选择最合适的工具，而不是为每个客户都选择教练最喜欢的三四个工具。最好的教练服务是在当下共创出来的：它由客户的需求主导，在与客户的伙伴关系中通过合作式的过程提供给客户。

如果你不确定是否要介绍一个工具，或者你判断这个工具可能远远超出了客户的舒适区，那么有一种方法，就是把工具的使用描述成一个“实验”。如此一来你就在亲身示范尝试新想法，监控其带来的影响，然后再决定是否继续或更广泛地将其重复使用，这样的操作是可以实现的。这样做的好处是减轻教练达到完美的压力，只是测试和评估一下这个技术，经过一个练习、观察、反思、调整的周期，再迭代到下一个周期。

最后，你可以对不同的客户和不同的情况测试 5 ～ 6 次。使用反思日志记录下你如何使用它，何时使用，以及你的客户对使用该工具的反馈。只有通过反复使用和反思，才能精通该工具。

结语

在本章中，我们描述了通用融合教练模型，并简要介绍了八种关于学习和改变的心理学方法，以及这些方法如何被不同的作者和思想家应用于教练工作。通用融合教练模型是在教练实践中综合使用不同的循证式教练方法的一种方式。它结合了八种具体的心理学方法。然而正如第22章中的整合模型介绍的，这不是唯一的方式。最终，我们认为每个教练都需要找到自己的方法来融合一系列不同的框架，并能够将其整合，做出改变和调整，从而满足客户的需求。

第 15 章

行为学方法与 GROW 模型

GROW 模型可能是全世界最广为人知的教练框架，因为它既具有“四个盒子模型”的简洁，又具有分步骤解决问题的能力，并在此过程中运用了心理学的理论。

GROW 模型最初是由约翰·惠特默、格雷厄姆·亚历山大（Graham Alexander）和艾伦·芬恩（Alan Fine）在英国担任组织顾问期间提出的。它起源于行为心理学，聚焦于目标设定、目标实现和结果衡量。GROW 模型可以与其他教练技巧相结合，也可以作为解决问题的工具而不仅仅局限于教练工作。

行为心理学

GROW 模型被认为符合行为心理学的传统，因为它关注的是人的行为，而不是人的想法。实践中发展起来的方法很少完全符合理论，GROW 模型也不例外。然而多年来，该模型借鉴了其他模型的技术，例如焦点解决式的度量方法和格式塔的感知位置。

GROW 模型与行为心理学流派以及斯金纳、巴甫洛夫和沃森等研究人员在 20 世纪 30 年代的观点相符。其共同点在于通过客观、量化的方法来解释和预测行为，理解人们是如何学习的。这些想法与现代管理学同时发展起来。现代管理学向心理学家寻求关于如何提高效率以及从手工生产向现代制造技术转变的想法，其成果是泰勒的科学管理理论（Taylor，1911），该理论为20世纪人力资源实践提供了一个核心平台。

GROW模型

GROW模型包括四个阶段，可以由教练灵活运用（Alexander，2016；Whitmore，2017）。教练可以从目标开始，走向现状，但可以再回到目标，进一步明确和细化目标，然后再进入选择阶段。

第一阶段：确立目标

第一阶段是教练与客户一起制定目标（Goal）。这个阶段可以从全面探讨教练对话更宽泛的目的开始，考虑教练项目发起人进行的介绍和背景因素，之后进入关于本次约谈具体目标的探索。在有些模型中，为了体现关于议题的初步讨论，会把该模型标注为T-GROW。

在模型的这个阶段，教练的目标是帮助客户为约谈设定一个明确的、可衡量的和有意义的目标。目标越明确，对客户越有意义，越有可能取得进展。

因此，鼓励客户明确界定成功的衡量标准、里程碑是很有帮助的，同时也要考虑该目标的重要性、与其他目标的联系及其带来的价值。

有时，浮现出来的目标需要调整或澄清。该模型旨在灵活地满足每个客户的需求，因此，如果需要对目标进一步澄清或完善，教练可以回到确立目标阶段。关于目标的提问示例见知识框15－1。

知识框15－1　关于目标的提问示例

- 我们在一起有一个小时的时间，在你离开房间的时候希望取得什么成果？
- 你希望通过这个目标实现什么？

- 为什么这个目标现在对你很重要？
- 你怎么知道你已经达到了目标？
- 你打算什么时候实现这一目标？

第二阶段：探索现状

在第二阶段，教练鼓励客户探索与所选择议题相关的现状（Reality）。有时，客户可能希望快速采取行动，而跳过对现状的探讨，例如他们以前尝试过什么，为什么没有成功等。在模型的第二阶段，教练的目标是帮助客户退后一步，通过开放性问题，花时间反思现状带来的所有影响。除了拓宽和深化客户的理解，这段反思的时间将为下一阶段——选项生成和选项评估——打下基础。

在讨论现状的过程中，探索下列话题会给客户带来帮助：他们迄今为止所做的尝试、实现预期结果的障碍、从不同利益相关者的角度看问题、发现可能的原因和影响，以及思考对客户及其同事绩效的影响等。在讨论这些话题时，解决方案可能浮现出来。然而，对于教练来说，帮助客户“搁置”这些想法并专注于对现状的探索是很重要的。

在这个阶段，教练很容易开始遵循自己的思路提问，并收集证据来证明自己的假设。这时教练必须记住，教练对话是为客户服务的。这意味着问题不应该聚焦在证据收集上，而应该聚焦在加深客户的自我觉察和产生洞见上。关于现状的提问示例见知识框 15-2。

知识框 15-2　关于现状的提问示例

- 到目前为止，你做了什么来实现你的目标？
- 你从这些努力中学到了什么？
- 现在发生了什么？
- 现在什么运作正常？
- 是什么阻止了你向目标前进？

第三阶段：选项生成和选项评估

第三阶段最好被看作由两个部分组成。第一部分为选项（Option）生成，第二部分为选项评估。重要的是不要把这两个部分纠缠在一起，因为对前两个或三个选项进行利弊评估，可能会限制后续解决方案的产生，而且后续产生的往往是更具创造性和不同寻常的解决方案。

与第一阶段一样，在开始评估每个选项的优缺点之前，为客户创造一个空间去探索、头脑风暴或写下想法，使他们能够产生尽可能多的想法，这会很有帮助。

如果在探索现状阶段创建了一个非常具体的图像，会为客户产生想法打下良好的基础。除了那些看起来更为可行的想法外，鼓励他们思考非常规的想法也是很有帮助的。使用诸如 VIP 和便利贴技巧（在第 34 章中讨论）可以帮助产生更多想法。有时，在看似疯狂的选项背后蕴含着非常有价值的内核。

客户可能会提出非常新颖的想法，或者他们生成的选项可能是对现有想法的调整或确认。重要的是教练通过提出开放式问题来支持客户，以扩展选项。我们发现，客户可能会发现自己很难做到这一点，在这种情况下，教练尤其有助于拓展他们的思考。

一旦生成了多个选项，这个阶段的第二部分就是评估这些选项。根据客户的偏好，这部分可以通过正式的方式进行，使用一组由客户预先制定的标准进行评估，也可以非正式一点，讨论每个选项的好处和风险。选项生成和选项评估阶段一些有用的问题见知识框 15－3。

知识框 15－3　选项生成和选项评估：一些有用的问题

- 你能做些什么来实现你的目标？你还能做什么？
- 如果你是谷歌的首席执行官，你会怎么做？
- 你以前遇到过这样的事情吗？当时有效，现在有可能同样有效的措施有哪些？

- 想想那些把这类事情做得很好的人，他们的哪些做法是你可以试试的？
- 你有 5 分钟的时间，写下尽可能多的解决方案。

第四阶段：总结 / 意愿 / 前行

约谈到了这个阶段，即确定前进之路（Way Forward），客户已经产生了许多想法，其中许多是他们自己心目中认可的解决方案。第四阶段包括帮助客户选择具体的选项或者他们有动力采用的选项。行动计划的制订需要让客户感觉对选项有信心，并有能力取得进展。行动计划还需要确认如何向前推进，包括所需资源、支持和潜在障碍（有关促进客户成长的完整讨论，请参见第 13 章）。当客户推进计划时，聚焦于他们可以获得的支持也是很有帮助的。这个支持团队可以为客户提供动力、资源，或者能够让客户负责。然后可以请客户确定他们希望采取的可行的第一步。

第四阶段也包括意愿。我们发现请客户考虑其行动的动力也很有帮助。你可以请他们衡量一下，例如："在从 1 到 10 分的度量尺上，你有多大的动力立即开始执行这个计划？"我们发现，得分低于 6 分的客户，或者回答诸如"我真的正在考虑"或"我真的很想去做"之类的客户，其实还没有做出承诺。我们建议对这样的客户进一步开展工作，以确保他们承诺采取计划中的行动。

在某些对话中，结果或目标不一定是一系列具体的行动，也可能是产生的学习或洞见，这些同样有价值。

在第四阶段，同样非常值得做的是通过肯定的陈述，认可客户到目前为止在制订计划上付出的努力。教练可以说："你在思考挑战的部分做了十分出色的探索，而且也获得了一个可以带走的行动计划。"

最后是请客户反思他们在约谈中的工作，以此作为进一步了解自己和自己学习方式的发展机制。此时使用两到三个问题可以为客户增加对话的价值，使其更好地理解 GROW 模型如何成为他们可以带走并用于思考其他问题的一个工具。

在知识框 15－4 中，我们总结了教练在模型的第四阶段可以使用的一些问题，这些问题与教练核心能力 8 中的方法一致。

知识框 15－4　第四阶段：一些有用的问题示例

- 在你提出的所有选项中，你会选择哪一个？
- 你需要组织提供哪些支持？
- 你将如何获得这种支持？
- 你要迈出的第一步是什么？
- 在从 1 到 10 分的度量尺上（10 分最高），你对行动计划的承诺度是几分？
- 本次对话为你提供了哪些洞见？
- 你学到了什么，可以应用于类似的领导力挑战？

图 15－1 总结了 T-GROW 模型的各个阶段：从关于议题的初始对话，聚焦于对话的目标和澄清，到对现状的回顾，然后考虑各个选项及其益处与风险，以及在结束对话前制订行动计划。

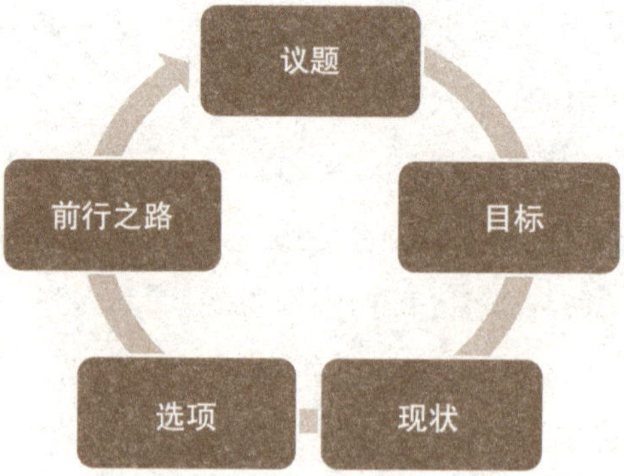

图 15－1　T-GROW 模型

结语

GROW 模型因其简单的形式成为世界上最受欢迎的教练模型之一。它很容易记忆，而且无论是作为教练他人还是自我教练的工具，它都能为解决问题的对话创造一个有用的结构。在本章中，我们探讨了促进行为变化的 GROW 模型，描述了模型的各个阶段，并讨论了教练在每个阶段可能遇到的潜在陷阱，还提供了每个阶段的问题示例辅助新教练。

第 16 章

人本主义方法与思考时间模型

从某些方面来看，人本主义方法（也称为以人为中心的方法）是教练的核心。此方法秉持这样一种信念，即我们所有人的内在都有一种“自我修正反射”。这个信念与教练工作有很大的联系，因为在教练工作中我们认为自己的客户是有创造力的、有资源的和完整的。还有一个观点与此有很大的联系：如果我们能发现自身这个方面的能力，就能实现任何目标。思考时间模型（Kline，2009）将这些原则应用于教练对话，聚焦于关系，这表明教练的角色往往是在为客户“让路”，而不是用多重问题、见解或反思进行干预。

在本章中，我们将探讨人本主义方法及其对教练关系的影响，以及我们如何通过思考时间模型在教练工作中实现这一点。

人本主义方法

人本主义方法有时被称为“第三种力量”，因为它挑战了先前的两个心理学流派：行为主义和心理动力学。一些心理学家认为这两个流派在某种程度上是有局限性的，而人本主义方法关注的是人的整体性和每个人的独特性。人本主义方法指向发展、成长和进步，而不是与精神分析等方法相联系的悲观主义或病理学。因此，它强调的是选择和能动性，以及人在适当的环境下做出健康、带着觉察的选择的能力。

人本主义方法于 20 世纪 50 年代末 60 年代初开始发展，在 70 年代和 80 年代非常流行。支撑它的一些基本假设包括：

- 人有自由意志；
- 人基本上是好的；
- 人有自我实现的动力；
- 个人的主观体验是最重要的；
- 挑战科学的方法论；
- 拒绝比较心理学（动物研究）。

卡罗尔·罗杰斯是这一治疗方法的核心人物，另外两位关键贡献者是亚伯拉罕·马斯洛和米哈里·契克森米哈伊（Mihaly Csikszentmihalyi）。罗杰斯最初提出了人本主义方法，并在这些假设的基础上，聚焦于人本主义这个原则，即人们是关于其自身最好的专家，因此也是关于他们自身幸福和发展的最佳资源。人本主义方法的一个核心主题是所谓的“自我实现倾向”：一种驱动成长、发展和自主性的动机，也可以被描述为“自我修正反射”。这种自我实现的概念最早由罗杰斯提出，后来由马斯洛进一步发展，当时它被定位为人类需求层次的顶端（Maslow，1968）。契克森米哈伊也曾致力于研究某些特定条件的组合如何让我们获得和体验一种“心流”的状态，从而产生高度专注、享受、满足和幸福的感受（Csikszentmihalyi，2002）。从本质上说，对人类而言，自我实现是一个自然的过程。在适当的条件下，个人会被激励，加快成长，并充分发挥自己的潜力。因此，教练的部分作用是使客户感受到更强、更健康的自我意识，以便他们能够获取并实现自我实现倾向。

有时人本主义方法可以与存在主义方法相联系，询问和探究当事人关于自己人生的目标和意义的自我意识。

关系是核心

人本主义方法是基于关系的。可以说，所有形式的教练工作（以及其他方式，如治疗、咨询和辅导）都是基于关系的，但是人本主义方法被认为是高度非指导性的，从而使奠定这种方法的原则和假设得到尊重和体现。人本主义方法提出，正是这种关系的非指导性的性质促成了自我实现的过程。罗杰斯认为，对人类而言，改变是一个自然的过程，积极的改变有六个充分必要条件（见知识框 16－1）。

知识框 16－1　改变的充分必要条件

1. 教练与客户的心理联系（这种联系必须存在，并且对客户来说是安全的）。

2. 客户是不一致的（不一致性存在于客户的体验及其对体验的觉察之间）。

3. 教练的一致性或真诚性（教练是真实的，深入地与客户同在，而不是在表演，教练能够利用自己的直觉和经验来促进关系的发展和客户的进步）。

4. 教练对其客户保持无条件的积极关注（教练没有任何评判、赞同或不赞同，并且帮助客户提升自尊水平）。

5. 教练具有同理心（教练对客户的内心世界及其担忧表现出同理心，从而提升和证明对客户的无条件的积极关注）。

6. 客户的感知（客户感知并体验到教练无条件的积极关注和同理心）。

思考时间模型

南希·克莱恩及其著作《思考时间》（*Time to Think*）（Kline，1999）

对人本主义方法应用于教练实践做出了关键贡献。克莱恩这本书的副标题是“用倾听点燃人类的心灵”，这成为以下观点的典范：教练的贡献主要体现在相信他们的客户确实是有创造力的、有资源的和完整的，因此具有一种自我修正反射。如此，教练的角色是通过建立安全和展现同理心的关系来展现这种信念，然后为客户“让路”，为他们创造思考的空间和时间，以便他们能够获取和利用自己的内在资源。

通过这种方法，教练倾听客户而不做评判，让客户自己获得洞见。教练的角色是以非指导性的方式，确保客户关于其议题的所有想法和感受都得到了考虑，充分理解客户的担忧，并带来一定程度的温暖、接纳和共情。教练运用积极聆听的强大技能与客户同在，以客户的节奏让他们自己产生洞见，做出选择，从而引导他们发挥潜力。

思考时间模型的起源

克莱恩受其母亲倾听能力和深入同在能力的影响，以及自己在教育、咨询和哲学领域研究的启发，观察到我们所做每件事的质量都取决于事先的思考。思考在前，因此，如果要改善行动，必须首先改善思考。克莱恩与他人共同创办了一所学校，帮助青少年独立思考，并持续观察学生清晰地独立思考和不独立思考时的区别。起初，是什么使得学生能够做到独立思考并不明显，年龄、性别、背景、智力和经验似乎都没有带来区别。然而，一个差异点逐渐浮现，即当学生思考时，与他们在一起的人是如何对待他们的。克莱恩及其同事发现，当一个人试图思考时，很大程度上“聆听者”听到的和看到的即是他们自身给“思考者”带来的影响。克莱恩和她的同事认为，如果有可能识别出什么行为可以促进思考，那么这些行为就可以被习得，从而教授给其他人。在接下来的几年里，克莱恩和她的同事确定并描述了这种“思考环境”的构成因素。

随着思考环境概念的发展，克莱恩回忆并比较了与母亲在一起时的体验的特征，母亲的倾听对她产生了如此深刻和积极的影响。其中包括：

- 自然地将目光放在对方身上；
- 自身姿势放松舒适，安静下来仔细聆听；
- 聆听时使用的音调和声音；
- 一起笑，而不是嘲笑；
- 传达平等和鼓励；
- 放松舒适地对待对方的情绪和恐惧的感受；
- 偶尔和非干扰性地提供所需的信息；
- 肯定，而不是批评；
- 不打断；
- 当一个人产生洞见时表现出喜悦。

这些行为的核心是关注。后来，克莱恩的一位客户将此总结为：一个人关注的质量决定了另外一个人思考的质量。于是克莱恩和她的同事提出了以下两个观点：

1. 我们做的每件事都取决于自身事先所做的思考。
2. 我们的思考取决于我们给予彼此关注的质量。

在这种情况下，我们所能做的最重要的事情就是用心地、仔细地倾听他人，以尊重的态度关注他们，以便他们能够以一种全新的方式清晰地思考自己。

虽然积极聆听是至关重要的，但克莱恩也注意到，有时这还不够。有些思维障碍需要人们有更多才能去克服，而不仅仅是深层次的关注。这些障碍显然与提问有关，但在当时什么类型的提问，以及事实上什么阻碍了思考并不为人所知。又经过两年的研究，结论开始变得清晰，这些障碍几乎总是与思考者所做的假设有关。这些假设在很大程度上是无意识的，却被思考者框定或体验为“真相”。在所有可能的思维障碍中，假设是最强大和最麻烦的。

克莱恩后续进行的工作揭示了三种类型的假设及其子维度，并得出结论：能够识别出这些假设将有助于消除它们。随着时间的推移，人们发现某些问题在消除这些假设方面起了作用。这些问题被叫作“深刻问题”，当这些问题与尽可能最用心的倾听相结合时，就可以使人类的思维越过假设的障碍，朝着全新的、不同的、以前难以想象的思考方式前进。

思考环境

最终，构成思考环境的基本组成部分变得清晰起来（见知识框 16-2），克莱恩也确定了十种同在与共处的方式。

知识框 16-2 思考环境的十个组成部分

1. 关注：带着尊重、感兴趣、着迷的态度，不打断地聆听。

2. 深刻的问题：去除限制思考和想法的假设，解放心智以创造新的、不同的思考。

3. 平等：像伙伴一样对待彼此。给予平等的关注，遵守约定和边界。

4. 欣赏：践行欣赏和批评 5∶1 的比例，鼓励对方并让对方感到安全，从而愿意探索并进行深入的自由思考。

5. 放松：给予自由，从匆忙或紧迫感中解脱出来，这样思考过程就有了空间和时间来发生和发展。

6. 鼓励：超越竞争。内在竞争和评判使得新的、高质量的思考无法实现。没有内在竞争，就没有内在冲突，从而允许自由思考的发生。

7. 感受：允许足够的情绪释放来恢复思考。感受会模糊判断力，因此感受的充分表达为思考的恢复和自由思考创造了空间。

8. 信息：提供一个完整和准确的关于现状的画面。信息有助于构建思考的内容，当面对全部清晰的事实时，头脑可以开始漫游，去探索策略和解决方案。

9. 地点：创造一个告诉人们“你很重要”的物理环境。

10. 多样性：我们之间的差异可以提升思考质量。

深刻问题

克莱恩识别出的三种假设分别是：

- 事实；
- 可能的事实；
- 关于自我和生活如何运转的基本假设。

深刻问题的设计是为了通过记忆和简洁性的结合来消除这些假设。重要的是要记住思考者是如何描述其假设的，要使用他们的原话。同样重要的是要记住他们用了什么词或短语来表达与这个假设相反的积极面，同样也是用他们的原话。

关于简洁性，一个最简单、最清晰的深刻问题的开头可以是：“假如你知道……”问题之所以深刻，是因为它清晰干净地切断了原假设，并将其消除。它用一个新的、开放性的假设，一个基于积极选择的新的真相，来取代原假设。

深刻问题通常包括三个部分：

1. 工作假设：“如果你知道……”

2. 接着是一个开放性的真实假设：“……你对这项任务非常熟练……”

3. 把新的假设附加到目标上：“……你会如何回应老板的要求？”

如果你知道 + 开放性假设 + 目标 = 深刻问题

提出一个深刻问题后，你可能会听到一个想法。再问一遍，你又会听到另一个想法。建议以完全相同的措辞和形式重复这一深刻问题，这样做可能会顺畅地产生许多自由的想法，这些想法以前曾被限制性假设压制。

时态的使用也是深刻问题的一个重要特征。例如："如果你知道，你完全有能力……" 通过使用现在时，我们将积极的新假设当作真相来表述。问题的假设部分是"如果你知道……"，在最后一部分询问他们对目标的想法（"……你会如何回应老板的要求？"）。这个句子用的是虚拟语态，因为我们只是假设。我们不是要求思考者去相信，而是请他们进行有趣的推测。这种有趣的推测可以减轻思考者的防御心理或抵触感，使他们能够自由而富有想象力地思考，而不必害怕被评判或做出行动承诺。正是这种有趣的可能性，而非要求，为想法的产生和后续的行动打开了空间。

最好的深刻问题是那些从教练对话中用心地、自然地浮现出来的问题。我们也收集了一些例子（见知识框 16－3），来说明这三个部分一致的特征。

知识框 16－3　深刻问题示例

"你想思考的是什么？""你的想法是什么？"

（对此人的思考是如何展开的保持关注。）

"你还想到了什么？""你还想到了什么、感受到了什么或想说什么？"

（重复这个"还"的问题，直到有一个明确的信号表明这个人到目前为止已经结束了思考。这可能是眼神交流或类似"我想就这样了"之类的陈述。）

"你还想从这次约谈中获得什么？"

用对方的语言复述目标。如果有必要，教练向客户提出："你能用简短的语言总结一下吗？"

一个能让人进一步思考的问题：

“你认为是什么阻止了你____？”

（此处用客户自己的语言添加其想要达到的目标。）

“还有吗？”

“真的是这样吗？”

（探索限制性信念背后的真相。）

“如果（添加客户描述假设的话语）不是真的，你会如何描述什么是真实的和解放束缚的？”

“如果你知道这一点（添加客户描述‘真实的和解放束缚的’的话语），你会如何（添加客户描述‘想要实现什么’的话语）？”

倾听答案。

如果需要，再次问这个问题，直到产生了它能产生的所有想法。

以欣赏结束教练对话。

人本主义方法与 ICF 核心能力模型

从 ICF 核心能力模型中可以找到很多人本主义方法的原则。例如：

能力 2：体现教练心态

- 承认客户对自己的选择负责；
- 利用自我觉察和直觉使客户受益；
- 该能力的总体定义也与人本主义方法非常相关：建立并保持一种开放、好奇、灵活和以客户为中心的心态。

能力 4：培养信任和安全感

- 寻求了解客户的背景，其中包括他们的身份、环境、经验、价值观和信念；
- 表现出对客户的身份、认知、风格和语言的尊重，并根据客户的需要对教练服务做出调整；

- 认可并尊重客户在教练过程中所展示的独特才能、洞见和付出的努力；
- 对客户表示支持、共情和关心；
- 认可并支持客户对于感受、认知、担忧、信念和建议的表达；
- 该能力的总体定义也与人本主义方法非常相关：与客户合作，创建一个安全的、支持性的环境，允许客户自由分享，保持一个相互尊重和信任的关系。

能力 5：保持同在感

- 对客户保持专注、觉察，有同理心，对客户及时回应；
- 在教练过程中表现出想要了解客户的好奇心；
- 创造和允许沉默、暂停和反思。

能力 6：积极聆听

- 该能力整体上与人本主义方法相关。其定义是：关注客户正在说什么以及没有说出来的部分，以充分理解客户在教练对话中正在传递的内容，并支持客户的自我表达。

能力 7：唤起觉察

- 询问客户关于其思考方式、价值观、需求、渴望和信念的问题；
- 提出有助于客户跳出现有思维框架的问题；
- 帮助客户识别影响现在与未来的行为模式、思考模式和情绪模式的因素；
- 引导客户提出关于如何向前推进的想法，以及他们愿意和能够做什么。

能力 8：促进客户成长

- 认可并支持客户自主设计目标、行动方案和担责的方法；
- 庆祝客户的进步和成功。

结语

在这一章中，我们讨论了什么是人本主义或以人为中心的方法。我们描述了人本主义方法的根源，以及它的基本假设，这些假设包含了拥抱人的完整性，以及在适当的条件和环境下，人具有成长和发挥潜能的自我实现倾向。我们亦提到这种方法是如何挑战其他心理学流派的，并强调了这个领域主要的开创者和贡献者。虽然这种方法起源于心理治疗的环境下，但其中的许多方面与教练环境直接相关并适用。对人们需求的理解，我们如何达到“心流”的状态，罗杰斯关于改变的充分必要条件，都是教练实践中非常有用的概念。

同时，我们还看到在罗杰斯工作的基础上，克莱恩的思考时间模型提供了如何以及为什么要使用深入聆听、同在和深刻问题技巧的出色见解，以及通过帮助客户消除限制性假设，释放和解放新的创造性思考，为改变的发生创造条件。最后，我们看到了这种人本主义方法在 ICF 核心能力模型的某些能力中亦可被找到和反映出来。

第 17 章

认知行为学方法与 ABCDEF 模型

认知行为教练法（Cognitive Behavioral Coaching，CBC）产生于认知行为疗法以及阿诺德·拉扎勒斯（Arnold Lazarus）、阿朗·贝克（Aaron Beck）和阿尔伯特·艾利斯（Albert Ellis）等治疗师在 20 世纪 60 年代和 70 年代开展的工作，由温迪·德莱顿（Windy Dryden）等在 2000 年提出。该方法旨在帮助客户认识到他们的信念、情绪和行为之间的联系。它得到了斯蒂芬·帕尔默（Stephen Palmer）和迈克尔·尼南（Michael Neenan）等教练的发展而用于处理非临床问题，目的是从无益的想法转向更多基于证据的、提高绩效的想法，从而提高绩效或幸福感。在本章中，我们将探讨认知行为教练法作为一种工具，如何帮助客户增强个人抗挫能力，更好地管理压力。在组织变革期间为客户提供支持，并处理错误思维。

认知行为模型

认知行为疗法认为，为了改变客户的行为，客户需要了解作用于他们自身并触发其行为的力量。这些力量可能是由个人情绪驱动的：“我把杯子扔出去是因为我生气了。”也可能是因为个人想法：“我把杯子扔出去是因为我以为邻居的猫要在我厨房的地板上撒尿。”

认知行为教练法的发展建立在阿尔伯特·艾利斯（1962）、阿朗·贝克（1976）和阿诺德·拉扎勒斯（1981）早期工作的基础上。他们开发了认知行为疗法（Cognitive Behavioral Therapy，CBT）、理性情绪行为疗法（Rational Emotive Behavioral Therapy，REBT）和多模型疗法等。为这个领域做出贡献的还有其他作者，如温迪·德莱顿，他撰写了大量关于认知行为疗法的文章。

艾利斯研究有意识的信念、情绪、行为和幸福之间的关系。他开创了理性情绪行为疗法，其基本前提是一个人的信念会影响其关于特定事件的情绪和行为结果。例如，如果一个人认为自己是一个糟糕的演讲者，而公开演讲又是其工作的一部分，那么当他需要承担这项任务时，可能会感到焦虑。这种焦虑，与他认为自己是一个糟糕的演讲者有关，很可能会对他在演讲中的表现产生负面影响。艾利斯建议，挑战和重构这样的信念，用更符合逻辑或基于证据的思维替代这样的想法，对客户会有帮助。

贝克认为，自动思维（即反复发生的和系统性不正确的思维模式）是造成消极情绪，如抑郁和焦虑的原因。这种内在的批判性对话会对个体的自尊、自我效能和整体自我价值感产生负面影响。他的认知行为疗法表明，这种内在的批判性对话可以通过建立觉察，挑战其可信度，并以更积极和更具建设性的方式进行重构来改变。认知扭曲（或思维错误）这一概念是贝克认知行为疗法的另一个贡献，指人们使用扭曲或不完整的数据得出不准确的结论（Beck，1976）。

一些关于思维错误的例子包括：

- 全有或全无思维——也称非黑即白的思维；
- 灾难化——只预期可能发生的最坏结果；
- 否定或低估积极面——认为只是偶然或走运而已；
- 给自己贴标签——对可能发生的结果设限；
- 读心术——假设一个人知道别人在想什么或打算做什么，但没有任何证据支持这个假设。

随着认知行为疗法在治疗领域的发展，认知行为教练法在 21 世纪应运而生（Williams et al.，2014；Palmer & Williams，2013）。这种方法遵循了类似的思路：帮助客户看到信念、情绪和行为之间的联系；帮助客户识别反复发生的和不正确的思维模式；通过建立更符合逻辑和基于证据的模式来挑战原有模式。

最近，认知行为疗法的“第三代浪潮”也影响了认知行为教练法的实践和模式发展，包括接纳与承诺的教练方式（Anstiss & Blonna，2014）、基于正念的教练方式（Hall，2014）和基于慈悲心的教练方式（Anstiss & Gilbert，2014）。认知行为疗法的有效性已通过咨询研究和越来越多的教练工作研究得到广泛验证（Bozer & Jones，2018）。

认知行为教练法是以目标为导向的，聚焦于当下，在规定的有限时间内进行（Neenan & Palmer，2001）。它拥有与认知行为疗法相同的假设前提，即聚焦于影响绩效发挥的信念、情绪和行为障碍。教练与客户合作，通过了解客户的信念如何导致负面认知，提高他们对信念和情绪及对其行为的影响的觉察。采用认知行为疗法，教练可以帮助客户朝着现实的目标取得更好的进展；增强对信念、情绪和行为之间关系的自我觉察；进行更有效的思考；增强他们的内在信念和复原力，从而支持其行动计划；培养自我教练能力（Palmer & Williams，2013；Palmer & Szymanska，2019）。

认知行为 ABCDEF 模型

认知行为教练法有很多种模型，其中包括 SPACE（Social Context,Physiology，Action，Cognition，Emotion）（Williams & Palmer，2013） 和 PRACTICE（Problem Identification,Realistic Goods，Alternative Solutions，Consideration of Consequences，Target Most

Feasible Solutions，Implementation of Chosen Solutions，Evaluation）（Palmer，2007）。我们在这里关注最广为人知的认知行为教练法工具——ABCDEF 模型（Palmer，2002）。该模型使用了六个步骤，客户通过这六个步骤来洞察他们的信念、情绪和行为之间的关系，并产生一种新的、更有效的可能性（见图 17－1）。

图 17－1 ABCDEF 模型

这六个步骤是：A（Activating Event），激发性事件（或对问题的觉察）；B（Beliefs），对激发性事件的信念（理性或非理性）；C（Consequences），结果（情绪的、行为的和生理的）；D（Disputing Statements），争辩性陈述；E（Effective New Beliefs），有效的新信念（回应或情绪状态）；F（Future Altion），未来的行动。

使用该工具有许多方法。一种常见的方法是请客户首先描述事件，然后探索结果。大多数客户发现，在描述了事件及当时的行为之后，从他们所经历的感觉和情绪来探究发生在自己身上的事情更为容易。在没有帮助的情况下，客户通常不能很好地描述他们的思维过程。因此，最好在鼓励客户谈论结果（客户："我能感觉到我的汗毛都竖起来了"或

“我的心脏在剧烈跳动”）之后，再来探索信念。在描述身体感觉之后可以对客户的情绪进行探索（客户：“我知道我真的很害怕接下来会发生什么”）。了解了情绪之后，探索想法就有可能了（教练：“你当时觉得会发生什么？”）。客户可能会谈论最初的想法，但让客户进行更具批判性、更详细的思考往往会有所帮助。许多客户持有一系列的信念，通过对这些信念的深入分析，我们可以帮助客户找到其核心信念。这些信念通常关于自我价值、自尊，或客户认为自己会如何被他人评判。但重要的是不要对客户及其思维模式做出假设。每个客户都是不同的，我们需要保持开放和好奇。

一旦辨识出了与触发因素和潜在信念相关的想法，教练就可以帮助客户挑战这些无益的信念。在大多数情况下，这种信念是不合理的、不合逻辑的，不能带来帮助。因此，可以在争辩性陈述阶段鼓励客户认识到这一点。我们可以通过询问客户这种信念能带来多大帮助、是否具有逻辑性，以及这种信念是建立在哪些证据之上的来实现。

在认知行为疗法中，治疗师通常会请客户填写一张表，帮助他们确定这些无益的信念有多频繁地破坏他们的努力。在表 17－1 中，我们提供了客户如何在约谈之间完成此任务的示例。

表 17－1 客户确定无益的信念示例

激发性事件	结果	信念	争辩性陈述	有效的新信念	未来的行动
我看见一只老鼠在花园里吃丢弃的食物。	它使我毛骨悚然（身体感觉）。 我跑进了屋里（行为）。 我的心跳加快了（感觉）。 真恶心（情绪）。	老鼠很脏。我可能会生病。 我可能会被传染上什么病毒。	老鼠更怕我，我不该怕它。 我离老鼠还是有点距离的。 现在人们不会死于瘟疫了。	如果我看到一只老鼠，如果我向它走过去，它可能会逃跑。 如果它不动的话，我可以拿扫帚来打它。 我可以联系捕鼠员来对付老鼠。	以后我会把不要的食物放进垃圾箱里。 如果看到老鼠，我会叫捕鼠员来对付老鼠。 我会一直关着门。 我要把扫帚放在前门，如果老鼠不跑的话，我可以用扫帚打它。

一旦通过基于证据的观点对无益的信念提出质疑，客户就可以识别出新的信念。有了一系列有用的新信念，客户就可以在现实世界中检验这些信念，并进一步去实施他们的新计划。

基于实践，我们发现，旧的信念不像一盏灯那样很容易关掉。旧的信念可能是侵入性的和普遍的。即使客户有了新的策略，并认识到旧信念是无益的和无逻辑的，却仍然会饱受其困扰。为了克服这一点，我们鼓励客户将走向新信念的历程视为一个可能需要数周、数月或数年的过程。如果客户在旧的信念徘徊不去时陷入自我苛责，只会强化那些自己一无是处或不值得的无益的核心观念。因此，在这个过程中，即使新的思维和信念已经开始占上风，我们依然鼓励客户对自己保持慈悲心，感谢旧的信念为他们提示风险，同时保证在旧信念下会没事的，新信念会提供帮助。ABCDEF 模型问题示例见知识框 17－1。

知识框 17－1　ABCDEF 模型问题示例

1. 告诉我发生了什么？（激发性事件问题）

2. 当你看到蜘蛛时（或者任何激发性事件），你的身体感觉如何？（结果问题）

3. 你会把这些感觉和什么情绪联系起来？（结果问题）

4. 你当时的想法是什么？（结果问题）

5. 如果那件事发生了，对你来说意味着什么？你想象中接下来会发生什么？（信念问题）

6. 如果发生这种情况 / 如果人们这么想，对你意味着什么？（这个问题可以重复几次，以连接到核心信念）

7. 有什么证据可以证明这个观点？（争辩性陈述问题）

8. 这种信念有多大帮助？（争辩性陈述问题）

9. 这种信念有多符合逻辑？（争辩性陈述问题）

10. 对于这种情况，什么样的想法会更有用？（有效的新信念

问题）

11. 考虑到这些新的信念，你想做些什么来接近我们开始讨论的目标？（未来的行动问题）

结语

认知行为疗法已经发展成为认知行为教练法。这种方法可以帮助客户更好地理解他们的信念、情绪和行为之间的关系。在本章中，我们探讨了认知行为教练法如何应用于 ABCDEF 模型，以及该方法如何帮助客户成为更有效的思考者，消除影响行动、绩效和成功的内在障碍。

第 18 章

格式塔方法和椅子工作法

格式塔方法旨在帮助客户重新与其“完整自我”建立联结，了解他们对问题的生理反应、想法和感受，以及这些在此时此地是如何影响他们的。格式塔方法鼓励客户去辨识与反思自身行为模式，通过自身的洞察力检验新的存在方式，然后再将这些变化应用到生活中。在本章中，我们将探讨格式塔方法，以及如何使该方法适用于教练客户，其中将特别聚焦于椅子工作法，这是一种可帮助客户在教练对话中采取不同视角，向其他利益相关者表达自身想法和感受的工具。

模型

格式塔一词起源于德语，意思是“形式”或“模式”。从心理学的角度来看，格式塔的目的在于探索意义是如何在人们的感知中形成的。此类研究的一个众所周知的例子是“错觉”。例如老妇人－年轻妇人、鲁宾的花瓶（见图 18－1）、瀑布和潘洛斯阶梯等都是广为人知的错觉图像。它们说明了我们的大脑如何以不止一种方式理解呈现给我们的信息，尽管有时第一眼看上去，我们难以在这些错觉图像中马上识别出不止一个图像。

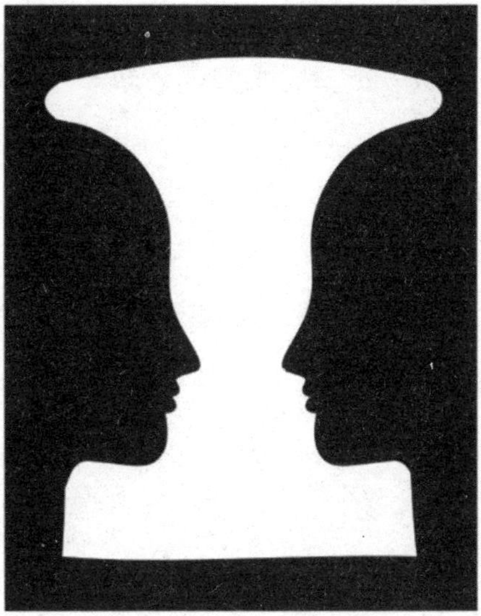

图 18－1　鲁宾的花瓶

这些关于整体性和各部分之间关系的思想是弗里茨·皮尔斯（Fritz Perls）在 20 世纪 40 年代和 50 年代与客户一起工作时提出的。对皮尔斯来说，格式塔提供了一种存在的方式，帮助他建立与客户的同在感。与认知行为教练法不同，采用格式塔方法的教练不提供如 GROW 或 ABCDEF 这样特定的模型。相反，它如人本主义方法一样，更注重关系，并将关系作为进行自我探索的基础。

格式塔方法中的关键方面是信念、价值观和态度如何影响人们的关系，以及人们如何应对变化，从而影响组织及利益相关者。这种方法旨在促进探索，相比之下，那些更理性的方法，如认知行为学方法，可能在帮助客户整合关于某个议题的不同想法和感受方面的有效性会差一些。

通常，当教练提到格式塔方法时，他们会立刻想到椅子工作法，其实格式塔方法远不止于此。

采用格式塔方法涉及“兴趣图形”的概念，兴趣图形是指一个人在某个时刻聚焦和感兴趣的特定方面。当某人有了一个不完整的画面，他会用自己的视角来努力使其完整。格式塔方法提供了一个针对同一情况采取不同视角的机会，以获得更加深入和更加完整的观点。

总体而言，格式塔方法是“建立在人性在本质上被组织成模式和整体，且整体大于其部分之和的理念”之上的（Gillie & Shackleton，2009）。图形和背景是格式塔方法中的关键术语。图形是指在某个时刻客户聚焦的方面；教练可能会在教练过程中看到不同的图形出现，因此，教练的角色是探索图形，但也要探索图形出现的背景。教练的工作是帮助客户充分地觉察图形和背景。

> 格式塔方法是一个使人发现、探索和体验自己的形态、模式和整体性的过程。在这个过程中会使用分析手段，但格式塔方法的目的是整合所有割裂的部分。通过这种方法，人们可以让自己完全成为他们本来的样子，以及他们可能成为的样子。这使得他们在整个生命历程中或在一瞬间皆可获得这种完整的体验。（Clarkson & Cavicchia，2013）

格式塔式教练过程由数个相关概念构成：

● 以当下为中心的觉察。觉察是可以带来疗愈和成长的。教练过程跟随客户的体验，保持在当下和觉察之中。教练时刻做到保持完全的觉察至关重要，这与正念是一致的。练习正念是提升这种以当下为中心的觉察水平的一种方法。

● 强调个人的独特体验。个人体验包括情绪、观点、行为和身体感觉，以及记忆和想法，这些真实的个体体验是值得被尊重的。对每个个体而言都是真实的。

● 创造性实验。客户和教练共同努力，通过实验的方法促进成长和发现，教练根据客户的体验来“检测”自己的直觉，并进行相应的调整。

● 关系。关系是改变过程的核心。同在感、对话和教练的可见性塑造了客户和教练的共创关系（Toman，Spoth，Leichtman，& Allen，2013）。

如何与客户一起使用格式塔方法?

觉察可以用来识别当下发生的事情，作为教练对话的数据。创造觉察可以有多种形式，例如：在注意到客户的一些情况后，教练可能会说："当你谈论老板时，皱了皱眉头，你当时在想什么？你当时是什么感受？"这有助于让客户注意到一些他们没有想到的事情——一个想法或一种感受。然后，教练可以利用自己的觉察来挑战、支持或发出一系列询问，以帮助客户加深觉察。

或者，教练也可以反馈他们自身感受到的方面："我现在感到焦虑，我想知道这可能意味着什么。"或者，如果客户说他们正在体验某种感受，例如在某种情况下感到焦虑，那么教练可以通过询问："你的焦虑体现在身体的哪个部分？"或"你的身体有什么感觉？"请客户探索身体感觉以带来更深的觉察。许多教练关注客户的认知和理性思考，客户对身体感觉的更多觉察其实可以带来新的数据和洞见，从而打开改变的大门。

工具和技巧

椅子工作法

椅子工作法可能是起源于格式塔的最著名的技巧，现在广泛应用于其他方法中，有时会使用不同的名称，如"感知位置"或"空椅子"。这种方法可以在各种情况下与客户一起使用。当客户对某个议题有明确的立场，而其他人可能对事件有不同的观点或解读时，效果特别好。它特别适用于在工作场所遇到冲突的客户。

第一步，教练首先把一张空椅子放在客户所坐椅子的旁边，请他们想象与自己有冲突的那个人正坐在这张椅子上。对客户来说，提供一些有关双方关系的背景，以及双方——客户与对方——现在有何感受，他们之间最近发生了什么，是很有帮助的。作为椅子工作法的准备，"典型的一天”技巧（见第 34 章）可能有助于理解双方的关系和典型的互动。这包括请客户尽可能详细地描述与那个人一起工作或共度的一天。重要的是聚焦细节，而不是匆匆地讲述一个故事梗概。

接下来把注意力放到空椅子上，教练请客户通过尽可能生动地描述那个人来“把那个人带进房间”。比如，他长什么样，穿什么衣服，身上有什么气味，如何坐下，有什么动作。之后请客户与其交谈，用自己的方式说出他们想说和需要说的话。提醒客户有保密条款是很有帮助的，他们可以说任何想说的话，而不会产生任何后果。

客户可以进行几分钟或更长时间的讲述。这可能是客户对自己观点的冷静解释，也可能是情绪的爆发，取决于客户的风格以及客户与对方之间隐藏的关系。

交流结束，在保持一段时间的沉默后，教练可以接着问：“你还想说什么？”教练可以重复这一点，直到明确客户已经完成了他想与对方沟通的一切。对一些客户来说，这可能是一种宣泄的体验，释放他们积累的紧张情绪和本来希望说出的话。教练可以在这个阶段停下来，邀请客户反思现在对那个人的感觉。这种探索可能需要持续几分钟或半小时。

第二步，请客户坐在对方的椅子上。如果能让客户考虑对方采用的身体姿势和风格会很有帮助。然后邀请客户反思：他看到了什么？感受到了什么？听到了什么？对于刚刚听到的，他想说些什么？这个环节往往用时相对较短，但客户会从对方视角看待情况，因而可能具有同等效力。我们发现，如果客户使用自己的名字称呼此时空着的自己的椅子，并尽可能长时间地停留在对方视角会很有帮助。

第三步，也是可选的一步，请客户从椅子上移开，站在两把椅子的外部，与这段关系保持一定的距离，从一个新的视角看问题。教练可以说明一下，这个新的视角来自一个独立于双方关系之外的第三方。独立性很重要，因为有些客户希望选择一个与自己观点相同的人，这对增进客户对整体的理解帮助不大。这个立场提供了第三种视角。在某些情况下，这个视角（人）没有观点，甚至没有觉察到问题的存在。发现缺乏觉察这一点本身就是一种有趣的探索，并且能提供更多的洞见。

最后一步，请客户回到自己原来的椅子上，请他回顾思考不同的观点。通过这些不同，他对整体又有了什么样的看法？想如何向前迈进？有时，给客户提供再次对着椅子发言的机会可能会有所帮助。让他把可能对另外那个人说的话演出来或进行排练，这是一种可以把议题向前推进的方法。

这种方法对于应对发生在工作场所的冲突尤其有效，当客户遇到人际关系的挑战时也很有用。这种方法为客户提供了更广阔的视角和一种体验（与空椅子交谈），从而改变了客户自己的主观体验和对他人的看法。知识框 18－1 提供了一些有关椅子工作法的提问示例。

知识框 18－1 椅子工作法的提问示例

1. 你想对 X 说什么？

2. 你还想说什么？

3. 现在想象你是 X。像他那样坐在椅子上。想想他会怎么说，用什么样的语言。他会如何回答？

4. X 还会说什么？

5. 现在想象我们正在房间的另一边，想象我们是一个独立的、有点矛盾的第三方，一个在关系之外的人（Y）。Y 会对你和 X 说什么？

6. Y 还会说什么？

7. 现在回到你原来的椅子上，现在 X 是什么感觉？

8. 为什么 X 会有这种感觉？

9. 当你从房间另一端看待这个情况，作为一个局外人有什么感受？

10. 当你反思刚才所说的话和这些不同的感受时，你现在如何理解这个情况？

11. 你接下来想做什么？

12. 根据你刚才所说的，我能请你说几句话吗？想象 X 现在就坐在你面前。

结语

格式塔方法是一个很有价值的心理学视角的补充，可以帮助我们引导客户通过考虑其他视角来更好地理解整体。它可以通过诸如椅子工作法的技术帮助客户获得新的视角，这在解决人际冲突和支持工作场所人际关系改善方面是很有价值的。总体而言，当理性的方法不起作用、不适合客户或当前议题时，格式塔方法可以真正为客户提供支持。

第 19 章

焦点解决方法和 OSKAR 模型

针对行为改变的心理学方法，大多聚焦在问题上。焦点解决方法对这种思维方式提出了挑战。这种方法起源于焦点解决短期疗法。它避开对问题的分析，鼓励聚焦于找到解决方法。如我们在本书中介绍的其他方法一样，焦点解决方法是从心理治疗方法转化而来。由于它具有未来导向和聚焦解决方法的特点，这个转化来得比较容易。在本章中，我们将简要探索这种方法，探索如何通过 OSKAR 框架把这种方法应用在教练场景中。

模型

焦点解决方法源自史蒂夫·德·沙泽尔（Steve de Shazer）、茵素·金·柏格（Insoo Kim Berg）和伊冯·多兰（Yvonne Dolan）在美国密尔沃基短期家庭治疗中心开展的工作。密尔沃基治疗团队感兴趣的是如何把他们的服务提供给更多的客户从而产生更大的影响力。他们提出了减少咨询次数，同时增加单次咨询强度的想法，并对此进行了研究。在长达 20 年左右的时间里，密尔沃基治疗团队在其工作中发现了对客户最有效的方法，推动了焦点解决短期疗法的发展。该方法的纯粹形式是三次 50 分钟时长的治疗，不鼓励客户描述过去的失败经历，而将注意力集中在未来的行动上。密尔沃基治疗团队的研究结果表明其成功率高达86%，相当于其他方法持续6～18个月，做30～60次治疗的结果（de Shazer，1991）。

用焦点解决方法提供教练服务可以帮助客户聚焦于做什么能让事情变好，而不是哪里出错了；关注那些可实现的结果，而不是那些被认为是不想要的，甚至不现实或难以达成的结果。

这种“向前看－解决法”不同于其他大多数的心理学方法。传统的方法鼓励个体回顾过往的经历，聚焦问题的触发机制和相关信念（认知行为学方法），从而理解问题本身及其产生的原因；了解个体的否认和防御机制（心理动力学方法）；或者仅仅是通过一种支持且无评判的关系为客户提供一个可以反思和分享自身想法的空间（人本主义方法）。

焦点解决方法的践行者认为，问题导向更容易导致责备、抗拒和冲突。而聚焦在解决方法上更有利于创造一个合作的环境。在这个环境里，达成共同目标的意愿可以战胜任何过往的问题。对教练工作的研究支持了这个观点。研究结果表明，关注解决方法的提问比关注问题的提问更有效（Grant & Gerrard，2020）。

焦点解决方法的基本原则是帮助客户找出并设计解决方法，而不是分析和处理问题。所以教练需要始终保持未来导向，关注客户想要他们的生命在未来呈现出怎样的不同。教练也需要相信客户是专家。客户自己才是找出最佳方案的人，教练不是。同时，如果教练鼓励客户专注其自身的优势和资源，反思过往处理问题的最佳状态和成功经验，也会很有帮助。最后，当确认了期待的结果，教练要帮客户意识到，真实世界里通向奇迹的前进之路是一小步一小步走出来的。

当然，讲述问题可以宣泄情绪，对客户或许是重要的。但教练要具备的能力是帮客户从“问题岛”转移到“解决方法岛”。教练的目的就是帮助客户找到达成其目标最简单和最容易的路径。

OSKAR 模型

OSKAR 模型是一个可以用来构建焦点解决式教练对话的框架（Jackson & McKergow，2007）。与 GROW 模型类似，OSKAR 模型采用了一系列字母作为抓手来构建对话，确保教练工作始终在正确的轨道上。

该模型包含了很多焦点解决方法中的常用工具，比如刻度尺打分。奇迹问题是另一个常用工具，本书在讲解教练技巧的章节会进行介绍。OSKAR 模型常用问题见知识框 19－1。

知识框 19－1 OSKAR 模型常用问题

1. 成果：

- 本次教练约谈的目标是什么？
- 你今天想要有什么收获？
- 成功是什么样子的？

2. 刻度尺打分：

- 在 0 ～ 10 的刻度尺上，0 分代表最坏的情况，10 分代表想要的未来，你给今天的处境打几分？
- 你现在处在 N 这里，你做了什么到达这个位置的？
- 你如何知道自己往前迈了一步，到了 $N+1$？

3. 技能和资源：

- 是什么起了作用让你处在 N 而不是 0 的位置？
- 什么时候你觉得成果已经出现了，哪怕是一点点？
- 你做了什么让这个成果发生？你是如何做的？

4. 肯定和行动：

- 目前顺利进行的是什么？
- 接下来的一小步是什么？

- 你目前处在 N 的位置，需要做什么能让你前进到 N+1？
- 为了前进到 N+1，还有什么是你可以做的？

5. 回顾：

- 什么变好了？
- 你做了什么促使这个变化发生？
- 这些改变带来了什么影响？
- 你觉得什么会发生改变？

工具

尽管焦点解决方法很简单，但在实践中应用可能没有那么容易（Grant，2016）。教练通常会使用一系列常用工具。

• 只关注解决方案。教练要避免被拖进针对问题的讨论中。先聆听，当听到一个解决方案的线索时，要把这个线索作为内容反馈给客户，推动对话向前进行。这种做法可以避免对话陷入心理治疗领域或聚焦于过去。

• 明确的目标。教练要确保每次对话从一开始就有一个清晰的目标和衡量成功的标准。

• 刻度尺打分。教练通过对话来帮助客户反思自身的经历并进行评估。这个过程可以包括让客户评估他们与目标的距离。比如可以问："在 1 ～ 10 的刻度尺上，10 分代表完善的解决方案，1 分代表最差的情况，你觉得现在自己得几分？"也可以用刻度尺打分来澄清目标，比如："6 分是个什么样子？你如何知道自己可得到这个分数？"也可以用它来计划向前的一小步，比如："如果你得到了 6.5 分，会有什么不同？"

• 例外情况。无论客户的处境有多糟糕，总会有事情进行得顺利，或者至少没有那么糟糕。教练可以引导客户关注这样的经历，将其思考方式转至更积极的方向，带着向前一步的目标："给我讲讲团队过去在某个项目上有出色表现的经历。"

- 多做有效的事。一旦客户找到问题没有那么严重的时期，当时局面中的因素就能够被识别出来。教练要鼓励客户多做这些有效的事，同时也意味着少做那些他们发现无效的事。

- 肯定。教练要寻找机会通过真诚正向的反馈来认可和肯定客户。同时力求捕捉到客户做得对的点并提供反馈。这样的反馈可以帮助客户建立自尊和自信。在真实的教练对话中，这项技术可以纳入一个更详细的框架里应用。

- 重构。在对话中，教练可以帮助客户重构思考方式，找到更多的可能性，把他们拉向可用的资源。比如客户说："我真的讨厌我的工作。"教练可以说："听起来确实很不愉快，能否告诉我工作中哪些部分是让你觉得不愉快程度最低的？"

- 奇迹问题。这是与焦点解决方法结合最普遍的一项技术，但有不同的变化形式。由沙泽尔（Shazer，1991）提出的经典奇迹问题，是请客户去想象一个一夜之间发生的奇迹："让我问你一个不常见的问题，很多人觉得有帮助。想象一下，今晚在你睡觉的时候发生了一个奇迹，你在这个角色上面临的所有问题都消失了。由于你在睡觉，并不知道发生了奇迹。第二天一早起床后，第一个让你知道发生了奇迹的迹象会是什么？"之后可以接着问："如果是这样的话，你会看见什么？"

不过，阿德勒（Adler）和埃里克森（Erikson）都在他们的工作中提出了一些奇迹问题的变化形式。教练可以把这些问题作为基础，根据客户的情况和观点来进行提问。比如："当你所有的问题都解决了，会有什么不同？"（被誉为阿德勒的基石问题）（Adler，1925）；"如果你有一个水晶球可以看到未来，请说一说已经发生的这一切是如何实现的？"（被誉为埃里克森的水晶球技巧）（Shazar，1978）。

通过以上的介绍可以看出，焦点解决方法很适合教练场景并与 ICF

的核心能力相匹配。我们在知识框 19－2 里对焦点解决教练方法以及相关问题如何搭配使用进行了说明。

知识框 19－2　焦点解决教练方法示例

1. 认可 / 确认问题：

听上去这对你的工作而言是一个真实存在的问题，也给你带来了相当大的压力。

2. 赞美和肯定：

从你刚刚所讲的情况，我看到你应对得很好，而且依然设法完成了你大部分的目标。

3. 例外：

听上去有不少因素导致团队出现现有的问题，给我讲讲团队什么时候一起工作得还不错。

4. 重构：

你可以看到团队存在的一些劣势，这很棒，给我讲讲团队有哪些优势？

5. 奇迹问题：

让我问你一个不常见的问题，很多人觉得有帮助。想象一下，今晚在你睡觉的时候发生了一个奇迹，你在这个角色上面临的所有问题都消失了。由于你在睡觉，并不知道发生了奇迹。第二天一早起床后，第一个让你知道发生了奇迹的迹象会是什么？

如果是这样的话，你会看见什么？

6. 给目标打分：

在 1 ～ 10 的刻度尺上，1 分代表团队功能完全失常，10 分代表可以完成所有目标的高绩效团队，当下你所在的团队在什么位置？

结语

当时间有限时，焦点解决方法是一个有效的教练框架，能够快速产生变化。其关注解决方法而非问题的视角，可以帮助客户提高自己对正面影响的评估、提升自我效能感、降低负面感受，从而产生更多的行动步骤。

第 20 章

系统性方法和力场模型

系统[①]性方法可以描述客户如何将其关注的范围扩展到近期目标之外，看到包括自身角色、团队、组织、行业、经济、国家、文化以及历史背景等因素的影响。对这些因素有一定程度的理解和敏锐，有助于客户认识到他们处在某个具体的、独特的背景下。这些因素可以被理解为“力”，持续影响着自己和他人的行为。当看到这些“力”，客户便可以认识和管理那些可控的因素，同时也可以学着去领会和理解，自己有时也仅是这个更广阔系统中的一部分，他们和其他人也无法控制这个系统。

系统性方法

系统性方法的出现最早可以追溯到 20 世纪 70 年代的一些研究成果。比如英国学者彼得·切克兰德（Peter Checkland），他对软系统以及管理者在这个系统内面对的挑战很感兴趣。软系统方法论（Soft Systems Methodology，SSM）是从更早期的系统工程方法发展而来。它最主要的用途是分析复杂的情况，在此情况下，人们对问题的定义和可能的解决方案有着不同的观点。这类情况被描述为“软问题”，比如：“如何完善

① 系统是一个可感知的整体。其内部各元素交织在一起，互相施加影响，随着时间的推移，朝着一个共同的目标持续运作（Senge et al.，1994）。

医疗服务的相关规定?”“如何解决年轻人无家可归的问题?”这些都是复杂的情况，我们可能无法马上弄清楚需要解决的具体问题，甚至无法完全达成一致。因此，软系统方法论试图去探索针对这些情况的系统性考量因素，而不是用较为线性的思路解决问题。

近年来，人们从不同视角对系统性方法进行了探索。奥什瑞（Oshry，2007a，2007b）通过研究组织系统以及不同人物扮演的角色，把许多概念带到了现实中。奥什瑞身兼剧作者、顾问和作家三重身份，他将系统中的一些角色描述为高层、中层、基层和顾客。他指出许多人都在扮演不同的角色，有时是在同一时间，但是在不同的关系里；有时是在其职业生涯的不同阶段。值得注意的是，当扮演某一个角色时，人们可能会面临一些共性的挑战和议题。

高层承担分派相应工作任务的职责（责任），无论大到整个组织，还是小到一个内部科室、部门、项目团队，或是一个班级。他们通常承担着实现愿景的任务，担负着全部的责任，却感到没有人按照其要求来工作。高层常常觉得没有被聆听或被忽视，因而有一种孤立感。基层员工通常深深扎根在团队中，担负着执行任务的职责。他们认为高层应该关注自己并向自己提供信息，但觉得高层没能做到这一点。他们感觉自己被屏蔽在更大范围的沟通之外，不知道大的组织里在发生什么。中层体验着来自各个方面相互冲突的要求。基层需要资源和信息，高层要求有行动。中层觉得他们永远无法让双方满意，一边要落实和完成目标，一边要争取为实现目标所需要的培训、资源和信息，在这个平衡中挣扎。最后，顾客为了取得进展转而向其他人寻求产品或服务，并且感到这个系统不断让自己失望。

这个框架的原则是，即便在最复杂、多层级、多功能的组织里，我们每个人也都是在不断地进出于高层、中层、基层、顾客这些不同的情境。在每一个情境下，我们都有独特的机会对整个系统做出贡献；同时也都存在着易犯的错误，轻易地导致我们丧失应有的贡献。

系统性的教练方法

当与客户合作时，系统性的教练方法可以为关注点和思考维度提供一个强有力的拓展性视野。在实践中，约翰·惠廷顿（John Whittington，2012）等提出了特别适合应用在一对一教练工作中的方法，比如系统排列。另外彼得·霍金斯（Peter Hawkins）提出了聚焦于团队教练的系统性方法（Hawkins，2017，2018）。这些方法通过探索客户所处的环境和系统，帮助他们仔细考虑其教练目标，并朝着该目标前进。

教练工作中的系统概念可以包含客户的角色、团队、组织、行业、经济，甚至国家、文化和历史背景等考量范畴。每一方面都可能隐含甚至强制带有间接和直接的规则，例如法律和监管的限制，抑或仅仅是“我们这里就是这么办事的”，即组织文化的限制。惠廷顿试图找出一条简单的路径来理解客户可能面对的复杂情况或议题，并指明前进的方向。这通过识别客户系统中的关键组成部分，创造出一个系统排列来完成。

每次系统排列的第一步是绘图。绘图的过程能让客户获取系统层面的信息，使其看见并理解自己在系统中的位置。这个过程可以把那些语言无法表达的信息清晰地呈现出来。同时也能让客户进一步测试不同的选择和想法对自己、目标以及系统本身可能带来的影响。绘图完成后，教练可以引导客户开始探索系统中不同部分或角色之间的相互关系，包括客户与周遭人物之间的关系，以及与那些非人类的实体，例如项目、角色和文化等之间的关系。

这样的探询使本来隐藏的和无意识的信息浮出水面，得到更完整的和有意识的理解。通过创造出这种实物表达，教练对话可以以一种全新的动态方式变得鲜活，帮客户发展出可以管理好系统以及在系统中管理好自身的方法。在系统性教练中，系统排列不仅适用于一对一的客户工作，对团队和群体教练来说亦是一种强有力的方法。创造和发展系统排列可以揭示团队的动态、模式和流程，促进形成更有效的工作方法和合作关系。

彼得·霍金斯使教练理念如何贡献于团队发展得到了普及。受到运动教练的启发，霍金斯提出团队教练应该包括个人教练和咨询两个部分。高水平的运动团队在面对压力时可以马上做出反应，因为他们在日常就训练了这种反应。这使得他们可以作为一个团队，而不只是一群个体，去执行任务。在日益复杂的商业环境和组织中，管理者必须跨越部门、专业、地理边缘等，紧密地在一起工作。同时，需要应对那些已经存在的系统性视角，找到解决办法。因此，为了打造高绩效团队，管理者需要关注以下七个方面的挑战：

1. 平衡各个构成要素的需求。
2. 处理战术工作及战略。
3. 应对冲突。
4. 戴多顶帽子（承担多重角色）。
5. 提出观点。
6. 管理虚拟员工。
7. 优先关注联结而非各个部分。

第七个方面包含的意思是团队教练关注团队的行为，要多于关注团队中个体成员的工作。因此团队教练依然是一个一对一的过程，即一个教练和一个团队，而非一对多的过程。

霍金斯主张，在领导力团队教练中，教练需要有效应用八项技术（见知识框 20－1）。

知识框 20－1　霍金斯：领导力团队教练有效应用的八项技术

1. 风暴期——教练帮助团队成员学会一起共事。

2. 团队建设 / 形成期——教练和团队聚焦使命与目标。

3. 团队引导——团队中的一员负责流程引导，其他成员可以专注在任务上。

4. 团队过程咨询——教练观察团队是如何在一起工作的。

5. 团队教练——教练帮助团队学习。

6. 领导力团队教练——教练帮助团队理解其对组织各个部分和利益相关者的影响。

7. 变革型领导力团队教练——教练帮助组织进入下一个发展阶段。一位 CEO 曾经把这个过程描述为，一边要驾驶船只穿过波涛汹涌的大海，一边要对船只进行重建。

8. 系统性团队教练——教练专注于提升或者降低团队绩效的因素。

第八项技术直接围绕着我们前面介绍的各种组织层面的因素来进行。下面介绍的 CID-CLEAR 团队教练流程（见知识框 20－2）为八项技术的实现提供了基础。

知识框 20－2　霍金斯的 CID-CLEAR 团队教练流程

- 初始签约阶段（Contracting 1）——教练组织一次初步探讨，内容包括团队对教练这种方式的理解，每个人对教练所涉及的工作达成一致。
- 探询阶段（Inquiry）——在这个数据收集阶段，教练了解团队是如何在一起工作的。
- 诊断和设计阶段（Diagnosis and Design）——教练针对前两个阶段收集到的数据进行分析。
- 签约阶段（Contracting 2）——教练和团队一起创建合约，清晰描述通过教练过程要达到的团队目标。
- 倾听阶段（Listening）——教练对之前明确的议题进行检验，同时对收到的语言和非语言反馈保持警觉。

- 探索和实验阶段（Explore and Experiment）——教练和团队一起创建新的行为方式来应对之前辨识出的问题。
- 行动阶段（Action）——团队把学到的知识应用到实践中，有时可以使用 SMART（Specific，Measurable，Actionable，Realistic，Timely）行动原则。
- 检视阶段（Review）——在最后这一步，教练和团队一起回顾并分析这个过程是如何开展的，并为下一个阶段做好计划。

领导力团队必须考虑组织的任务和完成任务的过程，以及内外部利益相关者在关注点上的交集。这需要用到五条相互循环的准则，团队教练可以在其中扮演重要的支持角色。

委任

团队成员共同定义整体目标，确定如何衡量成功。对处在委任阶段的团队提供教练服务时，教练要进行数据收集，包括组织转型计划的目标、团队如何实施计划、成员如何看待现阶段取得的成果。

明确

团队讨论和定义其任务、目标、价值观和流程。在这个阶段，教练帮助团队去探究其运作的原因、组织的聚焦点、什么样的价值观塑造了组织，以及组织希望成为什么样的团队。这样的讨论有助于团队成员对共同的目标建立责任感，准备好实施落地计划。

共创

团队持续监测整体运转情况，一方面庆祝取得的成绩，另一方面要修正产生的问题。为了能实现共创，教练要关注团队的目标以及用来衡量成功的标准。教练可以作为观察员参与会议，或者协助团队成员评估工作的结果，帮助大家保持在既定的轨道上。

联结

团队要聚焦在每个成员是如何与外部的利益相关者联结的。在这个联结的阶段，教练要帮助团队成员向外看，理解组织内的各个部分如何看待团队的目标和工作结果。

核心学习

团队成员对他们的业绩进行评估，并从这个过程中吸取经验。教练对团队成员的绩效以及未来可以做哪些改变进行反馈。

霍金斯建议，要成为一位高效的团队教练至少需要培养九种能力：

1. 自我觉察。
2. 自我放松。
3. 保持伙伴关系。
4. 适当的权威、同在感和影响力。
5. 关系的投入。
6. 鼓励。
7. 在差异中工作。
8. 成熟的道德观。
9. 幽默感和谦逊。

力场模型

力场模型是一个立足于系统性思考，能被大部分教练运用的模型。该模型（见图 20－1）可以帮助客户思考工作中的各类系统性力量，并做好计划对其进行管理。这个过程包括请客户识别、列出并评估带来改变（期望的结果）的力量和抗拒改变（期望的结果）的力量。

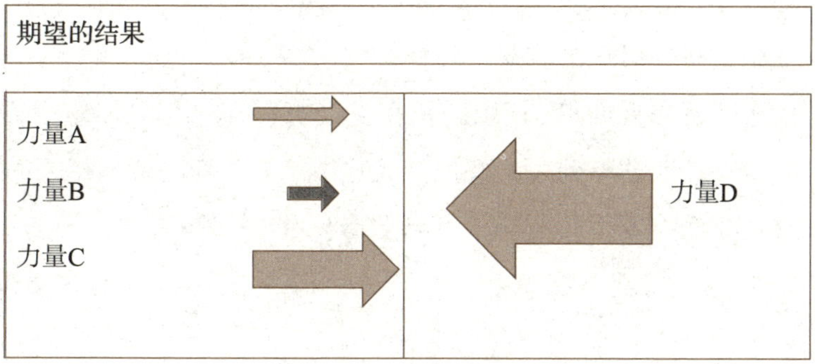

图 20－1　力场模型

这个模型由库尔特·勒温（Kurt Lewin）在关于变革驱动力的研究中提出（Lewin & Dorwin，1951），教练可利用此模型请客户去思考系统内部那些推动和抗拒变革的力量，并用图形呈现出来。在此基础上评估各股力量的强弱，考虑采取什么样的行动可以管理、减弱或增强相应的力量。

第一步：明确驱动力

这一步的目的是让客户相信有足够的力量和支持来完成已设定的目标，并且看到这些力量和支持将来自哪里。

一旦教练支持客户明确了其目标，就可以开始鼓励客户去思考有哪些驱动力会帮助他们朝着目标前进。任何可以支持目标达成并推动客户朝正确方向前进的力量都可以称为驱动力。它可以是（来自客户、团队以及其他人的）投入和热情，可以是来自他人的游说压力或者事件等等。

从为最后结果识别所有的驱动力开始，可以让客户向自己提出以下问题：

- 这个改变会为我带来什么不同？我将从中收获什么？
- 组织将会从改变中收获什么？

- 就我的团队、客户、供应商、股东以及其他利益相关者而言，这个改变将会为他们带来什么不同？
- 这对他人有什么好处？（比如领导、同事、下级、家庭和朋友。）
- 谁想要我做出这个改变？为什么？
- 这个改变与人们和/或组织正在推进的其他任何改变相适应吗？
- 有没有任何即将到来的事件与我想做出的改变是特别相关的？
- 最近有没有发生什么事情可以支持我做出这个改变？
- 在那些支持我并投资我的人当中，谁可能有兴趣帮我实现这个目标？

第二步：明确抗拒力

在明确了驱动力之后，下一步就是考虑那些抗拒力。抗拒力是指会阻碍目标达成的人、感受、事件和力量。教练请客户把所有的抗拒力都列出来。下面的问题可以帮助客户明确所有的抗拒力。

- 做出这个改变，对我来说要牺牲什么？我将需要放弃什么？这个改变将使我付出多少？
- 我为实现这一目标而努力会给其他人带来什么负面影响？如果我成功了，有没有人会因此失去一些东西？
- 我改变的“障碍”是什么？它们产生的对抗或冷漠有多强大？
- 这个改变与其他人和/或组织正在推进的改变有冲突吗？
- 有没有任何即将到来的事件会妨碍我做出改变？
- 为什么我以前没有做出这个改变？
- 我是否拥有达成目标所需要的资源（事件、技能、知识、支持）？

第三步：评估驱动力和抗拒力的强度

流程中的第三步是将这些力量的强度在图上画出来。可以用线条的长度表示力量的强弱。

第四步：管理各方力量

第四步是教练请客户看到他们可以做些什么来管理、减弱或增强这些力量，以帮助自己达成结果。然后依次对每个力量进行分析。

这一步的输出可以形成一个针对流程中明确的各方力量所采取的行动计划。

系统性教练与 ICF 核心能力模型

ICF 核心能力模型概述了与任何教练方法都相关且适用的能力。其中有许多地方明确提及了系统性思考。

基础领域

- 核心能力 1：展现道德规范。教练对客户的身份、环境、经验、价值观和信念保持敏锐。
- 核心能力 2：体现教练心态。教练对于环境和文化对自己及他人带来的影响保持觉察和开放。

共创关系领域

- 核心能力 4：培养信任和安全感。教练应尽量把客户放在其所属大背景下去进行理解，包括他们的身份、环境、经验、价值观和信念。

有效沟通领域

- 核心能力 6：积极聆听。教练要结合客户的背景、身份、环境、经验、价值观和信念来增强对客户正在沟通的事情的理解。

- 核心能力 7：唤起觉察。帮助客户识别影响现在和未来的行为模式、思考模式和情绪模式的因素。

结语

对于在组织中工作的客户而言，系统性教练方法可以帮助他们更好地理解自己在系统中所处的位置，如何与他人产生关系，以及如何管理这些关系来达到自己的目标。有些系统性的议题和挑战比较明显，有些则不然。教练的角色就是帮助客户通过一个系统性的视角看到他们的目标和处境。这有助于将无意识的方面转变成有意识的觉察，客户便可以认识到一些挑战是基于系统性考量因素来识别的。有时候改变会受限于系统本身的容许度。系统性方法有助于客户看到自己可以控制和无法控制的地方，分清哪些地方可以发力，哪些地方是系统的产物。通过这种方法，教练过程更容易聚焦并有针对性地帮助客户形成明智的策略。这不仅可以支持个体，同时也会对系统整体带来积极的影响。系统性方法有时被称为教练的连锁反应，团队教练、群体教练以及个人教练的流行和成功也与此方法息息相关。

第 21 章

心理动力学方法和移情

心理动力学起源于心理治疗领域[①]，是一种着重研究人类行为、感受和情绪背后更深层心理力量的方法。它尤其关注有意识动机和无意识动机之间的动力关系。

本章将探讨心理动力学的含义，以及如何把这种方法应用于教练领域。我们将研究一些实用的心理动力学工具和相关概念，还将看到 ICF 核心能力模型如何让教练去探索、发现并解决客户真正的问题。

心理动力学的含义

对于心理动力学，我们很难找到一个清晰又不会引起误导的简洁的定义。斯赞德（Czander，1993）和谢德勒（Shedler，2010）提供了一个接近完美的定义，即心理动力学取向的心理治疗的本质是探索那些尚未被完全认知的自我，特别是当它们在治疗关系中呈现出来，并可能受到影响时。

这种看待人类心智的方式最早由弗洛伊德提出，后来逐渐发展和进化，在 20 世纪末期形成了一套治疗方法，统称为心理动力学。

---

① 心理动力学取向的心理治疗有一个立场，就是来访者提出的问题充其量仅是一个症状，而它通常是用来保护真正的问题的（Czander，1993）。

心理动力学方法的实证基础

一项关于方法论的研究综述（Shedler，2010）显示，有大量证据支持心理动力学方法的有效性。心理动力学取向的心理治疗在疗程结束后，保持特别有效的时期很长。高管教练的目标亦与此类似，不是解决短期的症状，不是对教练约谈的依赖，而是让客户拥有长期、可持续的能力，促进独立性的发展。谢德勒的研究概括了一些重要的原则，可以有效应用在以下教练情境中。

容纳性的关系

在与客户的关系中，心理动力学教练会把心理安全感放在第一位。这包括在合约当中明确对内容的保密、约谈的频率与间隔，以及会见的私密性等。然而安全感远不止这些重要却只停留在事务层面的事。教练需要和客户形成一种关系，让客户觉得讨论那些通常不会讨论的话题是安全的，不会受到评判，其脆弱性也不会被利用。简而言之，此类关系需要像一个可靠的容器一样，客户可以倾倒尚未清晰的想法和羞耻的感受，而不必担心教练的反应。

强调自我觉察和自我决定

在心理动力学方法中，客户是引领方向的人。他们的洞见和决心决定了下一步将发生什么。不仅如此，如果他们发展出了自我觉察和自我决定，这些收获将在教练项目结束后的更长时期内依然发生作用（Sandler，2016）。

尊重精神生活深不可测的复杂性

心理动力学教练知道，他们和客户共同参与的这个过程是为了对客户未知的内心世界有更多了解。教练或许可以窥见这个内心世界的一角，但他们永远无法看清全部。他们可能尝试性地提出假设，并随时准备聆听客户的反馈。教练可以问：“我想知道是否……”或者“我想或许……”通过对客户各种各样的幻想、白日梦、明显的话题转移等进行探索并保持开放的心态，教练可以帮助客户更多地了解其内在世界。

探索情绪和认知

出于习惯、恐惧、羞耻感，以及力图否定感受的重要性和普遍性的文化及个体因素的影响，企业高管很大程度上会把个人情感生活作为隐私保护起来。心理动力学教练知道情感体验能真正触发改变，所以他们会鼓励客户花与探索思想同样多的时间来理解情绪。可以这么说，未被表达的情绪永远不会消失。它们只是暂时被埋起来，终将以更丑陋的方式再次出现。随着客户对触发其行动的感受有更多觉察，他们的感觉可能会发生变化，并看到采取不同反应方式的可能性。

探索回避痛苦想法和感受的意图

为了帮助客户更好地觉察当前不在其意识中的那部分认知，心理动力学教练乐于探索客户回避痛苦想法和感受的意图。如果教练鼓励客户去认知那些他们一直试图回避的想法和感受，他们很可能会到达情绪领悟点，进而产生改变。

专注于此时此地

心理动力学教练对他们与客户之间建立的关系模式（移情与反移情）亦感兴趣。这些模式有可能为客户在职场中面临的一些棘手的人际关系问题提供很好的解释。比如，每次约谈时教练都准时到，而客户总是迟到。这种模式可能在客户的日常生活中也起到了某些作用。或许客户害怕被拒绝，因而把自己放在拒绝别人的位置？或许他们在意自己得不到足够的关注，从而让别人等他们？正是在这种安全和信任的关系中探索此类行为，客户才有可能理解更多自身未知的部分。

重视关系

通过上述工作，心理动力学教练可以在整体人际关系中创造出拥有更大灵活性的可能。这不仅可以使客户意识到他们当前选择的动机和影响，同时有机会在与教练的安全关系中发展出新的人际互动方式。绝大部分企业高管带到教练中的议题或多或少与人际关系有关，这刚好是心理动力学方法强大的优势所在。

盛装舞会问题

盛装舞会问题是探索关系，特别是打开客户意识觉察之外的认知的理想工具（见知识框 21－1）。

知识框 21－1　盛装舞会问题

教练请客户想象他们将和另外一个人共同参加盛装舞会。教练可以询问客户：他们想以什么角色参加？然后进一步探索在舞会中会发生什么，为什么客户选择了那些人物和发生的事件。

在客户思考自己的选择和讲述故事的过程中，会呈现出许多有趣的觉察，关于他们如何看待其他人、如何看待与另外那个人的关系中的自己，以及如何看待这个不断展开的故事。

教练约谈可以为客户在关系认知、如何选择重塑关系或者如何调整行为以取得更好的结果等方面创造觉察。

识别重复出现的模式和议题

心理动力学教练会识别和探索客户在想法、感受、自我概念、关系、行为、经验中重复出现的模式和议题。在某些情况下，客户可能已经敏锐地意识到了这些模式，但是感到无法做到（比如客户知道守时是与经理建立良好关系的关键，尽管他也努力了，但似乎做不到按时到场）。在这种情况下，教练或许可以请客户去探索这个行为模式背后是什么？迟到对他自己以及他与经理之间的关系又意味着什么？在另外的情况下，客户可能并未意识到某些模式的存在，教练便可以帮助他们去认知和理解。

探索梦想生活

在心理动力学的方法中，教练过程的一部分可能包括对客户的希望、期待、梦想和愿景进行探索。可以让客户自由和充分地分享，这有助于进一步探索选择和可能性。这种方法类似教练中的“奇迹问题”：“如果凡事皆有可能的话会怎样？”也与博亚特兹的着意改变理论（Boyatzis，2008）和“理想自我”的发现有共同之处。

综合考虑这些原则，如果我们思考一下，一个人来和教练约谈，他感到困惑或者面临挑战，想要改变。但是话说回来，他又没有发生改变。从一个外部观察员的视角看，客户很可能抗拒改变。即便教练工作一开始很顺利，一切都在朝有益的方向顺利推进，可客户会突然抵抗，并且似乎是在破坏自己的意图。正是在这样的节点上，心理动力学的思考对客户最有用。通过进一步弄清楚自身所有的想法、感受，包括那些超越直接意识之外的部分，客户便可以消除那些阻碍他做出改变的因素。

因此，心理动力学方法可以为客户提供一个非常好的自我发现的机会，并运用这个过程中的觉察来建立理解，触发改变。桑德勒（Sandler，2016）提出，心理动力学方法可以支持教练做到：

- 深度理解客户，包括那些藏在表层之下的想法和情绪；
- 与客户建立牢固的合作关系，使其能迅速投入到教练流程中；
- 促进客户在工作中行为和绩效的明显改善；
- 帮助客户即使在压力下也能保持高效和娴熟。

教练工作中有用的心理动力学相关概念

我们认为，心理动力学理论中有四个概念是值得关注的。它们与教练情境相关且实用。

投射

投射可以定义为我们在无意中将自己的感受发泄出来，将自己无意识拥有的感受转嫁到其他人身上的倾向。投射通常是一种防御机制。在这种机制里，我们拒绝承认自身拥有的那些无意识的品质和冲动（无论正负），而将其归因于他人，以此对自我进行保护。例如，一个管理者感到自身角色不确定、地位岌岌可危。他会否认自己有这些感受，并将其投射到下属身上，质问和指责下属缺乏自信、决策力或魄力。这对教练来说意味着，教练与客户相处过程中的自身感受为了解客户的内在世界提供了有用的信息。此时教练脑海里的问题是："哪些是我的，哪些是客户的？"

移情

移情是指我们把自己对过去和/或现在重要相关人的感受，转移到能让自己想起这些人的人身上的倾向。举个例子，如果妈妈让我们失望了，我们或许会预期所有女性都会让自己失望。在教练工作中，教练可能会让客户想起他的兄弟姐妹、前老板、朋友，这种共鸣会让客户用对待那个人的方式来与教练进行互动和回应，好像"把别人的脸装在了我们头上"。这个过程自然会对教练关系产生正面或负面的影响。这种情况也可能发生在客户与其系统中的其他人之间，进而可以映射出客户与其人际网络中其他人的关系。

反移情

反移情是指我们并非出于有意识的留意，而是出于自己产生的感受而对移情进行回应的倾向。举个例子，如果预期有人会对我们感到失望，我们将感到为他做任何事情都要完美，并因此异常焦虑。这可以理解为我们与客户产生了情感纠缠。作为教练来说，我们必须关注自己的感受。反移情既可以成为一个有用的信息来源，也可能妨碍我们与客户需要开展的工作。在前面描述的案例中，教练的反移情有可能导致教练试图满足客户的所有要求，而不是挑战他提出不合理的要求这个习惯。

平行过程

反移情和无意识情感纠缠的概念，以及双方之间的认同感，也与平行过程这个概念联系在一起。平行过程最早由瑟尔（Searle）在 1955 年提出，它描述了客户可能会（无意识地）在与教练的互动过程中重建或者重现他们面临的议题和挑战。于是，客户带到教练约谈中的问题便会在当次约谈中、在当下时刻表现出来。例如，客户希望在与团队工作时少一些指导，多一些赋能。教练（有可能无意识地）发现自己在教练过程中更多的也是引导或指导客户，超过了为其提供帮助的程度。

在使用心理动力学方法时，教练的角色是支持客户知其未知。乔哈里窗（Johari Window）模型（Luft & Ingham，1955）是一个可以描述这一点的有用工具（见图 21 - 1）。在心理动力学教练过程中，我们可能会在自己不知道的那一边进行探索。他人知道也可能不知道这些信息。教练引导客户进行探索，揭示并理解那些关于思想和感受的信息。这些信息有助于找到双方在教练关系中共同所做工作的源头。对于盲区的探索，教练的部分角色可能是针对客户模式或议题等方面的一些观察，反馈自己所注意到的。这样做的目的是减少盲区，从而增加“被敞开”和被知道的信息。这个探索过程也可能会延伸到那些客户事实上已经知道，但对别人隐藏起来的信息区域。出现这种情况时，教练应该寻求与客户建立足够的信任和心理安全感，让他准备好这些信息会被知晓，以推动客户向目标前进。

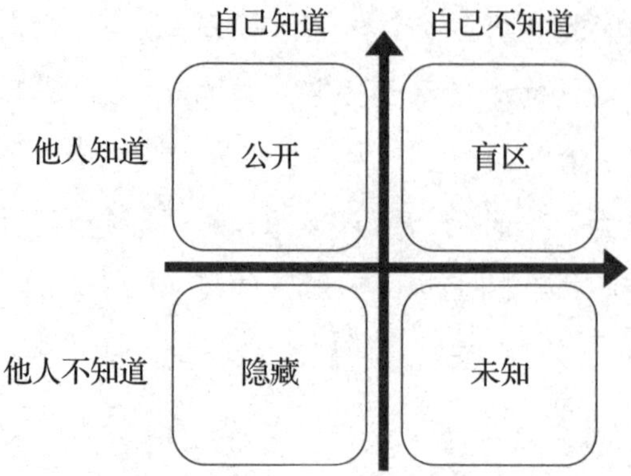

图 21－1　乔哈里窗

另外一种看待盲区的方式可以是区分“带来的议题”和“真正的议题”。当客户说他晚上总是工作到很晚，所以想要改善时间管理时，这仅仅是一个关于在一天中更好地组织工作、授权和优先排序的问题吗？或者客户是否有可能是因为在自己的角色上缺少安全感，缺乏自信，总感觉自己是团队中薄弱的一环，所以熬夜学习或想取得更多成绩？采用心理动力学方法，可以帮助我们揭开真实发生的情况，并找到真正应该去探索的议题。

另外，我们还需要注意，不要陷入所谓的“确认偏误”之中，即一种寻找、解读、偏向或者回忆那些可以确认或加强我们个人信念或假设的信息的倾向。因此，自我觉察和自我规范是教练的重要素养，需要持续地提醒和挑战我们自己。此时在脑海中又一次闪现了那个问题：“哪些是我的，哪些是客户的？”

心理动力学方法的原则和 ICF 核心能力模型

心理动力学方法的许多原则在 ICF 核心能力模型中均有所体现。比如：

核心能力 2：体现教练心态

- 承认客户对自己的选择负责；
- 对于环境和文化给自己和他人带来的影响保持觉察与开放；
- 利用自我觉察和直觉使客户受益；
- 发展并保持调节自己情绪的能力；
- 为约谈做好思想上和情绪上的准备；
- 必要时寻求外部帮助。

核心能力 3：建立和保持合约

- 与客户合作，就其想通过教练约谈所取得的成果，进行设定或再次确认。

核心能力 4：培养信任和安全感

- 寻求了解客户的背景，其中包括他们的身份、环境、经验、价值观和信念；
- 对客户表示支持、共情和关心；
- 认可并支持客户对于感受、认知、担忧、信念和建议的表达。

核心能力 5：保持同在感

- 对客户保持专注、觉察，有同理心，对客户及时回应；
- 在教练过程中表现出想要了解客户的好奇心；
- 能够适应未知领域的工作；
- 创造或允许沉默、暂停和反思。

核心能力 6：积极聆听

- 当客户言而未尽时，要能够识别并进行探询；

- 关注、认可和探索客户的情绪、精气神转变、非语言暗示以及其他行为；
- 整合客户的用词、语调和肢体语言，以确定其传递信息的全部含义；
- 注意客户在多次约谈中行为和情绪上的倾向，识别其议题和模式。

核心能力 7：唤起觉察

- 向客户提出挑战，以唤起他们的觉察或洞见；
- 询问客户关于其思考方式、价值观、需求、期望和信念的问题；
- 请客户分享更多他们在当下的体验；
- 帮助客户识别影响现在与未来的行为模式、思考模式和情绪模式的因素；
- 不执着于分享可能为客户带来新知识的观察、洞见和感受。

核心能力 8：促进客户成长

- 与客户一起工作，将新的觉察、洞见和收获整合到他们的世界观和行为中。

结语

在本章中，我们探讨了心理动力学在教练过程中的有效应用。心理动力学起源于心理治疗领域，但其原则和概念与教练实践非常相关。它们可以帮助客户揭示和探索关于自身的信息，这对于更有效地工作以达成目标非常有益且必要。我们在本章中描述了什么是心理动力学教练方法，并通过教练合作关系的视角分享了其原则。同时，我们也介绍了一些心理动力学的相关概念，以及这种方法是如何在ICF 核心能力模型中体现的。

在这里，我们还希望贴上一个“小心轻放”的标签。作为教练，我们可以通过对心理动力学这些概念的理解让自己成为一位更高效亦更有资源的教练。但我们不是心理治疗师。正如一位匿名的心理治疗患者说过：“精神分析可能是我做过的最有趣的事情。我极大地理解了自己。但唯一的问题是，我比刚开始咨询的时候更加抑郁了。”这种方法的目的是帮助揭示那些推动客户向前以达到教练目标的有用信息，对客户进行精神分析并非我们的任务。

第 22 章

整　合

在过去 20 年中，随着各种不同模型的涌现，教练行业获得飞速发展。虽然许多教练学校和教练仍然采用单一模式的教练方法，但我们在本书中自始至终都认为，只有当教练能够从各种各样的方法中吸收借鉴，并使用多样化的工具和技术时，他们才能以最佳状态帮助客户。大多数教练都意识到，能够灵活调整自己的教练方式以适应每个客户及其带来的不同议题至关重要。因此教练纷纷着手开发整合式的方法。在本章中，我们将研究各种教练方式，以及教练如何因地制宜地选择不同的模式，为自己的教练实践发展出一套整合的方法。

什么是整合？

人性千姿百态。我们不仅在性别、种族、国籍、体能和外表上有所不同，而且在个性、喜好和经历等方面也各有差异。可以说，没有两个人完全一样，即使是同卵双胞胎。

既然这样，我们怎么能在教练中用同一种方式对待每个人，怎么能对每个客户使用相同的模型或框架呢？在家中自己做手工不一定需要锤子，但如果我们仅有的工具是锤子，那就会使任何问题看起来都像钉子。

我们相信教练能在学习各种各样的方法后找到兼收并蓄的做法。这可以起步于在ACC培训期间学习两三个框架或模型，并在他们向着PCC水平逐步提升时添加一两个。对于教练应该使用多少个模型或框架没有一定的标准，不过掌握5～8个模型将使教练能够灵活地满足客户的需求，而不是强迫客户适应单一的模型或风格。

然而拥有各种各样的方法仅仅是个开始。教练还需要有能力就何时使用哪个模型做出选择，并且对如何及何时部署这些方法有一个认识。这就是整合。

整合是将不同方法融会贯通，形成连贯的工作方式，同时具有灵活性以适应不同客户及其不同议题。整合是将我们大量的新知识、多个模型、关于改变的想法以及各种工具和技巧综合起来，以创建与自身价值观和信念相一致的一个统一整体。

教练实践中的整合模型

有许多方式可以将教练中的不同方法或模型整合在一起，以下只是其中一种。基于你的经验、培训和实践，你对教练工作会有自己独到的理解。新手教练面临的一个挑战是不知如何阐明他们的教练方法。当被潜在客户问到“你如何做教练？”时，他们需要有个恰当的答案，而不仅仅说“哦，我是‘思考时间’教练”——即使他们接受了“思考时间”的培训，且能够将其方法论用作整体实践的一部分。

本章介绍的这个框架立足于一系列的流，教练可以根据需要在流内部移动、工作，或者在各个流之间切换。该框架于21世纪初期从实践中产生（Passmore，2007），并随着时间的推移不断发展。

整体模型包含一对反映培养和保持教练合作关系的流。在这两个流的环绕中，是教练可以进行探索的四个流，或与客户工作时不同的方面。所有这些工作都在一个系统性的环境中进行（见图22－1）。

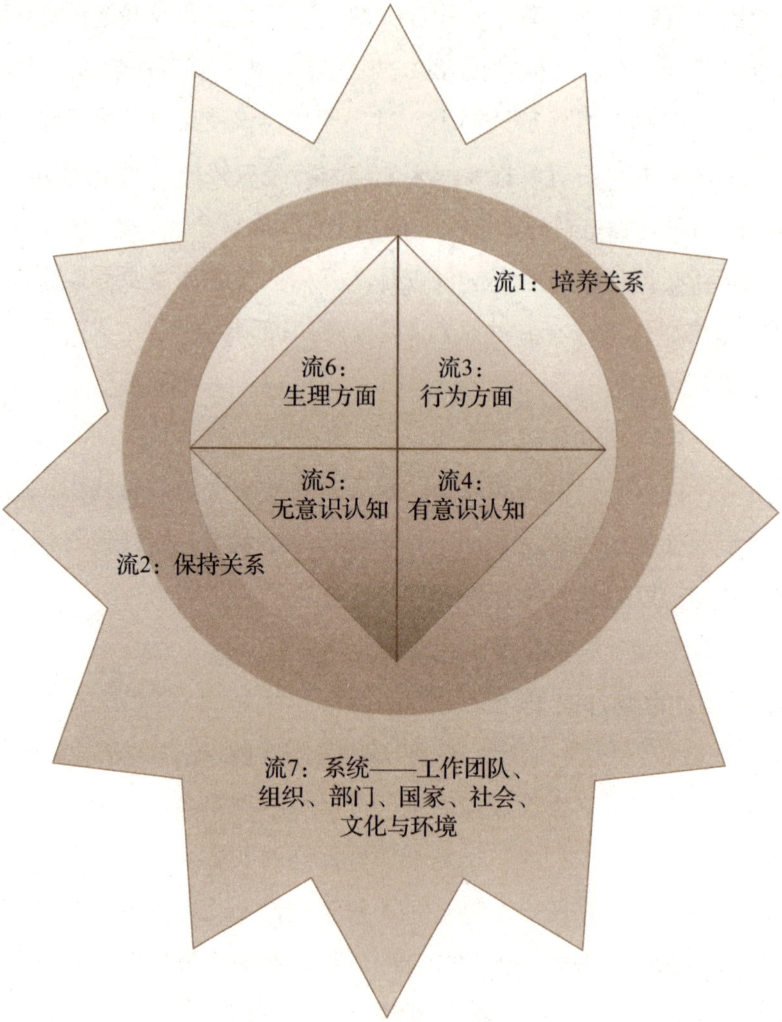

图 22－1　七流整合教练模型

人们有时会问我们为什么使用术语“流”，而不是盒子、类别或层级。我们更喜欢“流”这个词，因为它反映了在我们脑海中这个概念的流动性质，以及教练根据需要轻松移动，从一个流到另一个流或向后移动的能力。另外，这个概念要求我们仿佛置身于水中一样，水是不断流动、移动、变化的，这就要求我们即便处于同一条河流中，也要进行变化和适应。我们将依次详解每个流。

教练合作关系

在教练工作开始之前，教练需要与客户建立合作关系，并在整个教练过程中保持这种关系。教练合作关系强调双方的合作与平等。如果某一方占主导地位，教练可能会感到行动能力受限。另外，如果客户感觉受到威胁，他们可能不会敞开心扉，不愿意谈论亲密话题，甚至可能终止关系。

这两个流中的第一个，流 1 是指教练与客户一起建立相互信任和尊重的关系。为了创造恰当的教练条件，教练就需要在这段关系上进行投资。这始于初次接触。

心理学研究告诉我们，我们对人的印象通常在相遇的最初几分钟内就形成了。对客户而言，这可能是指阅读教练的简历或查看其个人网站。你希望这些材料呈现出你怎样的形象？合适的基调与信息与你们的第一次会面同样重要。这些信息可以建立你的信誉，帮你获得认可，并为首次对话（无论是通过电子邮件、电话还是面对面）打下基础。

对于许多教练任务，第一次询问很可能是通过电话或电子邮件进行。花些时间倾听客户，提供保证、进行澄清和指导，将会对这段关系更加有帮助。最后，当你与客户在网上或见面会谈时，先花时间在关系上进行投资，然后再采取行动，可以为以后的工作打下基础。

建立关系的流会持续到确定合约阶段，然后进入故事叙述阶段，客户开始谈论他们当前的状况以及想要聚焦的话题。在这个阶段，教练要努力做到三个方面：不对客户进行评判，表达同理心和无意掌控对方（Rogers，1957）。

然而培养关系的工作一旦开始就不会停止。教练需要持续投资这段关系。不过重点可以逐渐转移到完成教练任务所必需的工作上。

因此教练要寻求创建和维护用于教练工作的安全容器。如果这个容器破损了，或者没有先建立起来，那么教练将无法推进客户所需要完成的工作。

处理行为议题

教练可以展开工作的第三个流是行为流。这通常是一个有效的起点，可以帮助客户理解教练流程并对其树立信心。在这个流中，教练鼓励客户采取简单的解决问题的方式、设定清晰可衡量的目标，思考当前问题并制订行动计划（通常是待办事项），使其能够更接近目标。诸如GROW模型（Whitmore，1992）等非常适合此领域，它们主要关注行为，指导客户考虑他们可以采取的行动，并通过问责机制来帮助他们跟踪目标实现的进度。

处理有意识的认知和情绪

第四个流围绕客户的思想和信念展开。它们是怎样促进或阻碍了客户实现目标的进程？在这个流中，教练通常会借鉴认知行为技巧，例如贝克（Beck，1976）、埃利斯（Ellis，1998）、吉尔伯特（Gilbert，2009）和海斯（Hayes，2004）所开发的技术。这些技术经过教练的改进，更适合用在教练工作中（Neenan & Dryden，2001；Edgerton & Palmer，2005；Anstiss & Blonna，2014；Anstiss & Gilbert，2014）。

教练的目的是帮助客户认识他们的信念、情绪与其行为之间的关系。通过这种方式，教练可以帮客户培养出更有用、更具支持性或基于事实的信念，或者只要变得对自己更加接纳和共情，就可以通过这一点改变思维方式以改善绩效或减轻焦虑。

处理无意识层面的问题

第五个流是关于无意识认知。在第四个流中，客户可以很容易地想到自身所持有的信念，以及内在批评者使用的阻碍其表现或引发其焦虑的词语。而在第五个流中，客户的想法、信念和态度，及其与当前状况的关系不在他意识觉察之中。通常这与教练约谈的原因可能完全不同。教练在这个空间中的目标，是帮助客户从多维度探讨议题，有时需要就此进行多次教练约谈。通过这种方式，可能会引发更广的自我觉察，并最终产生解决这个问题的渴望。在这个流中，诸如心理动力学教练方法或动机访谈之类的方法可能特别有用，可以帮助客户与通常未说出口的和未意识到的驱动因子相联结，帮助客户与这些核心信念和价值观相联结，并在适当的时候挑战它们，从而建立起与核心信念和价值观相一致的行为。

这个流中的工作或许是一段缓慢而曲折的旅程，其中，教练对自身的理解以及对他人的理解，可以帮助客户逐层揭开自己内心隐藏或未被发现的方面。

处理身体方面的问题

第六个流的工作是针对身体的。对某些客户和教练而言，这个流会让他们感到不适，也超出了教练的边界。安东尼奥·达马西奥（Antonio Damasio）的工作表明，笛卡尔（Descartes）认为身心分离的论断是错误的（Damasio，2006）。达马西奥认为我们的身体和心智是一个完整的整体。因此，当我们作为教练与客户合作时，帮助他们成为最好的自我，了解自己的身体并且用其来改善表现就很重要。

在这个流中，教练帮助客户对自己的身体及生理感觉有更多认知。这些感觉可能是当前情绪的信号，演讲前心里的紧张，或是在面试前汗湿的手心。它们也可能预示着更加深层次、长期的问题，像肩膀或颈部疼痛就是有压力的迹象。例如，与我们合作的一位客户不断抱怨肩膀疼痛。我们不知道问题出在哪里，建议他去看医生。医生让他转院，他在一周内做了心脏搭桥手术。他很幸运，在严重的心脏病发作之前，身体给了他一个信号，否则可能丧命。

此流中的工作可能涉及体觉教练或诸如正念身体扫描之类的活动，这些可帮助客户建立身心之间的联系，并更好地理解身体试图传递的信息。

在系统内工作

第七个流环绕和影响了所有其他的流。该流包括工作团队（我们的家人和朋友圈也是另一种团队）、组织（包括组织本身，还包括围绕组织的从股东到供应商的利益相关者网络）、部门（包括专业机构和行业机构）、国家机构（可能制定国家法律或工作规范）、文化（包括思维模式和价值观）以及环境（从重力到死亡遵循各自规律的物理世界）。

随着关注点从工作团队转移到环境，这些方面对于客户而言越来越不可见。但是，当我们在人类历史、国家机构、区域文化、城市、部门、组织、工作团队和家庭的范畴内从事各种活动，这些系统性的影响会预示，甚至会决定我们做事的方式。教练致力于让客户觉察到这些潜在的力量，并认识到系统性力量既强大又会影响自身和他人。简而言之，教练的目的是使不可见的东西变得可见。

这个领域的作家，例如奥什里（Oshry，2007a，2007b），精彩地解读了组织力量如何影响个人，以及个人如何接纳和应对这些力量。

在这个空间里，教练的作用是鼓励客户在其他利益相关者的背景下看待自己的行为："如果这件事出现在全国性报纸上，你会有什么感觉？""当你的孙辈与他们的孩子分享这些故事时，会如何追忆你的作为？"这些问题使教练能够带给客户更广阔的视野，激发客户更强的开放性、透明度和责任感。我们确信，如果雷曼兄弟的行为能够透过更加开放性的视角得以审视的话，其某些举动在 2007—2008 年就不会发生；同样，如果我们想到需要向子孙后代解释自己的所作所为，可能就会重新考虑对地球上有限资源的使用方式。

教练如何发展自己的整合方法?

使用多样化的方法可以帮助教练适应和灵活满足具体客户的不同需求，那么教练应该如何开发自己的整合方法呢？答案取决于教练是依据什么样的价值观和信念，将用于客户的不同方法结合起来的。

七流整合教练模型的第一个核心信念是平等：教练和客户是彼此平等的。第二个核心信念是教练为客户的最大利益而工作。为此需要考虑两个方面。一要承认客户不一定总是知道自己想要什么，有时候需要鼓励客户探索更有挑战性的层面，或者直面不愉快的情绪，从而做出改变。二要平衡多个客户的需求。很多教练任务是由组织客户付费，而个人客户是实际的教练对象。这就要求教练行事透明，鼓励双方坦诚公开自己的目标，并就共同的目标和考核流程协商达成一致（对此我们将在第24章进行更多讨论）。

第三个核心信念是改变是困难的。在成功改变之前，可能历经数次失败与复原。本质上，教练需要使客户具备能力去应对失误及反复，始终专注于目标。要做到这一点，最好的方法是采取积极鼓励的方式，教练愿意陪伴客户同行，允许客户失败，鼓励他们反思自己的经验，并从中学习下次可以有什么不同的做法。

最后一个核心信念是教练是一段短暂的关系。每个任务都朝着一个明确的目标努力，以终为始。这段关系不会无限持续下去。

新手教练在思考如何整合自己的教练方法并形成一个一致性的表述时，不妨考虑三个问题（见知识框22－1）。

知识框22－1 反思问题

1. 你与客户合作的信念是什么？
2. 你学习过哪些方法和模型？
3. 哪些方法是你认为自己能掌握并且对客户及其问题有帮助的？

对于一些人来说，写出这些问题的答案是思考和确立自己方法的最佳方式。对于另一些人来说，画出模型效果最好。无论哪种方式，作为一名整合式教练，要能够描述你工作的内容以及你与客户合作的方式。

结语

在本章中，我们探究了一个整合的框架，即七流整合教练模型，它可以将不同的方法整合起来，从而提供一个以一系列核心原则为基础的统一模型。这只是一种方式。每个教练都需要自己去探索该如何理解自己的实践，以及如何总结并描述自己的教练方法。

第四部分

BECOMING A COACH

教练实践

本部分聚焦教练实践，一共四章。第 23 章聚焦道德。遵守道德操守、正直和职业化在良好的教练实践中非常重要。道德规范指导教练工作的实践和教练人员的行为，也为教练人员承诺在实践中履行道德和法律义务提供了一个框架。这一章探讨什么是道德规范，并介绍道德困境概念。同时概述 ICF 道德规范，并提供一个用于探索道德困境的 APPEAR 道德模型。ICF 道德规范可以在 ICF 网站（2019a）上找到，它也是 ICF 核心能力模型第一个领域能力 1 展现道德规范的焦点。本书第 6 章对这项能力有详细介绍。

与道德规范和职业素质紧密相关的是教练工作中的签约过程。第 24 章探讨什么是教练合约，并将合约框架定位为一种呈现教练过程中不同利益相关者对教练工作不同期待水平的方式。我们提供一个有用的合约框架模型，可以确保考虑到所有的相关方面。还将探讨多方合约，以及教练合约中应该包含或可能包含的内容。

教练工作中另一个非常实际的话题是做笔记。第 25 章我们探讨做笔记的利弊以及管理笔记时涉及的重要问题，尤其是保密性、数据隐私和数据保护。我们的一般立场和建议是最好将笔记内容保持在最少的限度，本章也会概述这样做的几个原因。同时，我们也提供一些做笔记的提示和技巧，并提供一个叫 PIPS 的简单模型来帮助教练考虑需要记录什么内容。

第 26 章重点关注同在感，它是良好教练实践的核心特征。本书已经用两章（第 7 章和第 10 章）介绍了教练的同在感及它为什么是 ICF 核心能力模型中不可或缺的组成部分。本章专门探讨如何通过正念练习来建立、维持和强化教练的同在感。我们会分享一些正念方法和技巧，并强调它们对教练在教练过程中应具备的多项素质有直接而积极的影响，这些影响既表现在状态方面也表现在行为方面。

第 23 章

道德规范的实践

所有教练都会在实践中遇到道德困境。这可能是关于他们是否可以与组织中同一团队的两个不同成员一起工作，也可能是关于是否要向监管机构报告违法行为。道德是指在我们认为的“正确”和“错误”之间做选择，是良好的教练工作和优秀领导力的重要组成部分。

大多数专业机构，包括 ICF 在内，都会发布道德行为守则，对可接受的行为提出建议。这也为公众提供了一种可以从 ICF 教练那里得到的实践标准。道德行为守则对教练的影响是，如果不遵守将导致其在专业机构的会员资格或证书被吊销。

在本章中，我们先简单探讨什么是道德，以及教练过程中可能会遇到什么类型的道德困境。然后，我们介绍 ICF 道德规范（ICF，2019a），以及使教练对这些道德规范及其应用更加熟悉的方法。最后，我们探讨道德行为守则的局限性，认识到任何将道德规范化的尝试都有使情景黑白化的风险。而实际上，教练需要在充满模糊、半真半假和多重角度的彩色世界中探索道德的合规性。

什么是道德?

道德从最简单的层面来看就是在对与错之间做出决定。我们在这里真正所指的是道德方面的对与错，而不是财务、商业或战略方面的对与错。道德本身与社会中的规范、价值观和信念相关。而这些规范、价值观和信念是没有明说的，且它们随时间的推移、文化和组织的变化而发生变化。50 年前在工作场合中被认为是可以接受的笑话，今天可能被认为是无法接受的。某个部门同事之间认为只是开玩笑的行为，在另一部门可能被认为是不合适的。教练需要学习应对职业守则、个人价值观和工作环境带来的挑战（Turner & Passmore，2018）。

什么是道德困境?

道德困境是不清楚未来要采取什么行动而出现的选择："我应该做 A，还是做 B ?"在教练过程中，这些选择可能涉及管理保密性或何时打破保密性：在何种情况下举报一个在教练约谈中暴露组织违法行为的客户是可接受的？它也可能涉及与客户维持合适的关系：在什么情况下去客户的住处是恰当的？在什么情况下与客户在完成教练约谈之后可以一起出去喝一杯？它还可能涉及单个客户的需求与为教练工作付费的组织需求之间的冲突：如果一个客户利用所在组织的资源开展个人业务，在什么情况下保护这个客户是可以接受的？在什么情况下打破保密性以保护组织知识产权不被盗是合适的？

ICF 道德规范

ICF 发布了与个人教练相关的道德规范和与认证项目相关的行为守则。

ICF 道德规范分为五个部分，其中第四部分有四章，包含很多重要细节。第一部分介绍了道德规范及其在 ICF 教练实践中的地位。

第二部分定义了教练工作，阐述了 ICF 教练在专业的教练 – 客户关系中进行实践的情景，还区分了个人客户和资助人（委托教练工作的人）——负责启动教练任务的人。我们在知识框 23 - 1 中总结了这些内容。

知识框 23 - 1　相关定义

- 客户——被教练的个人或团队 / 团体、被辅导或督导的教练、培训过程中的教练或学员教练。
- 教练——在一个发人深省和富有创造性的过程中与客户合作，激励客户最大限度地发挥个人和专业潜能。
- 教练关系——ICF 的专业人士和客户 / 资助人依据一项明确双方责任和期望的协议或合约建立的关系。
- 规范——ICF 道德规范。
- 保密性——除非得到同意可以披露，否则教练过程中的任何信息都是保密的。
- 利益冲突——ICF 的专业人士涉及多方利益的情况，如果给其中一方服务可能与另一方的利益产生冲突，可能是财务、个人或其他方面的利益冲突。
- 平等——所有人都包括在内，拥有同等的获取资源或机会的权利，无论种族、族裔、国籍、性别、年龄、移民身份、精神或身体残疾或其他方面。
- ICF 专业人士——代表自己作为 ICF 成员或 ICF 认证持有人的个人，其角色包括但不限于教练、教练督导、教练导师、教练培训师和教练学员。
- ICF 工作人员——与代表 ICF 提供专业管理和行政服务的管理公司签约的 ICF 支持人员。
- 内部教练——受雇于一个组织并在内部从事兼职或全职教练工作的个人。
- 资助人——支付和 / 或安排或定义教练服务的实体（包括其代表）。

- 支持人员——辅助 ICF 专业人士为客户提供服务的人员。
- 系统性平等——由社群、组织、国家和社会的道德、核心价值观、政策、结构以及文化体现出来的性别平等、种族平等及其他形式的平等。

第三部分列出了 ICF 的价值观和道德原则。第四部分列出了在四个方面对教练行为的期望。ICF 网站（2019a）上有完整的 ICF 道德规范，建议及时查阅这个网站，因为我们会持续更新道德规范。道德规范和道德实践也是 ICF 核心能力 1 的重点内容，第 6 章对此项能力做了深入探讨。

我们重点看一下利益冲突、保密性及公开声明这三个方面，可能会对大家的理解有所帮助。

利益冲突是许多教练都会面临的挑战。教练可以使用的一个指导原则就是透明性。这意味着教练在开始时就明确要与谁一起工作，例如是与一名经理和几个直接下属一起工作，还是与同一董事会中的几名主管一起工作。利益冲突也可能涉及多个利益相关者之间的冲突，比如组织可能会委托教练交付一个议程，而客户则认为还有另一个隐藏的议程。鼓励各方开诚布公可以将潜在的冲突降到最低。

关于教练实践的研究表明，对于什么是可接受的做法、什么是不可接受的做法仍然存在广泛的误解（Passmore，Turner，& Filipiak，2018，2019）。保密性通常是教练工作中的困惑之源。很多教练仍然认为教练工作需要完全保密，好像教练是客户的牧师、教练约谈是忏悔的私密空间。尽管保密性很重要，但如果教练将其优先于其他义务，例如合约中规定对资助人的义务、更广泛的社会义务，则存在危险。保密性并不意味着教练可以保护客户免受法律约束，也不意味着忽略可能给客户或其他人带来重大风险的危险信号。我们建议教练在合约中既明确教练工作的保密性质，也要说明对保密性的限制。有三个不受保密性限制的关键情景是：严重犯罪、存在客户对自己造成伤害的风险以及存在对他人造成伤害的风险。

对于不熟悉刑事司法系统的人来说，判断罪行的性质是困难的。对于罪行是否严重的一个潜在测试是问自己："如果我向当地警察局报告此事，警察会积极调查吗？"另一个测试是问自己："该罪行是否可能被判处监禁？"通过举例能够最好地说明这点。在大多数国家和地区，超速驾驶汽车是犯罪行为。但是，如果向警察报告某人超速驾驶汽车，除非因此发生了事故，否则警察不太可能调查此事。相反，进口和贩卖诸如可卡因等毒品也是犯罪，如果向警察报告则很可能导致积极的调查，且在大多数国家和地区，这种罪行可能导致监禁。

关于哪些内容需要保密、哪些内容教练必须披露，教练和资助人需要在签约过程中达成共识。这条路不好走。教练需要谨慎，不要与客户形成共谋反对其所在组织或更大范围的社会组织，同时也不要受资助人的过度影响而分享教练约谈的细节。这些方面已经在 ICF 最新版核心能力模型中得到了扩展和进一步阐明，尤其是在核心能力 3"建立和保持合约"(第 8 章) 中。

第三个方面涉及公开声明。这是 ICF 收到投诉最多的领域之一。例如，一名教练对客户或在自己的网站上发表声明，声称其具备使用某心理测评工具的资格，但事实与声明内容并不完全一致。因此，我们鼓励教练仔细阅读和思考公开声明，只发表真实的或可以证明的声明。

ICF 道德规范的最后一部分与誓言有关。誓言概括了教练对规范的承诺并以遵守道德规范的方式行事。第 6 章介绍了 ICF 道德规范的更多信息，以及它是如何成为 ICF 核心能力的一部分的。

持续进行道德学习

完成教练培训后，你可能认为自己已经知道了关于道德规范的全部内容。这是一种假象。与教练核心能力的发展一样，对道德规范的理解和实践也是一个不断发展的过程。

完成 ACC 后，一个有用的步骤是继续参加 ICF 网站上提供的免费道德规范课程。ICF 在线课程包括一个简短视频和测验。该课程提供教练继续教育学分，是迈向 PCC 的有用基石。

在教练实践中处理道德困境

道德规范对于确立一般性原则至关重要，但它无法涵盖教练与客户、教练与客户组织之间可能出现的所有情境、情况或可能发生的事情。

教练需要了解道德规范及其内容。教练需要接受培训——关于道德规范与教练及其实践的关系；需要制定解决道德困境的内部指南或流程，从而在遇到困难时指导自己做出恰当的反应。

启发法是一种有助于我们做出决定的经验法则或内在框架。启发法是教练的宝贵工具，指导教练思考并提升实践过程中所做决策的质量和一致性。

APPEAR 道德模型即是如此，可以帮助指导道德决策（Passmore & Turner，2018）。它提供了一个循序渐进的过程，从鼓励教练发展其道德"雷达"，到帮助教练认识到做出道德选择会给自己和其他人带来必须承担的结果。APPEAR 模型的六个步骤见知识框 23－2。

知识框 23－2　APPEAR 模型的六个步骤

该模型包含六个步骤：

- 觉察（Awareness）；
- 实践（Practice）；
- 可能性（Possibility）；
- 扩展领域（Extending the Field）；

- 反思之后行动（Acting on Reflection）;
- 反思学习（Reflecting on Learning）。

这个模型是非线性的，因此教练可以多次退回去考虑或探究各个元素。该模型的第一个步骤是觉察。为了进行高质量的道德决策，教练需要敏锐地识别在其实践中可能会带来选择的或存在道德成分的潜在风险或挑战。用自己的道德“雷达”不断扫描环境，人际关系和我们自己就是一个起点。否则，潜在的道德问题可能被错过，教练可能在有意识地思考或考虑行动 / 不行动的影响之前就贸然行动了。

在觉察阶段，教练还应该对相关行为守则、最佳实践、自己的价值观、文化和社会规范保持觉察：在当下这个时间、文化、国家或组织背景下，什么是可以接受的，什么是不可以接受的（见图 23－1）。

我们强调了行为守则。首先，有些教练可能是不止一个机构的成员，因此受到不止一个守则的约束。教练当然也需要了解这些守则及其应用。其次，自我觉察也很重要。你自己的价值观是什么？你如何坚持这些价值观？再次是最佳实践。有时候最佳实践或被认可的实践可能很快发生变化，而已成形的规范还没有做出相应的调整。例如，美国的“我也是”（Metoo）运动以一种新的方式，聚焦于某些关系中可能存在的权利的动态变化，以及对性格和年龄所起的作用保持更高的敏锐度。

价值观也与历史背景相关，50 年前很普遍的行为在现代工作场景中可能导致被解雇。不同国家的道德规范也有所不同，在美国可接受的行为可能与在中东可接受的行为存在非常大的差异，比如一名男性教练主动与一名女性经理握手。行业属性也有影响，对公共行业机构的期望高于对私营行业的期望，对受管制行业的期望高于对非受管制行业的期望。最后，不同组织可能会对什么是可接受的有自己的标准，不管是报告利润的方式，还是期望供应商表现出的道德标准。在旧金山一家小型家庭初创企业工作与在华盛顿政府部门工作，工作方式可能存在巨大差异。

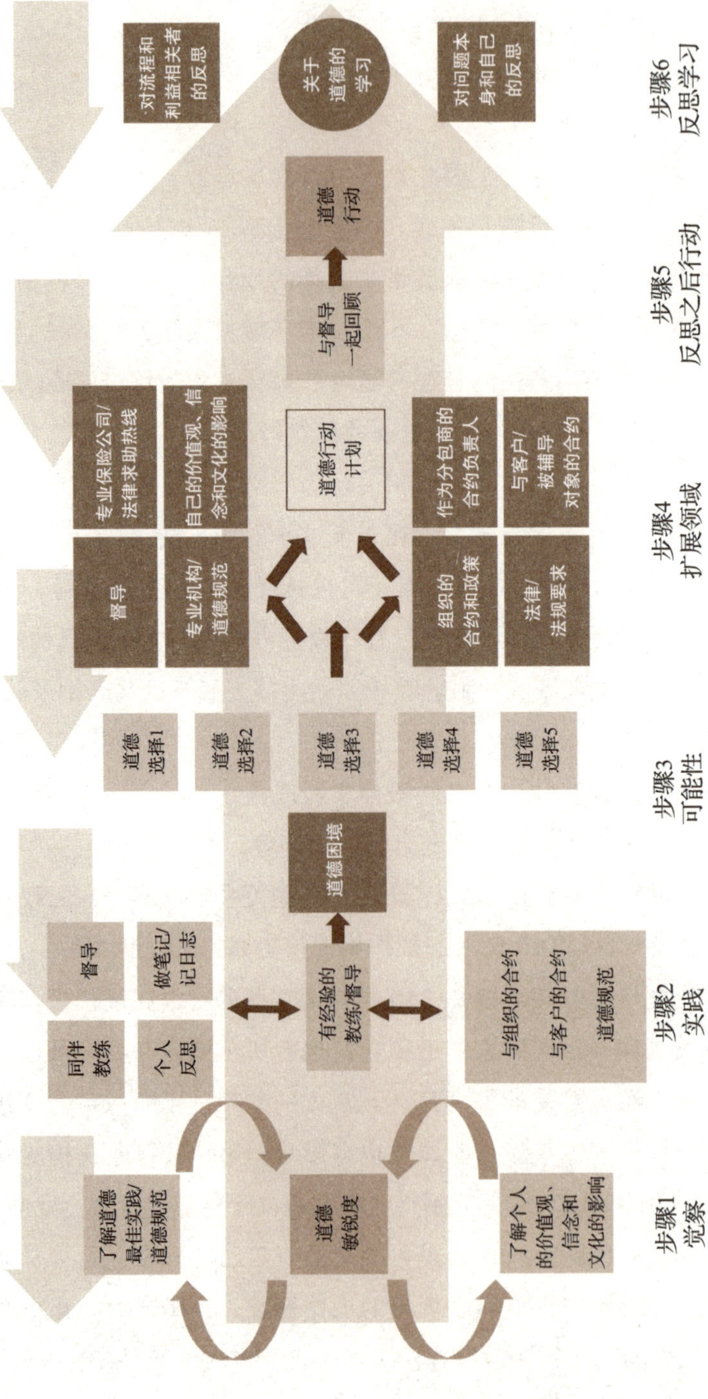
了解道德最佳实践/道德规范
道德敏锐度
了解个人的价值观、信念和文化的影响
步骤1
觉察
同伴教练
督导
个人反思
做笔记/记日志
有经验的教练/督导
与组织的合约
与客户的合约
道德规范
步骤2
实践
道德困境
道德选择1
道德选择2
道德选择3
道德选择4
道德选择5
步骤3
可能性
督导
专业保险公司/法律求助热线
专业机构/道德规范
自己的价值观、信念和文化的影响
道德行动计划
组织的合约和政策
作为分包商的合约负责人
法律/法规要求
与客户/被辅导对象的合约
步骤4
扩展领域
与督导一起回顾
道德行动
步骤5
反思之后行动
对流程和利益相关者的反思
关于道德的学习
对问题本身和自己的反思
步骤6
反思学习

图 23－1 道德模型

APPEAR模型的第二个步骤是实践。在担任教练时，通过督导、记日志或个人反思进行定期反省有助于培养和维持对情境和自我的觉察。虽然我们已经在其他章节提到过，作为反思实践的一种手段，督导可以在教练过程中发挥重要作用，但是教练可以并应该以多种方式对他们的实践进行反省。

此决策模型的第三个步骤是出现道德困境时考虑采取行动的可能性。在某些教练角色中，道德困境可能每周都会发生。在其他教练角色中，道德困境可能几个月发生一次，甚至一年一次。当然，对可能出现的道德困境越敏锐，就越有可能发现它们。从来没有遇到过道德困境的教练很可能是缺乏相关意识。

在此步骤，教练的关键行动是针对困境的出现制订可选的行动方案。开始时可能只是二分法："我可以做A，或者我可以做B，"但随着反思的深入、与导师或督导的交流，可能会出现多种选择。

在第四个步骤扩展领域中，教练应着眼于选择方案。这涉及情景推演，"如果我做X，那么接下来可能是Y，然后可能导致结果A和B"。对结果正负两面的探索将帮助教练更好地理解可选方案，放弃吸引力较小的方案，选择特定情况下最合乎道德和最实用的方案。

第五个步骤反思之后行动是指实施适当的行动方案。这既需要勇气，也需要承担可能随之而来的不愉快的后果。这些后果可能关乎其他人，还有可能关乎教练及其组织。例如，举报非法行为可能带来严重后果：教练可能被举报对象批评或威胁；组织也有可能更倾向于内部解决；教练可能会被排斥，失去工作和丢掉已签订的合约，或声誉受损。有时候，让教练管理信息披露是适当的，有时候适合组织内部解决，而在其他情况下，只有公开披露才是正确的做法。在做出决定之前，与督导或信任的同事进行深入的反思和讨论是有益的。

最后一个步骤是教练从事件中进行反思学习。这种反思应该有两个层面。第一个层面是对流程和各利益相关者的反思：作为教练，在思考和实施这个道德行为的过程中学到了什么？第二个层面是对问题本身和自己的反思：在遇到并处理这个问题的过程中，教练学到了什么？

结语

正如我们一直认为的那样，教练工作是一个成长发展之旅。提高道德成熟度是该旅程的一部分。了解 ICF 道德规范是此旅程的起点。下一步是 ICF 的 CCE 课程。除此之外，思考、反省、记日志和进行讨论将提高道德敏锐性，应用除 ICF 道德规范之外的类似 APPEAR 这样的框架可以帮助教练应对教练实践中的道德困境挑战。

第 24 章

与客户签约

合约是教练与客户合作过程中的重要组成部分。它使主要参与方达成共识，包括为教练工作付费的组织客户和个人客户。相关研究结果（Passmore，Brown，& Csigas，2017）表明，相当一部分教练在实践中没有使用书面合约。虽然这一研究结论在不同的教练形式以及不同国家之间不尽相同，但我们认为书面合约和协议是成功教练工作的重要组成部分。不使用书面合约或协议可能导致对教练工作的性质、教练的工作方式、组织和个人客户的期望以及教练的期望产生误会的潜在风险。更重要的是，无法为客户提供让教练承担责任的方法，比如客户希望教练遵循什么样的道德标准，以及如果客户对教练不满意，客户如何投诉。在本章中，我们将探讨合约的作用，探讨可能存在的不同的合约形式及合约应该包括或排除的内容。

教练合约是什么?

合约是一项规定了双方权利和义务条款的法律协议。在教练领域，可能是委托教练服务的组织和提供教练服务的组织之间签署的服务合约。在其他教练项目中，则可能是个人教练和个人客户之间签订的书面协议。

在大多数项目中，可能同时有多个合约。教练或咨询公司与委托的组织之间可能会签署合约。这是服务的法律协议，可能涵盖赔偿要求、付款条件和合规性等问题。许多组织还会发布采购订单，列出单个任务或一系列任务的具体内容，例如“1—6 月与伊娃·格雷（Eva Gray）进行 6 次教练约谈”。

除了法律协议，教练还可能与资助人和个人客户就教练工作的一些关键点进行讨论并达成明确共识。这些讨论可以分开进行，也可以一起进行。这些协议中的每一个都涉及教练工作和期望的结果。但与此同时，各方还遵循许多关于如何互动与合作的未明说的协议。

将合约视为框架

看待这一系列合约的一种方式是视其为一系列框架，它反映了不同利益相关者对教练工作的期望。有些可能是书面的，有些是口头的，还有一些是心照不宣的，甚至可能是所有相关方都没有意识到但会影响其互动方式的。

这些框架在多个层面上运作。我们提出八大合约框架模型，涉及从瞬间的合约到覆盖利益相关者整个生命周期的合约（见图 24 - 1）。下面依次介绍这些框架。

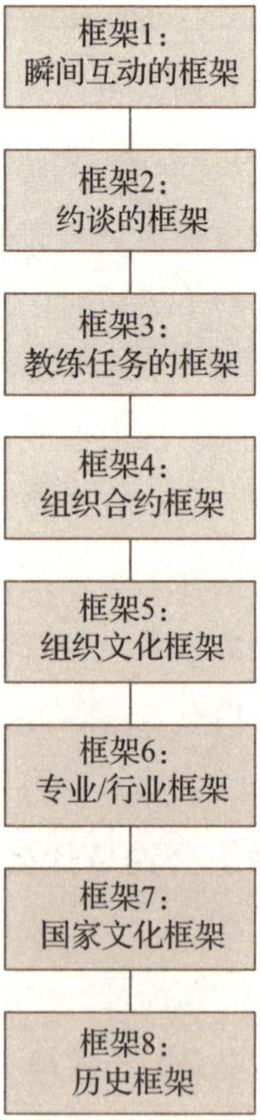

图 24 - 1　八大合约框架

框架 1 指的是在教练约谈中每个瞬间的互动。教练约谈是一个社交过程。教练和个人客户之间持续地重建合约，在每时每刻的互动中重新协商教练合约。该合约关系到他们之间正在发生什么，涉及他们彼此沟通的方式以及体现的行为中哪些是“理想的”“可接受的”“不可接受的”。例如，教练在教练约谈中挑战客户的程度可以随着双方信任程度的加深而提高。如果没有信任，挑战可能会破坏关系。当双方高度信任和高度尊重时，挑战可以看作是激发和疏导。尽管书面合约中很少明确包含这些内容，但如果有，就会影响双方之间的关系和合作。

框架 2 与约谈的合约有关。每次约谈开始时进行简短的“拿合约”的谈话，使双方可以就约谈议程达成共识。例如，个人客户是想依照上次约谈内容继续深入，还是要解决上次约谈之后出现的紧迫问题？对于教练而言，提及合约中的关键词并确认未发生任何变化也会有所帮助。这样的“拿合约”对话可能只需要 60 秒，但它为每次约谈提供了一个有用的平台。我们认为教练使用“拿合约”对话开始约谈是符合基本约定和良好实践要求的。

框架 3 和框架 4 被写入书面合约的可能性更大一些。框架 3 涵盖了教练与个人客户之间的协议。框架 4 涉及与组织的协议（假设其他人为教练工作付费）。现在许多组织都有正式的教练合约，教练必须签署这些合约。如果没有，教练应提供书面协议，列出协议条件。我们建议最后确定时安排一个由教练、个人客户和组织客户（或资助人）共同参与的三方会谈，这将有助于确保清晰、透明地说明教练任务的原因和重点，也为任务结束后所有相关方之间的回顾会议提供了一个平台。

我们还会区分教练服务供应商和采购者之间的正式书面合约以及教练和个人客户之间的协议。书面合约是法律协议，可以由法院维护。相应地，教练与个人客户之间的协议可以视为工作文件，帮助阐明他们将如何一起工作。因此，该协议不需要签署，但在约谈开始之前与个人客户对该协议进行充分讨论是有帮助的，可以确保客户认同该协议。为个人客户提供一份协议副本供将来参考是也有用的。

我们认为这些正式的书面合约是通过一系列其他未明说的合约或工作方式来进行调解的。它们一起影响着教练和个人客户之间的互动方式。

个人客户也是为组织工作的。对于大多数教练来说都是如此。所有组织都有自己的组织文化。这种文化会影响组织理解和回应客户、同事、监管机构、政府及其竞争对手的方式。这些是不成文的规则，反映了日常的工作习惯。总之，组织文化是“在这里办事的方式”（Deal & Kennedy，1988），也会反映在包括教练约谈在内的日常活动中。

组织还可能在特定专业 / 行业、国家、文化背景以及历史背景下运作。这些未明说的合约会影响组织中的人们穿什么、如何互相打招呼以及可以或不可以沟通的内容。例如，人们是否系领带、穿 T 恤或佩剑？人们是否握手、拉手、亲吻脸颊、鞠躬或击掌？不同国家、不同地区、不同种族，以及在不同的历史（或世代）时期，人们的言语、行为和互动方式都不同。从澳大利亚慈善机构客户到法国时装店客户，从美国民权组织到瑞士私人银行，高效教练要意识到它们之间的文化差异。

多方合约

在教练任务开始之前举行三方会议或多方会议对所有相关方都是有益的。会议参加者可能包括教练、个人客户、资助人（通常是直线经理）以及委托经理（人力资源经理）。

教练在多方会议中的角色是引导讨论，目的是确保对教练涵盖的内容以及预期的结果达成共识。具体来说，列出各方需要讨论并达成共识的关于目标、成果或议题的清单，可以确保后期不会出现任何意外。还需要讨论的一个因素是保密性，例如，资助人是期待每次约谈结束时有一份详尽的书面报告，还是接受教练对约谈内容保密？教练可以向组织或其他机构（例如警察或健康专业人员）披露哪些信息？当可能存在遭受严重伤害的风险和存在严重违法行为（例如欺诈、盗窃或贿赂）时，相关信息更要包括进去。

大多数大型组织都是经验丰富的教练服务购买者，现在许多公司都有自己定制的教练合约。但是，如果组织使用的是一般咨询协议，我们认为书面协议中列出教练条款还是有价值的，包括约谈次数、约谈时长、合约金额、付款条件和不满意情况下的补救方式，以及整体目标与工作重点。这些可以在多方会议结束时提供给所有相关方。

有了初步的共识，就可以开始教练工作了。可以通过三方会议进行定期回顾。对于时间较长的教练任务，可能在中间时间点与组织利益相关者一起开会，讨论对项目进展的看法，并在必要时重新聚焦。无论是否进行中期回顾，我们都建议召开最终的总结会议。教练在最终总结会议上的角色是促进多方之间讨论并发表对已经取得的成果的看法。在这次会议上，教练需要注意不分享教练约谈中的保密内容或者对个人客户或组织发表意见。相反，教练可以运用巧妙的干预方法引导各相关方发表看法，帮助客户、资助人和委托经理倾听并理解彼此对教练任务的评估，以及每个角色的后续待办事项。

合约应该包含什么？

资助人协议中的常见内容见知识框 24 - 1。

知识框 24 - 1 资助人协议中的常见内容

- 专业赔偿；
- 付款条件；
- 终止条款；
- 取消条款。

多方协议中的常见内容见知识框 24 - 2。

知识框 24 - 2 多方协议中的常见内容

- 教练的定义；
- 教练、资助人和客户的角色；
- 三方会议安排（启动、回顾和项目结束）；

- 关于教练工作方式的简短描述；
- 后勤组织——约谈频率和时间长度；
- 保密声明及其局限；
- 督导声明；
- 教练工作的聚焦点——大目标或重点；
- 教练的专业成员和ICF道德规范；
- 如何投诉教练。

与个人客户的协议中包含的内容见知识框24-3。

知识框24-3　与个人客户的协议中包含的内容

- 约谈计划与目标；
- 后勤组织（约谈频率与时间长度）；
- 联系方式细节；
- 双方可以结束教练关系的方式（如转介绍和无过错中止协议条款）；
- 取消约谈的通知。

你可以阅读第8章，了解更多关于不同层面的协议如何构成ICF核心能力的一部分。

结语

签约是教练工作中必不可少的一部分，但常被忽视。如果没有做到位，教练很容易受到客户或资助人的投诉，或者至少没有满足客户的期望。如果做得恰当，可以为之后的4个月、6个月或12个月的教练合作关系提供合作的基础。

第 25 章

记录和管理教练笔记

许多教练问，在教练约谈中最好怎样做笔记。ICF 不提供任何有关做笔记的具体指导，仅提供关于信息保密和遵守国家法律的建议，如遵守数据保护法。在本章中，我们将探讨有关做笔记的想法，并对何时做笔记、收集多少信息以及如何存储、管理和删除这些数据提供一些建议。

你应该做笔记吗?

关于教练约谈过程中或结束之后是否应该做笔记、记什么内容，教练专业机构或意见领袖很少提供具体指导或建议。主要原因是大家的方式各不相同。关于做笔记，本来就没有非常明确的对或错的答案。

大多数教练在教练约谈中只做简短的笔记，原因如下：首先，做详细的记录会分散注意力。教练将更多时间用于低头写字，而不是与客户进行眼神交流和倾听客户，这么做的结果就是：看起来教练对收集证据比参与对话更感兴趣。这样的行为会破坏信任和亲密感，客户会减少透露的内容。

其次，我们对教练工作的定义聚焦在促进客户洞察，而不是基于收集的信息去评估客户。这可能与教练过去从事的许多其他活动，如面试、绩效评估或纪律听证会完全不同。在面试中，面试者的目标是收集尽可能多的证据，且证据必须准确和全面。而在教练过程中，所有工作都是围绕客户开展，帮助客户产生知觉和洞察，并借此使他们意识到有不同的选择。

有些教练确实会做长达数页的详细笔记。可能是应客户的要求为其做笔记，例如，客户有残障，或者是根据资助人的要求为其写一份报告。但是作为一般性原则，我们认为对此要谨慎，相反会鼓励客户为他们自己承担责任，自己做笔记；对于资助人，我们鼓励使用三方会议作为回顾和报告的机制。在这种情况下，是客户而非教练向资助人汇报，教练仅在流程上引导会议，不提供任何内容输入。这种方式可以保持上级经理或直线汇报的工作关系的完整和持续性，教练过程置于这段关系之外，并不会以任何形式取代或复制这段关系。

做笔记应该记录什么?

为了思考需要记录哪些信息，我们使用 PIPS 框架：

- 个人信息（Personal）；
- 想法（Idea）；
- 计划（Plan）；
- 建议（Suggestion）。

第一类内容是个人信息。个人信息是指不敏感的个人细节。例如，如果客户提到他的伴侣凯特（Kate），我们会做一个记录。或者，如果他们的女儿弗洛伦斯（Florence）在下周参加无挡板篮球比赛，我们也会做个记录。这样我们就可以在下次约谈开始时的非正式对话中询问这方面的信息。例如，记录可能只是“女儿，弗洛伦斯，月底的无挡板篮球比赛”，我可能会问：“弗洛伦斯在无挡板篮球比赛中表现如何？”这有助于建立与客户的关系，表现出对客户在教练话题之外的生活感兴趣。

第二类内容是想法。这些想法可能是不经意的言论，值得记录下来供以后探讨。例如，在讨论一个问题时，客户提到面临平衡家庭和工作优先级的挑战。我的笔记可能只记录了“未来议题：平衡家庭和工作的优先级？”在这方面，我需要确保不使用标签或诊断的形式去描述客户行为，例如“工作狂”或“自恋的”。这样做的原因很多。首先，我需要注意不要做出我没有资格使用的临床诊断。其次，有什么证据可以证实我的这种诊断呢？我可能只掌握了有限的信息，很可能都没有完成用于诊断的标准化评估问卷。最后也是最有说服力的原因是：如果客户要求查看我的笔记，会有什么影响？在许多国家都就查看个人数据的合法权利有所规定，而教练可能必须将此类信息共享给客户以供查阅。因此，建议做笔记时牢记客户将在约谈结束后阅读笔记。这可以鼓励你将笔记放在要点上，避免臆测。

第三类内容是计划。约谈结束时教练通常会请客户总结自己的见解或行动计划，鼓励他们为当次约谈做个记录。与此同时，我们也要做个记录，以供约谈后回顾。这些计划可能不仅包括客户从现在到下次约谈之前打算要做的事情，还包括他们需要克服哪些障碍，谁来支持他们以及谁来帮助他们自主担责。如果你有一个很长的客户列表，比如 30 或 40 个客户，那么这些记录将有助于你在下一次约谈开始时，回忆上次客户已同意探索的行动，并把它作为下一次谈话的起点。

第四类也是最后一类内容是建议。这可能是客户希望教练采取某些行动的意见、反馈或想法。可能是阅读某本书、浏览某个网站或阅读其他材料的请求，这样教练可以帮助客户更深入地探索其议题，也可能是客户反馈给教练的下次约谈时可以继续或需要改变的行为，还可能包括需要教练推荐或开展的行动，例如与组织、资助人联系或者将客户介绍给教练认识的其他人，将客户推荐给心理咨询师或另一位教练。如果教练不把它们写下来，可能很容易忘记。

教练约谈后应该记录什么？

这取决于教练的个人风格。本书其他章节建议使用个人学习日志。教练可以在每次约谈结束后或每个周末通过写个人学习日志记录自己的反思。我们相信反思是教练成长过程中的重要组成部分，日志是非常有用的辅助，记录每次约谈的想法、感受和洞察。

如果教练能够从每次约谈实践中收集信息，可以带来很多好处。首先，这是教练接受督导的一个素材来源。比如，教练在数周或数月中观察到的模式是什么？与某个特定（类型）的客户一起工作观察到的模式是什么？其次，书写提供了一个思考问题的机会。最后，对于许多人来说，写作是一个梳理的过程，可以使他们放下一次教练约谈或一天教练工作所引发的感受或想法，从而轻装上阵，继续后面的工作。

日志可能简短，也可能很长，100 字或 1 000 字都是可以的。这取决于你的风格以及一次约谈或一周教练工作所引发的问题和思考。

一种叫亨利八问的反思工具（见知识框 25－1）为教练的反思过程提供了一个有用的指导框架。

知识框 25－1　用于自我反思的亨利八问

1. 我注意到的是：

这个问题允许你探索自己的观察。对于客户、现状、你们的关系和周围环境，你注意到了什么？

2. 我的回应是：

此处聚焦于你是如何回应的，包括你的行为、情绪和认知，也可能包括生理反应，比如脸红或心率变化。

3. 关于自己，这让我了解到的是：

你可能会尝试探索这对你的意义。

4. 作为一个教练，这对我可能意味着什么：

作为教练，你可以考虑它对你的意义。

5. 作为一个教练，这给我带来的优势是什么：

所有的回应都有潜在的好处和陷阱。这个回应的好处是什么？

6. 潜在的陷阱是什么：

有哪些潜在的陷阱或需要注意的问题？

7. 我通过对这个话题进行反思得到的学习收获是：

你从这个情况中学到了什么？可能是想要改变你自己的行为的愿望，或者对你自己的自动反应的洞察。

8. 将来如何应用这个新的洞察：

这是你要考虑的未来行动计划。

如果客户或资助人想要你的笔记，怎么办？

这个问题最好是在出现之前，就与组织、资助人和个人客户通过签订合约解决。

通常，使用三方合约可以降低资助人索要反馈报告的风险。为签订三方合约，教练与个人客户、直线经理或资助人会举行教练前会议，讨论教练工作的性质和各方期望。教练记录下各方对教练工作的重点要求，以在整个过程中指导教练工作的开展。在教练任务结束时，将再举行一次回顾教练计划的会议。教练引导会议的进行，确保在不表达教练个人意见或判断的情况下，听取个人客户、直线经理或资助人的意见。在某些情况下，组织一次中期回顾会议可能也很有用。比如 8 或 12 次的约谈任务，中期回顾会议可以在第 4 或 6 次约谈结束之后进行，以确认各方对进度的看法，并在需要时调整重点。

举行三方会议后，大多数资助人都不会要求教练提供报告或笔记。如果确实发生资助人要笔记这种情况，我们将引用初次会议的结论，即约谈细节是保密的。

牢记关于披露笔记的所有法律要求是很有用的。在许多国家和地区，例如欧盟，个人有权查看由某一个人（如教练）或组织持有的关于他们的所有个人数据（Passmore & Rogers，2018），包括带有个人姓名、地址或其他详细个人信息的任何笔记、文件或记录。值得注意的是，即使教练不在欧盟境内，该地区客户通过网络或电话会议接受的教练服务也在该法律保护范围内。

鉴于教练工作在全世界范围内的广泛传播以及通过互联网和电话会议进行教练服务的日益普及，不同国家和地区的规定会有所不同，在提供教练服务时必须谨记这一点。

最后一个需要考虑的问题是向警察或民政机构披露笔记信息的请求。同样，不同国家和地区的立法差异很大。若存在与雇佣关系相关的法律纠纷，组织（雇主）或员工采取法律行动时，法律可能要求披露笔记信息。在大多数情况下，需要由法官而不是警察下令披露笔记信息。最好了解你所在国家或地区的法律运作方式（Turner & Passmore，2017）。关于教练相关数据的讨论也可以在 ICF 道德规范中找到。

管理和安全删除客户数据

一旦做了教练笔记，我们需要考虑如何存储、管理及在合适的时间销毁笔记。《通用数据保护条例》（General Data Protection Regulations，GDPR）要求你制定管理、存储和销毁个人数据的政策。这既涉及纸质笔记，也涉及电子笔记。

在纸质笔记本的管理方面，需要考虑记录的内容。例如，在笔记中你可能只使用首字母缩写。你可能将纸质文件和笔记本放在家里上锁的房间或文件柜中。对于电子笔记，需要确保计算机设置了密码，并且使用定期更新的杀毒软件杀毒。

该政策还明确说明你应何时以及如何销毁笔记。我们建议在教练关系结束后的 2 ～ 3 年销毁笔记。你可以将此作为年度任务，检查文件并销毁超过 2 年或 3 年的记录。对于纸质笔记，需要使用碎纸机。对于电子笔记，需要删除并清空设备上“回收站”中的相关内容，还需要适当处理包含电子笔记的计算机和硬盘驱动，以防止他人在你处理完后访问设备上的数据。

结语

在本章中，我们简单地探讨了教练笔记。我们的建议是，虽然做简短的笔记可能很有用，但教练最好把时间和精力花在与客户同在上，而不是做笔记。做笔记时，教练可以使用 PIPS 模型作为指导，即聚焦于个人信息、约谈中出现的想法，客户的计划和未来的建议。我们还讨论了在使用语言时需要尊重客户，并牢记在许多国家或地区，客户有权要求查看教练的笔记。最后，我们讨论了在合理的时间范围内以合适的方式存储和销毁笔记的重要性。

第 26 章

通过正念保持同在感

对于许多教练来说，一个共同的挑战是在教练约谈中保持同在感。我们可能经常会因约谈之前发生的事情而分心，例如想到上次约谈，想到两次约谈之间发生的事情。我们的思绪会游离于客户所说的话之外，或飘到下次约谈或下一个客户身上。本章探讨一种通过正念练习提升约谈中同在感的方法。

保持同在感

在第 10 章中我们回顾了 ICF 的“保持同在感”的核心能力，特别是对客户保持知觉和同在感，同时表现出开放、灵活、脚踏实地和自信的风格。在第 7 章中我们回顾了 ICF 核心能力 2“体现教练心态”，强调了教练利用自我觉察，发展并保持调节自己情绪的能力和在思想上、情绪上为教练约谈做好准备的必要性。这些实践和品质有助于我们强化与客户保持同在感的能力，在本章中，我们将继续深入探讨这个问题。

我们在实践中发现，一个有用的建立教练心态并保持同在感的方法是正念。正念已成为一个流行概念，越来越多的证据表明它对健康和绩效表现有积极影响。同时，正念也是有用的教练工具，教练可以自行利用，帮助自己完全保持在当下，不评判自己和客户。

什么是正念?

正念一词源自佛教词语萨提。萨提综合了觉察、关注和回忆，对自己和他人都抱持不评判、接纳、善意和友爱的态度。

在 2 500 多年的历史中，许多作者都依据佛教根源提出了正念的定义。在 20 世纪时，正念领域最著名的人士之一乔恩・卡巴津（Jon Kabat-Zinn）提出，正念是一种专心地、有目的地、不带评判地关注当下的方法。对于那些更倾向于正式定义的人来说，“正念是一种通过自我觉察、自我探索和留意行为的系统流程，与自我存在的完整性建立更加紧密联系的简单实用的方法。正念中没有冷漠、分析或无情。正念练习的要旨是温柔的、欣赏的和滋养的”（Kabat-Zinn，1991）。

正念的好处

过去 30 多年的研究表明，正念为实践者带来了极大好处。大量的研究在健康环境及工作场景中运用正念揭示了这些发现（Passmore，2019a，b）。

研究表明，正念的好处体现在多个方面，从心理健康、抑郁到癌症护理、心脏疾病、疼痛管理和血压降低。然而，可能很少被讨论的是正念练习在认知上带来的好处。认知领域的研究表明，正念对一般的大脑表现具有积极影响，包括工作记忆、注意力、控制力和大脑效率（Neubauer & Fink，2009；Ocasio，2011；Smallwood & Schooler，2015）。在认知领域，常规的正念练习可以帮助教练更好地完成教练工作。

正念如何助力教练工作?

可以从三个方面考虑：第一是教练，第二是客户，第三是关系。高效的教练工作需要教练时刻关注每个客户。当我们的个人生活和工作界限模糊，而两者的压力又融合在一起时，时刻关注每个客户并不总是容易做到。正念提供了一种方法，它使我们的关注力聚焦于此时此地的唯一时刻。

客户也可能会陷入压力和焦虑的漩涡中。与教练一样，他们会把无用的“行囊”从一件事件背负到另一件事件上，让感受和想法从一个事件或关系投射到下一个上。正念也可以使客户有机会将注意力集中在约谈和自身学习收获上。

由于教练和客户都会将过去的事件和关系、对未来的恐惧和想法带到约谈中来，教练关系也会受到影响。我们前面已经讨论过的卡尔·罗杰斯和弗雷德里克·皮尔斯等人的著作都认为教练关系在一对一工作中非常重要。

正如我们指出的，卡尔·罗杰斯人本主义方法的核心是一致性和同理心这两个概念（Rogers，1961）。一致性是教练忠于真实自我的方式。罗杰斯认为，在这种状态下，教练可以连接到自己正在体验的感受上，可以活出这些感受，并在合适的时候说出这些感受。通过一致性，教练可以致力于引导觉察，提出好奇的探询并帮助客户识别洞见。

同理心可以描述为“使自己穿上别人鞋子”的能力。这意味着一个有同理心的人能够走出自己的现实，进入客户的现实。正念也可以帮助教练完成此过程，它帮助教练在面对强烈的客户感受的情况下工作时，不会迷失其中。富有同理心创造出一个必要的支持性结构，让客户感受到教练的同在感、支持和理解。它使教练可以觉察到客户正在体验的情绪并接纳这些情绪，帮助客户处理这些情绪，获得洞见并向前迈进。

同样，弗雷德里克·皮尔斯的工作聚焦于对客户议题抱有同理心并进行随时随地的探索。关键是同在感、在此刻与下一刻之间工作。同在感在格式塔方法中的意思是指将注意力集中在客户身上，以便尽可能真实地响应其需求的能力。“此刻”和“下一刻”指的是通过对当下的探索，帮助客户将其学习整合到将来的行动中。第 18 章详细地探讨过格式塔方法。

基于对正念的探索，我们认为正念对教练实践的用处主要体现在四个方面（见知识框 26－1）。

知识框 26－1 正念对教练实践的用处

- 帮助教练为教练工作做好准备；
- 帮助教练在约谈中聚焦；
- 帮助教练管理情绪；
- 可作为与客户共享的工具。

教练约谈之前培养同在感

大多数教练面临的挑战之一是思绪游离。教练的思绪可能从一个客户场景游离到另一个，或者从一个电话会议游离到下一个。在这些情况下，思绪可能被引到上一个电话会议中，或者漂移到下一个问题上。正念提供了一种实用方法，可以将诸如此类的需求放在一边，从而专注于当下。

实现此目标的一个方法是，将这种工具纳入教练的练习中。在每次约谈前进行简短的 4 分钟身体扫描。就像比赛之前的运动员一样，进入合适的心理空间非常重要。网上有各种各样的身体扫描音频可以下载，然后在手机上播放。表 26－1 提供了一个身体扫描指导。

表 26－1 大堂 / 等候室身体扫描指导

步骤 1	找一个舒适的地方，采取一个端正而优雅的姿势坐好。
步骤 2	开始观察呼吸：吸气和呼气。缓慢地做 8 ～ 9 个吸气和呼气。每次吸气的时候，尽可能地填满肺部，然后再缓慢地呼出。
步骤 3	开始意识到身体上正在发生什么：任何疼痛、紧张或感受。对这些感觉持开放态度，不要去评判或试图解释它们，而只是单纯地留意到它们的存在。

续表

步骤 4	将呼吸引导至任何紧张或有压力的部位，并让呼吸抱持、安抚和包围任何不舒服的感受，允许这些感受消散或消退。依次对待每个紧张或有压力的部位，并在每个部位进行 8 ～ 9 次呼吸，或根据需要进行多次呼吸，直到每个部分都感觉到放松。
步骤 5	当你结束正念的身体扫描时，开始扩展呼吸并意识到整个身体的感受，在椅子上笔直并端正地坐好。
步骤 6	带着结束时的感觉进入当天的下一个活动。

教练约谈中保持同在感

正念对于教练在单次约谈中保持同在感也很有用。在一到两个小时的约谈中，思绪游离会使教练无法集中全部注意力。

意识到这个风险可以帮助教练更好地管理注意力。这要求教练注意到当下正发生在他们身上的事情。如果发现自己因街上的噪声、关于过去或未来的想法或其他原因分心了，教练应该重新将注意力放回到客户身上。教练只有与客户同在时，才能以好奇心和同理心为客户服务。如果教练与客户的步调不一致，教练可能错失客户的言语内容及其表达的意义，使约谈变成教练自己的事，无法服务于客户。关于保持同在感，你可以阅读第 10 章了解更多。

教练约谈中管理情绪

教练面临的第三个挑战是关系，尤其是面对管理那些来自个人的和亲密对话中的情绪化内容。尽管督导和同伴辅导可能是有用的工具，针对教练工作的某些议题，正念亦可以是在当下时刻帮助客户的一个有用工具。

教练工作可能会让教练对客户或其行为产生强烈的被吸引的感觉或反感。这会导致“串通”的风险，即教练成为客户的同谋，与大型不良组织或其他不在场的利益相关者抗衡。

正念提供了一种资源，使教练对自己及其情绪反应更有觉察。正因为有了这种觉察，教练能够更适当地管理自己的反应。

关于教练管理自我情绪的能力在第 7 章中已有探讨。

培养同在感的技巧

有多种正念技巧，如果在教练约谈或其他任务中定期练习，会有助于我们在约谈过程中保持长时间的同在感（Passmore & Amit，2017）（见表 26－2）。

表 26－2　正念的三种练习方法

觉察环境干扰	这个练习是要觉察我们周围正在发生的事情：嗡嗡的虫鸣、街上的噪声或客户钢笔的敲击声。觉察并接纳它们，不评判它们是好的或坏的，只是环境中的背景声音，然后把注意力放回到客户身上。
暂停	这个练习是一个建议，通过暂停并用心地选择如何继续过这一天，帮助我们变得更加积极主动。这是我们可以做且不需要花太多时间的事情。
做观察者	反复思虑是人类的共同特征。客户因为事情没有按照他们预期或计划的样子发展而心烦意乱时，尤其容易反复思虑。客户可能过度认同自己的思虑，导致自己变得焦虑、紧张或不安。在这种情况下，教练只要留意客户的反应，提醒客户他们并不是那些想法中的样子，那些想法并非事实，只是一个视角。这样，教练就可以避免陷入客户可能正在经历的情绪混乱中。

结语

保持同在感是教练过程中的一项重要任务。正念练习是教练可以使用的有用工具，帮助他们为每次约谈做好准备。该工具不只对当下有用，还可以通过定期练习帮助教练持续提升专注力。

第五部分

发展你的实践

BECOMING A COACH

本部分为教练提供多种方法拥抱终身学习和发展的理念。正如本书第 1 章所强调的那样，投身于成为教练的过程，意味着长期承诺秉持自我成长、自我觉察和不断成熟的价值观和内化所学的哲学理念。第 27 章介绍个人发展计划，第 28 章介绍继续职业发展。我们列出很多原因来说明继续职业发展不仅是重要的，同时也为你在不断发展的市场中找到自己的定位带来诸多好处。本章还介绍了 ICF 对认证教练在职业发展方面的观点和期望，并且概述证书更新的过程。

第 29 章介绍督导，这对教练继续职业发展来说是非常有力且有用的方式。我们定义教练背景下的督导，并通过一个简单的督导模型来描述督导的作用和范围。我们还介绍督导在实践中如何起作用，以及在个人和专业层面上如何使教练受益的几个示例。最后，我们提供帮助教练找到合适督导师的一些提示和技巧，以及如何在督导过程中获得最大收益的一些想法。

第 30 章探讨反思实践。先介绍什么是反思实践及其对教练本人和教练工作的好处，之后介绍反思实践中可以应用的几种不同的工具和方法。

第 31 章和第 32 章探讨 ICF 教练资格认证和持续发展过程的两个方面：教练辅导和教练知识测评（CKA)。第 31 章从教练资格认证的角度描述和定义教练辅导，也介绍它与其他辅导的区别。本章还概述教练辅导与 ICF 要求的教练资格认证和证书更新的相关性及要求。教练辅导可以通过多种方式实现，我们分享使其在实践中发挥作用的关键原理和方法，并就如何找到合适的辅导师、如何从这一真正有价值的发展过程中获得最大收益提出建议。

第 32 章介绍教练知识测评，以及它在 ICF 教练资格认证申请流程中的目的和定位。我们分享一些教练知识测评问卷中的问题示例，并为如何准备教练知识测评提供一些指导。

这个部分将以第 33 章作为结束，探讨如何持续提升教练技能。我们介绍教练成熟度和终身学习回报的概念，同时为教练如何在 ICF 认证体系内持续成长提供指导。本章介绍 ACC 和 PCC 之间的关键差别，以及从 ACC 成长为 PCC 需要什么才能。本章也区分 PCC 和 MCC 之间的差别，并提供了一个职业发展模型，用以介绍教练实践过程中如何持续成长以完成从科学到艺术的转变。

第 27 章

个人发展计划

本章重点介绍个人发展计划（Personal Development Plan，PDP），它是提升教练实践水平的重要内容。我们先分享对个人发展计划一词的理解和这个持续发展过程的目的及益处。我们还将介绍关于个人发展计划的基础理论及创建个人发展计划的实际操作。最后，我们认为教练的个人发展和职业发展是相互交织的，因此建议将第 27 章和第 28 章结合起来阅读。

什么是个人发展计划?

高等教育质量保证局（Quality Assurance Agency for Higher Education，QAAHE）将个人发展计划定义为“一个反思自己的学习、绩效和 / 或成就，进而规划个人的教育上和职业上的发展的结构化的支持性流程”。

高等教育质量保证局接着指出，PDP 的主要目的是“提高个人对自我学习进行回顾、计划和承担责任，进而了解自己的学习方式和所学内容的能力。PDP 有助于学习者更清晰地阐明其学习收获、成就和成果，并支持学习是一项终身和全方位活动的理念”。

作为教练，我们的个人发展和职业发展可能是交织在一起的。本章力求与第 28 章继续职业发展紧密连接，第 28 章概述了 ICF 的立场和对教练继续职业发展（CPD）的期望。ICF 核心能力 2“体现教练心态”重点介绍了教练对持续学习和发展的明确承诺及在反思实践中的投入，这些内容参见第 7 章。

我们建议 PDP 包含以下原则：

- 有目的、有条理地积极计划，并致力于成为终身学习者；
- 范围广，涵盖教育、个人和职业发展活动；
- 一个让我们感觉得到某种支持和指导（例如来自老师、导师、教练和督导）的过程，同时也鼓励逐渐实现自给自足与自我维持的模式；
- 一个持续的过程，包括目标设定、行动计划、自我反省和对实现目标的跟进；
- 一个使我们能够向他人分享和展示自己渐进式学习的过程（例如，与客户一起的时候，在学习活动期间，在诸如资格认证申请和更新的教练评估活动中）。

PDP 的过程可以与学习理论联系起来，特别是基于库伯提出的高效学习的四阶段循环（见图 27－1）。

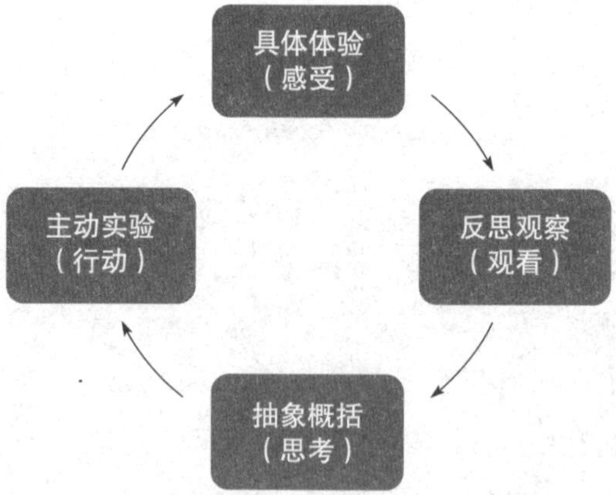

图 27－1　关于高效学习的库伯四阶段循环

资料来源：Kolb（1984）.

个人发展计划如何帮助自己?

PDP 的好处在很多方面与 CPD 相似，尤其是定期和持续的 PDP 活动可帮助我们：

- 以正式和非正式的方式识别、评估、认可和证明我们的学习和发展；
- 为自我成长负责；
- 作为学习者和实践者，更了解自己的学习方式及不同学习策略的效果，从而对什么是有效的有更多了解；
- 更有效地计划、跟进和回顾自己的学习进度；
- 培养自己对作为学习者和继续成长的教练身份的认同感；
- 识别并评估自己的优势和发展机会，并制订计划以增强优势和满足发展需要；
- 作为教练，为单次教练约谈、整体项目参与和成为更广泛意义上的职业教练做更好的准备；
- 能够使我们提供的服务与当前实践中的和期望的保持一致，从而可以在实践中持续地蓬勃发展。

为了实现以上诸多益处，以下特征是最有效的个人发展计划的基础：

- PDP 是一项主要的活动，积极而明显地体现在我们的年度计划中；
- 发展活动与自我设定的发展目标直接相关；
- PDP 活动定期进行，并得到教练本人的重视；
- 在学习过程中教练感觉得到支持和鼓励；
- 记录和回顾 PDP 活动，以记录并确认自己取得的进展。

我的个人发展计划中应该包含什么?

当你制订自己的个人发展计划时，重要的是确保你准确地列出了个人目标，明白这个目标为什么对你这么重要以及你计划如何实现。制定发展目标时，可以使用 SMART 原则帮助你全面考虑和描述你具体要做什么，什么时候做，如何做，等等。

尽管所有的 PDP 对每位教练来说都是个性化的，但这个计划通常会基于短期、中期和长期目标来描绘你理想的未来。发展领域也是个性化的，可以聚焦于继续教育、教练实践或者个人成长。

此外还建议你考虑可能遇到的障碍，以及如何克服这些障碍。如果这些障碍无法解决，那么制订一个应急预案，以帮助你作为教练的发展之路不断向前。

有很多方法可以捕捉并跟进我们的个人发展活动。这里提供一个简单的模板介绍我们是如何操作的（见表 27 - 1）。

表 27 - 1　个人发展计划举例

我需要学什么？	我将如何学习？	我会在何时完成学习？	我如何知道自己已经成功达成目标？
我想提升对接纳和承诺教练方法的理解	我的目标是阅读一本书，然后参加一场帮助提升实践技能的 2 天或 3 天的培训	我的目标是在 12 月 30 日前完成学习	我能够理解接纳与承诺疗法（Acceptance and Commitment Therapy，ACT）如何与教练工作和我更广泛的专业实践相结合 我能够在教练实践中使用 ACT 的 5 种或 6 种技巧
我的目标是完成与能力评级主题相关的 10 个小时的继续教练教育学分（Continuing Coaching Education Unit，CCEU）学习	我会参加 ICF 或亨利中心（Henry Center）组织的线上教练沙龙	我的目标是在 12 月 30 日前完成学习	我将收集 10 个 CCEU 用于认证更新；我将对核心能力有更深入的理解，并将反映在我的 PCC 认证申请过程中
作为发展 ICF 核心能力“体现教练心态”的一部分，我将把正念练习纳入我的教练准备工作中	我将研究 2～3 种正念练习，并开始使用其中一种作为日常的正念冥想	我会从 1 月 3 日开始学习	我能够在每天开始工作之前进行正念冥想

什么时候开始执行个人发展计划?

你可以随时启动 PDP。实际上，我们建议越早越好。它可能是你参加的第一次教练培训，启动了你在个人和职业上的新旅程；也可能是你把参加第一次教练培训作为你走向教练之旅的大计划中的一部分。无论哪种情况，开始这一重要而有价值的过程什么时候都不算晚。

此外，在我们作为教练的持续发展过程中，积极进取的方式和有意识的态度是很有价值的，甚至是期望被看到的。归根结底，工作中只能靠自己，无论我们在发展的道路上走到哪里，都可以不断地学习和成长。只有这样，我们才能为我们自己和我们的客户，成为最佳版本的自己。

结语

在本章中，我们介绍了个人发展计划的概念，它是发展教练实践的一种方法，也介绍了它可以带来的益处和制订适合你的计划的实用方式。在第 28 章中，我们将继续探讨发展的主题——职业发展。我们认为个人发展和职业发展都是教练成长和有效教练实践的核心。

第 28 章

继续职业发展

继续职业发展（Continuing Professional Development，CPD）是专业教练工作的重要方面，并且是体现教练心态的有机组成部分。本章着眼于介绍 CPD 的定义及其为教练带来的诸多好处，好处不仅包括促进教练的专业成长和发展，还包括促进教练业务和实践的整体发展。本章还将概述 ICF 对 CPD 支持教练保持和更新其 ICF 认证的态度和要求。

什么是继续职业发展?

CPD 认证服务将继续职业发展定义为“专业人士对其整个职业生涯中提高个人技能和熟练程度的整体承诺”（CPD，2020）。这种承诺通常包括通过学术学位课程或者专业认证的学习课程来获得并保持专业资格，也包括非正式的学习、实践机会，还包括某些类型的定期评估。值得注意的是“整个职业生涯”强调时间上的持续发展。

从 ICF 的角度来看，CPD 就是教练朝着获得 ACC、PCC 或 MCC 的方向前进。ICF 在 CPD 上的态度是：“作为自律行业的一部分，ICF 致力于让教练为客户提供持续稳定的价值。为了保持专业标准，ICF 对 CPD 的立场与行业期望和新兴标准保持同步”（ICF，2020b）。终身学习者的概念在教练界很常见。期望通过每 3 年定期更新 ICF 证书的过程，给予终身学习者积极的支持并满足他们的期待，具体内容详见第 5 章。

继续职业发展的好处

CPD 带来的好处多种多样。除了使我们能够满足专业认证机构的要求和教练市场的需求外，CPD 还为我们提供获得多样性、乐趣和成长的丰富的机会。

CPD 带来的好处包括：

- 更新证书。ICF 证书 3 年之后过期，教练被要求证明在此期间他们至少完成了 40 小时的 CPD 活动。
- 提升教练服务水平。随着教练工作的普及，市场竞争也变得越来越激烈。投资自己的 CPD 将使你能够提升教练服务的深度和广度，使你可以更清楚地阐明自己的独特卖点和技能，以及客户在聘请你担任教练时有更多的期待。
- 保持适当练习。CPD 不仅提升了我们的技能和专业服务水平，还帮助我们避免停滞。与任何职业或活动一样，如果我们在获得最初的资格后就停止学习和发展，很容易陷入不良习惯，变得自满，甚至开始寻求捷径。
- 维护信誉与名声。教练市场（尤其是在组织内部）现在越来越清楚什么是教练，组织也基于对教练的更多了解来做出购买决策。这是竞争日益激烈的体现，也体现出优秀教练与一般教练之间的差异，这是自律行业的特征。许多情况下教练仍然是个高度依赖转介绍的职业，因此我们在教练社区和教练买方中的信誉与名声对职业的持续发展至关重要。
- 获得更多的客户工作。基于以上几点，积极主动地投资于 CPD 将有助于我们获得更多的客户和教练任务。此外，在许多组织中，拥有专业的教练资格证书是进入教练社区的资格要求之一。第 29 章中探讨的教练督导是一种非常有用的 CPD 形式，也日益成为教练行业的组织选择教练参与客户任务的前提条件之一。

- 磨炼我们的技能。前面提到过“终身学习者”的概念。如果我们在思维方式中认同“教练是一门功夫”，CPD 的好处之一就是使我们能够自豪地在整个职业生涯中持续地打磨它，精益求精。

- 成为社区的一员。尽管教练一直在与人打交道，但这种职业中的关系和联结往往是短暂的。这种情况下，教练独自承担工作，有时候甚至会感到一定程度的孤单。CPD 提供了一个很好的机会，使教练可以成为社区的一员，从而体验到归属感并与其他专业同事展开有趣的交流。教练社区不仅提供人与人之间的联结，还可以成为有用的、可能带来其他客户机会的社交场所。

- 成长型思维对比固定型思维。卡罗尔·德韦克（Carol Dweck）在其著作《终身成长》（*Mindset*）一书中鼓励我们发展对学习的热爱，这种热爱是获得成就的基础，也与能力发展的四个阶段有关。尽管当我们的技能在成为第二天性时，我们可能会向往“无意识的有能力”所带来的好处，但自满和停滞也可能导致我们在没有意识到的情况下变成“无意识的无能力”。CPD 帮助我们通过保持对学习和成长的觉知来避免这种情况的发生。

什么是 CCE？

ICF 教练资格认证每 3 年更新一次，并要求在此期间至少参加 40 小时继续职业发展活动。通过参与发展性活动，教练可以积累继续教练教育（Continuing Coach Education，CCE）的得分。通常，1 小时继续职业发展相当于一个单位的 CCE，获得得分的方式多种多样。CCE 分为两种类型：核心能力（Core Competency，CC）的 CCE 和资源开发（Resource Development，RD）的 CCE。若要进行认证更新，教练必须完成至少 24 个单位的核心能力 CCE，且其中至少有 3 小时属于教练道德标准；完成 16 小时的资源开发 CCE（见表 28－1）。

表 28－1　ICF 的 CCE 汇总

	核心能力 CCE	资源开发 CCE	总计
要求数量	每 3 年至少 24 个 CCE	每 3 年最多 16 个 CCE	每 3 年 40 个 CCE
举例	网络研讨会、培训项目、会议、社区实践、教练辅导、教练督导、ICF 批准的特殊项目	非教练特定的培训、阅读、写作、研究	
资源	ICF 网站 • 职业发展 • 全球活动日历 • 学习门户 • 教练辅导 • 督导 ICF 地方分会网站		

资料来源：ICF（2020b）.

获得 CCE 的一种非常简单的方法是参加已获得 ICF 官方 CCE 认证的项目。教练培训学校和培训供应商可以向 ICF 申请，为其提供的 CPD 活动获得 CCE 认证。此外，ICF 在世界各地的分会和 ICF 专业教练全球组织提供获得 CCE 认证的 CPD 活动，这些活动通常是免费的或面向 ICF 会员提供折扣。可以提供 CCE 的活动包括网络研讨会、社区实践、培训项目、会议、教练辅导、教练督导和 ICF 批准的特殊项目。你可以在 ICF 网站上找到符合条件的 CCE 资源的更多详细信息。ICF 专业教练全球组织还有一个全球活动日历，发布了世界各地的线下活动和线上活动的广告，其中许多活动带有 CCE 标识。ICF 地方分会通常还会通过其网站宣传本地活动。ICF 全球组织还有一个学习门户，会员可以获取各种学习和发展资源。

在关于督导的第 29 章中，我们提到可计入每 3 年 40 小时核心能力 CCE 的督导时间最多 10 小时。此外，第 31 章探讨教练辅导，教练与教练辅导一起工作的时间最多也是 10 小时。这是更新 ACC 证书的必备要求和更新 PCC 或 MCC 证书的可选要求。

除了这些经过 ICF 批准的 CCE 来源的示例外，还有其他未批准的活动也可以算作资源开发 CCE。每 3 年要求的 40 小时中，此类发展最高可占 16 小时。这些活动的示例包括非教练特定的培训、阅读、写作和研究。此外，可以在 ICF 网站上找到符合条件的活动的详细信息（请参阅 https：//coachfederation.org）。

职业或个人成长

职业发展可能是我们非常熟悉的概念。我们可以将其应用于自身，而且作为教练，我们的工作亦可能与客户的职业发展有直接关系。在探讨了职业发展是什么、它的好处及我们如何参与其中之后，现在让我们看看当今环境背景下的职业发展理念。

诸如数字革命、第四次工业革命和 VUCA（Volatile，Uncertain，Complex，Ambiguous）等词已成为日常商务用语。除此之外，我们可能发现自己面对大量有关气候变化、经济和政治波动、心理健康以及社会进步问题的对话。鉴于当前环境的特点和挑战，世界经济论坛（World Economic Forum）表示，2020 年及以后的领导者最需要以下十项技能：

1. 解决复杂问题。
2. 批判性思维。
3. 创造力。
4. 人员管理。
5. 与他人协作。
6. 情绪智力。
7. 判断与决策。
8. 服务导向。
9. 谈判。
10. 认知灵活性。

我们认为最突出的一点是，这些技能中的大多数（如果不是全部）

与我们的个人发展和职业发展都密切相关。举个例子，我们深受儿童教育重点明显转变的触动：现在的重点是为孩子提供上述技能，而不是传统意义上的帮助他们学习各学科相关专业知识。我们见到同样的概念应用于工作场所的管理者。一位班主任最近将他们的理念描述为“面向未来的领导者”，我们认为，实际上我们今天合作的管理者甚至需要面向当下，因为未来已来。

在布拉格举行的 ICF Converge19 活动上，主题发言人富朗斯·约翰逊（Frans Johansson）说：“今天是你从现在开始经历的最慢的一天。”应对变化和快速响应的能力至关重要，上面十项技能为其奠定了基础。

因此，我们想到的第一个问题是，作为教练，如何才能最有效地支持这些领导者发展这些技能？第二个问题是：作为教练，我们自己如何才能发展这些技能和素质，使我们在瞬息万变的世界中保持有价值、与实践相关并符合实践需要？鉴于教练行业的核心是改变、成长和发展，我们如何确保自己以身作则，与客户一起改变和成长？

此刻想到的是“首先向内看”的概念。对教练来说，个人发展机会是什么？例如，你如何应对变化？你如何应对不确定性和模糊性？你如何应对已经发布又快速改变的目标？你在将某事视为机会或威胁方面如何寻求平衡？你具备上述提到的技能吗？首先向内看，教练的涟漪效应实际上始于我们自己……也许这是我们能够做出最大贡献的方法之一。

结语

本章介绍了 CPD 以及 ICF 如何对其进行定义和定位。还概述了 CPD 如此重要的几个原因，以及积极主动地投入其中给教练带来的巨大益处。我们介绍了通过投资 CPD 获得 CCE 的方法。最后，我们还明确了教练从事个人发展和职业发展的需要，以便把贯穿整个教练职业生涯的教练实践努力做到最好。

第 29 章

督　导

虽然督导不是教练反思自己实践的唯一方式，但是督导已经成为教练继续职业发展的一个重要元素，而且作为一种机制被广泛接受。此外，寻求教练服务的人想要知道他们正在购买的是最好的服务，了解教练处于督导之中可以很好地证明教练在教练实践中的质量保证、职业水准和诚信度。事实上，在一些社区，接受教练督导是在某些组织内提供教练服务的先决条件。在本章中，我们将探讨什么是督导、督导的益处，以及它如何成为教练职业发展和反思实践的广泛组合中的一部分。

什么是督导？

ICF 对督导的定义是：一种协作性的学习实践，通过反思对话不断构建教练的能力，从而使教练和客户双方都受益。

教练督导聚焦于教练能力的提升，提供更丰富和更广泛的支持与发展机会。教练督导为教练创造了一个安全的环境，让其分享自己的成功与失败，从而在服务客户的方式上不断精进。

一些作者更喜欢超级视野这个词（Passmore & McGoldrick，2009），他们认为督导的目标不是把教练分层，而是一个旨在为增加洞见和理解而设计出来的协作过程。当我们将此定义为超级视野时，我们将其描述为教练和督导者共同对教练工作实践进行反思的过程，并有一个超越（超级）的视角（视野），也就是他们就教练工作进行反思以便为持续学习和发展找到有益的洞见。通过回顾、提问、考量、思考和批判性地评估我们作为教练的工作，这种反思促进并加强了专业实践。这使得教练能够做到最好，从而使教练成果及其给客户带来的影响实现最大化。督导也是一个机会，对我们作为教练的持续职业实践产生更广泛的影响和改变的机会，也是认可和庆祝成功的机会。督导是督导者与被督导人之间的一个合约，督导过程的最终目的是保护客户并实现客户的最大利益。

督导是平等的关系，是双方共同分享的学习伙伴关系，学习的方式是共创式的和体验式的。因此，通过参加督导，教练做出了一项重要的承诺，这项承诺将支持他们自己、他们的客户、他们的资助人，以及受他们的教练工作影响的更广泛的社会群体。

督导的作用和范围

大多数教练工作都要求教练参与到具有挑战性的和私密性的对话中，这些对话发生在复杂的系统之内。当进行这样的对话时，教练也在管理个人的与职业的边界，并关注着他们与客户关系中的人际交往动力，管理好自己，专注于当下，要求自己有最佳工作表现，同时遵守道德规范。这可能需要高度的兼顾能力。

在督导中度过的时间让教练有了些许暂停的机会。这是一个用来反思的机会，反思在教练对话中那些影响了他们的因素、其他可能已经探索过的选项、让他们感到困惑的事情、他们觉得自己最足智多谋或最无计可施的地方，以及他们的优势和弱势是如何帮助或阻碍了他们。

督导旨在对这些过程进行反思，其作用一般涉及三个领域。

学习和发展

在这个领域中，督导聚焦于教练的持续成长和发展上，目标是持续提升能力。这个领域中的督导对话可以集中讨论 ICF 的核心能力，以及任何一方可以引入讨论的其他相关理论、模型和概念。重点是身为一名教练的教练和作为一名从业人员的持续的技能提升。从特别关注 ICF 核心能力的角度考虑，为了获得资格认证的教练辅导可以看作是这个领域的一部分，但是教练辅导者和教练督导者的角色并不总是相同的，对角色的要求和培训也是不同的。

支持

教练督导也为教练提供支持，这种支持会让教练感到自己有资源、被支持和被滋养。因此，这个领域的重点是作为个人或教练的我是谁。在这个领域中，诸如自信、内心对话、教练持有的有益的或限制性的信念等话题可能会在督导对话中出现。

安全和标准

这个领域以质量和职业化为中心。在这个领域中，督导对话可以反映教练如何管理他们的总体的教练实践、道德方面的考量、教练及其客户的安全性，以及对教练开展工作所处的系统的考虑。在这里，诚信、卓越、协作和尊重的核心价值观和 ICF 的黄金标准是反思对话的重要部分，焦点则放在作为职业人士的教练身上。

在这三个领域，教练督导有时被描述为针对“从个人领域延伸到职业领域”的工作，在这里重点是确保教练不要成为其客户学习和发展的阻碍，而要成为给客户赋能的工具或帮手。

在过去 25 年左右的时间里，适用于督导的三角模型得到了明确的阐述和发展，许多督导的模式已经从心理治疗、心理咨询和管理行业被借鉴到教练行业中（Kadushin，1976；Proctor，2000；Hawkins & Smith，2006；Newton & Napper，2007）。督导的范围如图 29－1 所示。

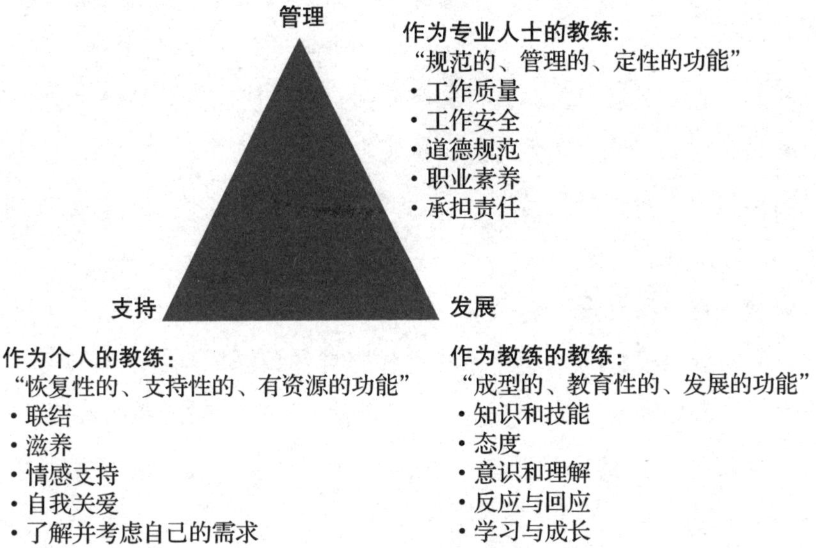

图 29－1　督导的范围

督导的作用如表 29－1 所示。

表 29－1　督导的作用

Kadushin（1976）	Proctor（2000）	Hawkins（2006）	Newton（2007）
管理的	规范的	定性的	负责的
支持性的	恢复性的	有资源的	滋养的
教育性的	成型的	发展的	转化的

在实践中督导是如何起作用的？

在实践中，教练督导与教练工作有些相似，因为教练和督导师之间同样需要建立起相互有化学反应的、亲和的关系，以便他们能够在一起有效地工作。他们将就工作方式相互协商，并遵守相似的保密要求。每次都应明确督导约谈的重点，例如：

- 教练案例分析（即教练与某个客户一起开展的工作或者与客户进行的某次约谈）；
- 教练在对其客户群体进行教练实践过程中所注意到的模式和议题；
- 教练在其教练实践中对自己的观察；
- 审核 ICF 核心能力或其他与教练相关的材料，以及它们是如何在教练约谈中呈现的；
- 教练对“我是谁”的探索。

有的时候，一种有帮助的做法是将督导的议题明确为一个问题，然后由教练和督导师一起合作找到答案。下面是一些督导问题的示例：

- 我现在个人的事情很多，我如何才能确保我集中注意力为客户服务？
- 我的客户说他被人欺负了。对此，我作为一名教练的职责是什么？我如何才能为他提供最好的服务？
- 我发现自己在为 A 客户提供教练服务时非常不专心，甚至不耐烦。我能学些什么有助于我尽可能把对他的教练工作做到最好？
- 作为一名教练，我通常很自信，但当为 B 客户提供教练服务时，我发现自己感到紧张，并试图给他留下深刻印象。是什么触发了我的这种反应？
- 我太专注于我的教练工作了，以至于我忘记了时间，我们的约谈似乎突然就结束了，没有确定明确的行动或迈向目标的行动。我如何更好地管理时间以便更好地结束约谈？
- 我的客户分享了一些与我的价值观相悖的东西，我发现很难在不产生负面情绪的情况下对他开展教练工作。我该如何解决这个问题？
- 我注意到，对比我年轻的客户开展教练工作时，我会变得很啰唆。是什么引发了这种情况？这对我开展教练工作会有什么影响？

上述只是教练可能带到督导中的许多问题中的几个例子，所有这些问题的共同特点是，督导对话旨在支持教练在相应情况下以及在其教练执业过程中尽可能做到最好。

教练督导可以以一对一的方式进行，或者是作为群体督导的一部分。

一对一的教练督导在许多方面类似于针对个人的教练。你可能会基于推荐和一次相互了解性的对话确定一名督导师，而且进行教练督导也需要签订一份合约，涵盖商务条款、执行细节和道德条款。

群体督导可能是封闭式的，由一些特定的成员组成，这些成员会定期参加督导。相比之下，开放式的群体督导每次可能会有不同的成员参加，不过对每次参加督导的人数会有限制。群体督导的合约中会明确这些差异。

还有其他将督导带入教练实践中的方法，或许最好将其视为已经明确的更正式方法的一种补充或者副产品。

同伴督导是指教练之间相互进行督导，在这种情况下，任何一方都不需要督导师资质。这可能会是一个充满活力、节约成本且简便易行的选择，使得教练以一对一的形式或以群体的形式合作开展工作，相互支持、获得洞见和分享经验。

为了满足公司客户或认证机构的督导要求，同伴督导通常被视为由有资质的督导师进行督导的有益补充，但不能替代后者。

最后，自我督导或者说内部督导是所有教练都希望拥有的一种精神财富，这是他们成长和重视道德实践的一个不可或缺的部分。这是一种能力，可以将一定水平的自我觉察和自我监督带入与客户一起工作的当下，这一能力植根于经常进行个人反思的习惯。自我督导是反思实践的一种形式，将在第30章中进一步阐述。需要再次说明的是，它不能代替正式的督导。知识框29-1是一些自我督导的问题，可以为教练约谈之后的反思实践提供参考。

知识框 29－1　用于自我督导的问题

1. 做得很好的方面是什么？（使用学过的教练能力框架，例如ICF的教练能力框架，反思2～3个优势领域。）

2. 在教练工作中，我真正体现出了哪些能力？

3. 有哪些本可以更多体现，但没有得以体现的能力？

4. 哪些方面我可以做得更多或更少？

5. 对我来说，是否错过了某些机会？

6. 深化我的反思。如何通过我熟悉的1个或2个模型的视角来观察这次教练约谈？（例如PAC、戏剧三角、生活位置、霍根或其他个人资料、心理距离、七眼模型、改变周期、学习周期和其他。）

7. 这项工作中，在道德伦理方面需要有哪些考虑？

8. 我在状态和表现上的平衡做得如何？在与客户一起工作时，我作为教练的同在感如何？在此次工作中，我个人处于哪个位置？

9. 我注意到了哪些有意识的偏见，或者在我的觉察之外有无意识的偏见？

10. 有哪些可能的平行过程？这对本次工作又意味着什么？

11. 总的来说，在我的教练工作中，我注意到任何模式了吗？

12. 在这次教练约谈中，我对自己作为个人，作为教练，或从正在进行的教练工作中，有什么收获？

13. 这种学习带来了什么不同？我如何将这种不同整合到我的教练工作中？

督导如何帮助我？

ICF目前没有对督导做出要求，这是因为之前缺少针对教练督导的实证研究，以及对督导是不是一个有益于教练反思实践的工具有所怀疑。但是，近年来，随着研究的进一步展开，ICF已经改变了对督导的立场，并支持把教练督导师作为一个全职的专业教练从业人员，将教练督导作为教练CPD活动内容的一部分，旨在让教练可以持续满足客户的需求。

为此，ICF证书持有者在更新其证书时，可以提交10个小时的教练督导小时数，作为其核心能力评分的参考依据。

此外，ICF还认识到教练督导不同于教练。因此，督导者需要参加专门的培训来获得相关知识，并且有机会来练习督导技能。ICF还认识到，教练督导与ICF认证的教练辅导不同，我们将在第31章介绍教练辅导。

教练督导工作包括：

- 通过反思实践探索教练的内心处理过程。
- 审核教练合约。
- 发现盲点。例如，除了注意到一对一的教练－客户关系之外，教练需要对更大的图景（客户更广泛的背景），以及教练没有意识到的但可能重要的信息和观点保持关注。这在ICF核心能力中有诠释，教练需要对客户的身份、环境、经验、价值观和信念保持理解。
- 伦理道德问题。
- 确保教练是适合目标的，且有可能承担责任。
- 考察教练和客户互动环境中的各个方面，以寻求在系统中成长的机会。

有越来越多的关于教练督导主题的图书和学术文章（Tkach & DiGirolamo，2017；Bachkirova，Jackson，Hennig，& Moral，2020）指出了教练接受督导的益处。这些益处包括：

- 增加自我觉察；
- 提升信心；
- 提高客观性；

- 增强归属感；
- 减少孤立感；
- 增强资源感。

在我们自己作为督导者和被督导者的实践中，我们还注意到以下益处：

- 管理与客户共同完成的教练工作的质量、职业化和完整性；
- 以质量为基础，通过深入探索和解决任何与伦理道德相关的议题进行尽职调查和治理；
- 教练通过督导过程中的反思实践持续学习、发展和提升技能；
- 通过教练的继续职业发展和完成教练工作给整个组织带来的后续收益，组织在教练和教练督导方面的投资获得回报。

教练督导师

教练督导师通常是经验丰富的教练，他们在接受了专门的培训后，获得了开展督导工作的资质。许多督导师在做督导工作的同时继续做教练工作，并且他们会有自己的督导师。

和教练一样，督导师的个人风格、立场和教练工作方法也各不相同。和教练类似，在督导领域有很多模型和框架（Passmore，2011）。一些督导师会采用他们所偏好的方法；另一些督导师则会采取一种更为融合的立场，从各种各样的思考和资源中汲取灵感。

教练督导师需要特定的培训，培训可能涉及（教练）心理学的一个或多个领域以及特定的督导模型。教练督导师最有可能是一个有经验的教练，并且对自己在教练－督导动力与关系方面保持自我觉察和关注。对于进行群体督导的督导师来说，不仅需要了解群体动力和群体发展理论，还需要了解群体督导的流程和做法。

怎样找到合适的教练督导师?

从某些方面看，选择合适的教练督导师与客户选择教练时经历的过程可能相似。重要的是，教练要知道他们想从督导中获得什么，以及他们希望督导师展示出什么特别的经验和技能。

一对一督导和群体督导相结合的混合方式是很有帮助的，也许可以有两个或更多的督导师，他们可能特别适合督导工作以及他们正在开展的教练工作的不同方面。

在知识框 29 - 2 中，我们列出了在选择督导师时要牢记的七个关键问题。

知识框 29 - 2 向潜在督导师提出的问题

1. 你在教练方面获得了什么资质、认证和经验？
2. 你在教练督导方面获得了什么资质、认证和经验？
3. 在执教的领域中，你有什么经验？
4. 作为教练，你有什么经验？
5. 作为督导师，你对自己的督导工作有什么安排？
6. 你在督导工作中采用什么方法？
7. 你熟悉 ICF 道德规范和 ICF 实践吗？

角色和责任

督导师 - 教练也是一个需要签约的关系，目的是规范职业教练实践，这一点很重要。探讨和明确角色和职责是签约过程中需要考量的一部分，其中可能包括：

督导师将负责：

- 时间管理；

- 管理约谈的总体议程；
- 监控教练和督导中可能出现的伦理道德问题；
- 尽量少记笔记；
- 向相关管理机构报告任何不当行为；
- 共同创造一种积极的学习关系，包括尊重、鼓励自主和提升督导体验；
- 确保在所有互动中保持高水平的职业素养。

被督导者将负责：

- 做好接受督导的准备——提前考虑有哪些督导问题；
- 明确学习目标；
- 为自己的学习做笔记；
- 让督导师知道在督导伙伴关系中哪些是有效的 / 无效的；
- 确保在合适的地点进行督导约谈；
- 共同创造一种积极的学习关系，包括尊重、鼓励自主和提升督导体验。

从督导中获得最大收益

从督导中获得最大收益的方式类似于从教练中获得最大收益的方式。计划和准备工作在其中起着重要的作用，我们推荐以下内容，指导你如何投身于督导中并将学习和进步的体验最大化。

- 寻找合适的督导师。除了确保督导师有资质和经验外，还应确保你与督导师之间有良好的感觉。督导工作是在私密的工作空间中进行的：期待你以庆祝的方式分享你的荣耀、成就和成功。你还将以教练、专业人士和个人的身份分享你的恐惧、担忧和脆弱。谁会是那个最适合你的，在一个安全、支持和发展的环境中做这项工作的督导师呢？
- 频率。有些督导师对频率有自己的看法，对于教练需要以怎样的频率接受督导并没有严格的规定。从逻辑上讲，你与客户一起工作越多，对督导的需求就越大。而且，即便是针对一次教练对话进行反思，督导也是非常有益的。对你而言，怎样的督导频率是合适的，既能让你获得有意义的提升并对你的教练实践进行监督，同时从时间和成本的角度来看也是可行的？

- 合约。和你的督导师签约，这样你就能迅速建立起牢固的督导工作联结和关系。
- 准备。反思实践的过程在督导约谈之前就开始了。根据你的喜好，督导准备可以采取多种形式，不过，考虑一下前面提到的一些自我督导的问题肯定会对你有帮助。
- 共创。与你的督导师合作，共同创建你们的督导工作关系，以及你如何参与到你的督导议题和问题中。
- 再次反思。在督导约谈结束后，花些时间再次反思，关于你和你的教练实践你都注意和学习到了什么，你会如何将这些整合到你的职业发展中？

结语

在本章中，我们将教练督导定位为职业发展的一种强有力的反思实践。我们探讨了教练督导的定义、作用、范围以及在教练实践中引入督导的意义。最后，我们还介绍了教练督导工作带来的好处，以及如何从督导中获得最大收益。

第 30 章

反思实践

在一系列的职业中，从教学到心理咨询，从管理到临床工作，学习反思以提高自己的实践水平被认为越来越重要。第 3 章讨论了解自我是每个教练的关键技能。ICF 核心能力让我们关注反思实践，鼓励教练开展一种持续的反思实践。这种自我觉察让教练能够为客户提供最优质的服务。在本章中，我们将讨论什么是反思实践，它为什么是重要的，以及如何将其纳入我们的教练实践中。

什么是反思实践?

ICF 核心能力鼓励教练进行持续不断的反思实践，并将其作为教练心态的一部分，但并没有提供一个定义或描述什么是反思实践以及教练如何进行反思实践。ICF 团队的成员（Hullinger，DiGirilamo，& Tkach，2019a，2019b）做了一些工作，他们阅读了一些文献，为教练和客户提供了一个模型。

反思实践可以被定义为对一个人的行为进行反思的能力，从而让这个人参与到一个持续学习的过程中。我们相信反思实践是所有职业发展的基础。它使教练将经验（教练小时数）转化为对个人成长有影响力的实用的洞见，学习新的教练状态和行为方式，并将其应用于教练工作中。

如果没有反思，积累教练小时数可能就像是收集石头：我们可能有一大堆石头，但它们对我们自身的认识没有什么贡献。反思使我们能够从教练对话的原石中雕刻出有洞见与意义的雕像。

反思实践包括把一些常规动作整合到我们的日常生活中，提高觉察力，提高批判性分析能力，并帮助我们进行自我管理和做决策。它包括：

- 学会集中注意力倾听自己；
- 探索我们的假设；
- 观察模式。

我们可以把学习假定为一种谨言慎行的活动，被限制在了教练课堂上。在教室里，我们听导师讲课，或者阅读教练方面的书籍。但是，我们有随时学习的潜力：从我们做的每一件事、开展的每一次对话、得到的每一条信息中学习。反思实践是对这种学习方式的认可和明确表达，我们从每一个小时的教练实践中萃取每一个洞见。然而，为了充分利用好教练实践，我们还需要将反思实践融入日常生活。

为什么反思实践是重要的？

作为一名新教练，你可能会认为在完成了 65 个小时、85 个小时或 155 个小时的教练培训之后，你已经了解了所有你需要了解的关于教练的知识——毕竟你已经完成了课程学习。你现在可以去应用你学到的东西了。学习做教练与学习驾驶车辆是可以相提并论的。教练的课堂培训并不比驾驶课程多，而 ICF 的助理级认证教练或专业级认证教练评估就像是路考。我们都知道，在驾车的头几年里，我们才真正开始学习如何应用曾经学到的内容。我们会与其他道路使用者共享复杂的道路，遇到不同的天气状况，在不同的国家，道路标志有不同的含义，甚至驾驶员的位置也有所不同。如果我们在上述情况下停止学习，可能会遭遇严重的事故。好的驾驶员、好的教练，会持续学习。

对于经验丰富的专业级认证教练和大师级认证教练来说，也许他们已经在不同的天气、在不同的国家和在不同的地形地貌上驾驶了数千个小时。但我们知道，没有什么是静止不动的，就算是有的话，它变化的步伐正在加快，新的技术正在影响着驾驶，就像它们正在影响着教练一样。有经验的教练需要像新的教练一样进行足够多的反思实践。

总之，反思实践鼓励我们从教练实践中继续学习，并让自己成为终身学习者，或者正如我们在本书其他地方所建议的那样，保持一个初学者心态。这会让我们保持开放、好奇、灵活和以客户为中心。

如何发展反思实践?

理解什么是反思实践与知道如何去做是两码事。第一步是要培养反思实践所需的技能。只有练就了这些技能，教练才能开始寻找方法将其融入日常工作。

许多作者针对反思实践提出了不同的策略。下面是一些可以考虑的范例。

舍恩（Schon，1983）提出了包括下面几个阶段的反思实践：

- 困惑："刚刚发生了什么？""现在正在发生什么？"
- 比较："到目前为止我是怎么做的？"
- 实验机会："我能从中获得 / 学习 / 得到 / 知道什么？"

有学者确定了包括五个层次的反思实践（Bain，Ballantyne，Packer，& Mills，1999）：

- 报告；
- 反应；
- 关联；
- 推理；
- 重构。

穆恩（Moon，2004）提出了包括四个层级的反思实践：

第零级：描述发生的事情（报告）。

第一级：描述性写作。写下一些可能进行反思的部分。写出事件的影响并指出可能进行反思的关键点。

第二级：反思性写作（1）。写出对探索动机和行为理由有价值的部分，一些自我觉察 / 自我批评或对他人动机的反思。这个阶段有时被描述为关联或推理。

第三级：反思性写作（2）。有明显的证据表明，在这一层级的学习者会从事件中抽离，自己进行思考并与自己进行对话。人们认识到已经发生的学习以及如何将其用于未来的工作。这个阶段有时被描述为重构。

Henley8 自我反思模型

在教练培训中，我们鼓励教练使用八个实用的问题。这八个问题是引导反思过程的帮手，提供了一种使我们的思考结构化的方法（见知识框 30 - 1）。

知识框 30 - 1 Henley8 问题

1. 我观察到了什么？
2. 我的反应是什么？
3. 作为个体来说，我的反应告诉了我什么？
4. 作为一个教练或领导者，我的反应告诉了我什么？
5. 哪些是有积极意义的？
6. 哪些是有消极意义的？
7. 我学习到了什么?
8. 下一次我会有什么不同的做法?

在 Henley8 模型中，第一个问题是我观察到了什么。这需要对情形的觉察，完全地处于当下并注意周围事件的变化。可能观察到情形有了变化，例如在团队会议期间火警铃响了。也可能观察到一个人的行为，或者一个事件。

第二个问题是我的反应是什么。这可能是行为上的，也可能是认知上的（我在想什么？为什么？我的感觉是什么？），我们的想法和感觉通常会驱动我们的行为，了解它们之间的关系以及它们如何与触发事件相关联（我们所观察到的）是有益的。

这些初始感觉和想法的背后有可能是信念与价值观。意识到并觉察到这些核心信念，会帮助我们更加了解自己的反应。

第三和第四个问题是一些思考。我们作为一个个体，作为一位领导者、一位反思实践者以及在那个工作场景下的一名教练，这些行为、想法、感受，以及我们的信念和价值观在告诉我们什么？结论可能会因国家和组织文化的不同而不同，我们在进行反思时需要考虑到这一点。

第五和第六个问题探讨了这些信念的利弊。这些信念和态度如何帮助或阻碍了我们发挥作用？它们使我们的工作更有效吗？它们有助于我们的幸福和身心健康吗？它们对我们的团队或其他人有积极的帮助吗？在建立这些积极方面的基础上，我们需要注意什么，我们又该预防什么？

第七和第八个问题是我们从反思中学到了什么。反思为未来的发展奠定了基础。没有行动的反思是没有意义的。反思是为了更深刻地了解自己和他人，并借此在未来学习和调整，以提高自己和他人的工作效率。

我们在第 3 章中建议教练创建一个个人学习日志，并定期通过记日志进行反思。可能是在每次教练约谈后，用 10 ～ 15 分钟的时间用 Henley8 模型来回顾教练约谈，也可能是在每天或每周结束的时候，回顾当天或那一周的教练约谈。撰写反思日志的频率取决于你做了多少教练约谈和你自己的日程安排。重要的是找到一个适合你的模式。如果你不经常写日志，我们建议你再看一下你的日程，找出一个时间可以让你把撰写反思日志作为你实践的一部分。使用Henley8模型撰写反思日志的范例见知识框30-2。

知识框30-2 使用Henley8模型撰写反思日志的范例

我注意到凯特这次约谈迟到了。她进来后道了歉。我注意到我对这次迟到的反应是，我在等待的时候一直在按我的笔，我的心跳加快了。我意识到她的迟到让我恼火。我觉得她浪费了我的时间，我那个时候很忙，在等待她的15分钟里，本可以做其他事情。

这告诉我守时对我来说非常重要。承诺就是承诺，我对她迟到的解读是她并不礼貌。这种解读让我认识到，在某些情况下，我可能会对他人不宽容，而打破这些不成文的规则会让我产生评判。

作为一名教练，这告诉我，某些行为会导致我以一种评判的状态开始约谈，这可能会破坏我所秉持的对客户保持开放、好奇、灵活和以客户为中心的心态。

由于对时间高度敏感，我在教练约谈时从不迟到。我总是会为客户约谈留出充足和额外的时间。

这带来的问题是，我迟到了，或者其他人迟到了，会成为恢复关系和开始教练约谈的一个重大障碍。这种恼火不会很快消失，而会弥漫在整个约谈过程中。

我的想法是，这将有助于改变我的信念：这是他们的时间，因此他们选择如何利用这个时间是他们的责任和选择，而不是我的；我仍然会按约定的时间完成教练约谈。

下次我可能的做法是跟客户说清楚，我们有一个小时的时间，开始时间在A点，结束时间在60分钟后的B点。选择如何使用这一个小时的时间是客户的责任。未来的教练约谈再遇到这种情况时，我会带一些事情去做，这样我就能充分地利用任何空闲时间。

当然，在写学习日志的时候要考虑以下方面。一是避免使用客户的名字（使用你可能认识，但其他人不认识的首字母），并避免使用组织名称或让他人能认出是这个组织的信息。通过模糊个人信息，你可以对学习日志的安全性更加放心。二是回顾你做过的反思。有几种方法可以做到这一点。一种方法是把学习日志中的问题带到你的督导约谈中。如果出于某些原因，你决定不使用督导，我们建议你在日志中安排出时间用于回顾和反思可能在每个季度出现的模式或议题。如果没有一个正式的督导模式，这很容易被忽略，这就是为什么每个季度要在你的日志中预留出一个或两个小时的时间，以确保你的学习可以融入新的行为中，或融入你的个人发展计划中。

结语

在本章中，我们回顾了反思实践的重要性。我们认为，反思对于教练行业的发展至关重要，对于所有教练而言也是必不可少的，它可以帮助我们保持初学者心态，让我们无论有 50 个教练小时，还是有 5 000 个教练小时，都可以保持开放、好奇、灵活和以客户为中心的心态。我们还建议使用包括 Henley8 模型在内的几个框架，作为教练构建和掌握其反思过程并为教练实践培养洞察力的一种方式。

第 31 章

教练辅导

作为一个自律的行业，教练可以通过积极参与继续职业发展活动，为客户提供持续的价值——确保其技能始终是充满活力的、最新的、相关的和高标准的。这样的继续职业发展有多种形式，第 28 章对此有详细的介绍。本章关注的是一种特殊的继续职业发展形式：教练辅导。

什么是教练辅导？

当谈到教练辅导的定义和其工作范围时，人们有时会对教练辅导是什么产生困惑。从我在这一领域的个人经验来看，教练辅导可以分为两类：一般性的教练辅导和以 ICF 认证为目的的教练辅导。

一般性的教练辅导

一般性的教练辅导与我们理解的作为一种训练方式的辅导非常相近。它通常指一种关系，在这种关系中，一个更有经验或更有知识的人指导一个经验较少或知识相对欠缺的人。辅导者可能比被辅导者年长或年轻，但他必须有专长。教练辅导是一个有丰富经验的人和一个想学习的人之间的关于学习与成长的伙伴关系。

根据这个定义，教练辅导的范围非常广泛，涵盖从能力提升到建立和保持教练实践的一系列领域。在这个广泛的领域内，被辅导者与辅导师交谈的一些话题甚至可以被认为是督导探询，所以我们现在看到教练辅导与督导出现了交叉。

正如第29章介绍的，督导是职业发展的一种非常具体的形式，要求督导师接受过专业培训。ICF认证的教练辅导也是一种非常具体的职业发展形式，同样需要特定的技能和资质。因此，重要的是寻求督导服务的教练要清楚地了解督导提供的服务是什么，同时确保他们要合作的人拥有提供此服务所需的技能、资质和经验。实际情况中，有三种不同的服务在某种程度上相互交叉：一般性的教练辅导、以ICF认证为目的的教练辅导和督导。此外，由于以ICF认证为目的的教练辅导和督导有非常清晰的定义与范围界定，我们建议在一般性的教练辅导服务签订商业合约的过程中，教练应非常仔细，以便了解他们会获得什么服务，以及所获得的服务如何为他们的职业发展带来价值。

最后要说明的是，督导服务可能是由不同的人提供的，也可能是同一个人提供的，因此再次强调需要清楚地了解提供的是什么服务，以及提供的方式。

以ICF认证为目的的教练辅导

这种形式的职业发展是为了获得ICF的认可，给教练申请人（被辅导者）提供专业的帮助，让他们达到并证明具备所申请的证书级别要求的教练能力。这种工作方式包含教练和反馈两个部分，基于现场观察或录音的教练约谈，进行一场协作性的、欣赏的对话过程，目的是提高教练的能力，使其与ICF定义的核心能力相匹配。

教练辅导应该以一个较长的时间（至少3个月）为辅导周期，在此期间允许辅导师进行倾听和反馈，同时也允许被辅导者进行反思和练习。此外，教练辅导是指申请人（被辅导者）针对他的教练技能接受辅导，而不是针对实践积累、生活平衡或其他与申请人的教练技能发展无关的议题接受辅导。

什么时候需要教练辅导？

教练辅导是一种非常有益和有价值的提升教练能力的方法。它可以在以下教练成长的不同阶段进行：

1. 初次申请 ICF 证书时。
2. 更新 ICF 证书时。
3. 提升教练总体职业能力时。

初次申请 ICF 证书时的教练辅导

在 ICF 所有三级证书（助理级认证教练、专业级认证教练和大师级认证教练）的申请过程中，要求申请人完成 10 小时的教练辅导。有一些教练培训机构提供教练辅导作为其培训项目的一部分，有一些机构则没有。因此，教练辅导是一种由 ICF 认证的社区和 ICF 认证的培训机构中的某些教练所提供的服务。

更新 ICF 证书时的教练辅导

ICF 资格认证制度的基本要求是每 3 年更新一次证书。当 ACC 想要更新其同一级别的证书时，他需要在更新过程中完成额外的 10 小时教练辅导。这项要求的合理性在于，如果在过去 3 年期间，他们没有积累到足够的教练客户时长，没有从 ACC 所需的 100 个教练小时数提高到 PCC 所需的 500 个教练小时数，教练辅导这一过程会起到额外的检查作用。这是为了确保教练实际上仍然保持现有的教练技能，并且仍然根据ICF定义的核心能力提供符合ACC标准的教练服务。完成10小时的教练辅导也可以计入每3年更新证书期间所需要的40小时的职业发展和继续教练教育时间里。

PCC或MCC级别的教练在更新其教练级别证书时不需要额外10小时的教练辅导。然而，教练辅导被认为是一种非常有价值的职业发展形式。因此，PCC和MCC可以完成并申请最多10小时的教练辅导，作为其证书更新所需的40小时的职业发展学习的一部分。

提升教练总体职业能力的教练辅导

如上所述，对任何教练而言，教练辅导都提供了一种很好的职业发展形式，我们强烈推荐ICF认证教练定期进行教练辅导。

教练辅导如何进行？

教练辅导的目的是支持教练（被辅导者）在ICF核心能力框架基础上提升他们的教练技能。针对被辅导者的相关认证级别，这类提升包括对ICF核心能力框架、ICF道德规范的完整且深入的审核，以及学员在教练实践中展示其教练能力。教练能力的展示可以通过以下几种方式进行探索和有针对性的辅导：

- 使用与客户教练约谈的录音（这需要真实的客户实例，客户允许教练约谈用于辅导的目的）；
- 群体成员之间两两互相教练；
- 教练（被辅导者）做辅导师的教练。

ICF与教练培训组织协会（Association of Coach Training Organizations，ACTO）合作，制定了一份教练辅导师的职责和能力清单。知识框31－1中描述了辅导师的职责。

知识框 31－1 辅导师的职责

1. 示范如何有效启动客户关系和签订合约。

2. 与潜在被辅导者一起充分探索他们想要达到的目标。

3. 确保双方都清楚辅导的目的。

4. 与被辅导者合作设定成功辅导的衡量标准。

5. 充分讨论费用、时间框架和辅导者关系的其他方面。

6. 告知被辅导者 ICF 道德规范涵盖的所有内容。

7. 告知被辅导者伦理审查委员会的可用性。

8. 通过鼓励被辅导者约见不止一位教练辅导师候选人来帮助被辅导者建立自信心，以找到最适合自己的辅导师。

9. 不能向被辅导者保证，通过辅导，被辅导者一定会获得教练级别证书。

10. 对被辅导者的一系列教练约谈进行审核并提供口头和书面反馈，聚焦于其核心能力的发展。

一次进行一场辅导，每场都有一个反馈环节，两场辅导之间留出足够的时间以便被辅导者将所学融入能力提升中。

11. 提供具体的口头的和/或书面的反馈，使用教练约谈中的实际例子来进行辅导，以便：

（a）被辅导者确切地知道他什么地方做得好；

（b）被辅导者了解还需要做些什么能进一步提升教练技能。

12. 展现出辅导师在多个层面对被辅导者的了解，并且能够在以下所有情景中都保持这份掌控感：

（a）关于被辅导者的身份；

（b）关于被辅导者的需求；

（c）尊重被辅导者的独特风格。

这份职责清单针对教练辅导环节应该涵盖的内容，提供了一份很好的概览。

在实际情况中，这些教练辅导环节可以用不同的方式来设计，并且在最初与辅导师签订合约的过程中，一部分内容就是基于被辅导者的具体需求和发展目标来讨论和决定的。

10 小时的教练辅导可以完全以一对一的方式进行，也可以是一对一辅导和群体辅导相结合的混合形式。ICF 要求小组辅导最多进行 7 个小时（一个小组中最多有 10 名被辅导者）。至于哪种方式更适合被辅导者，没有正确或错误的方式，取决于个人喜好、时间和预算。提供辅导服务的授权学校和提供小组辅导的个人辅导师可以将这项服务设计成一个结构化的项目，一对一的辅导则由被辅导者和辅导师自行安排时间。

教练辅导可以采取面对面的方式进行，但是现在大多数辅导趋向于通过网络平台来进行，以节约时间和成本。10 小时的教练辅导通常是按每次 1 ～ 2 小时的辅导来完成，正如知识框 31－1 职责中所述，辅导采用教练约谈的方式，同时这些约谈是“一次进行一场辅导，每场都有一个反馈环节，两场辅导之间留出足够的时间以便被辅导者将所学融入能力提升中”。这意味着，10 小时的辅导是基于对一系列录音（或现场教练约谈）进行回顾、讨论和反馈的混合形式，以确保教练辅导能涵盖被辅导者在约谈期间所体现出的 ICF 核心能力和 ICF 道德规范的所有方面。

ICF 要求 10 小时的教练辅导至少要在持续 3 个月的时间内完成，这样可以证明被辅导者能够应用他们的所学并将它们融合到教练实践中，以便辅导师在进行下一次教练约谈时可以观察到被辅导者的进步。这意味着，虽然完成的最短时间是 3 个月，但实际上 10 小时的教练辅导可能需要更长的时间来完成。这取决于被辅导者在当前为多少客户提供教练服务（为了整合他们的学习，也为了确保额外的案例录制），也取决于被辅导者和辅导师的时间安排，以及被辅导者为此次辅导练习所选择的具体时间。作为一名辅导师，我的个人经验表明，通常情况下教练辅导要花 6 个月甚至 9 个月的时间才能完成。

为教练辅导制订计划

在制订教练辅导计划时，需要考虑几个方面，包括何时进行、如何进行以及请谁做辅导师。

制订教练辅导约谈计划的第一个方面是要考虑何时进行教练辅导。

关于何时进行教练辅导，部分在于个人选择，但是在更新 ACC 证书的情况下，时间要符合续期周期要求。针对第一次申请证书的情况，建议考虑以下两个因素：

1. 教练辅导的目的是帮助被辅导者展示与他们将要申请的证书水平（或者更新 ACC 证书）相关的教练能力。为此，教练辅导不仅是一个高效的能力提升过程，也是一个评估准备过程。这意味着，在可能的情况下，对教练辅导活动做好时间安排是很有必要的，这样从教练辅导完成到学员为申请他们的证书而进行评估之间的时间间隔最短。这样，被辅导者对核心能力和道德规范的知识会是鲜活的、最新的，有助于完成第 32 章所述的教练知识测评。此外，被辅导者还需要提交一段（用于 ACC 证书申请）或两段（用于 PCC 证书和 MCC 证书申请）录音，以展示他们的教练技能并证实他们的能力。因此，通过听教练约谈录音的方式进行教练辅导，是一个寻找录音以供提交的绝好机会，尤其是在辅导过程的后期，学员的技能已经获得了最大限度的提升。

2. 因为教练辅导有一个非常实用的方面，就是被辅导者和辅导师在辅导过程中积极地审核和处理真实的教练案例。因此理想的情况是被辅导者在对不同的客户提供教练服务时来参加教练辅导。通过这样的方式，他们可以充分利用这个机会来整合他们的学习，并在回顾、反思和从辅导师那里获得反馈的同时，不断提升自己的教练能力。

关于如何进行教练辅导，个人选择再次成为首要考虑因素。教练还可以考虑以下几个因素：

- 从日常规划方面来看，一对一的辅导可以提供最大的灵活性，并且被辅导的教练还可以在整个 10 小时内获得个性化的、深入的、一对一的关注。

- 一对一的辅导可能需要更长的时间，费用更多，并且享受不到与其他教练一起合作、交流思想并相互学习的益处。

- 群体教练辅导的安排需要考虑整个群体的情况，通常作为一个项目的一部分，安排在一个固定的时间。

- 有些被辅导者更喜欢结构化的项目安排，这样有时可以更快地完成该辅导过程，并可以在安全和协作的环境中，享受与同伴一起学习的益处。

- 在群体教练辅导的情况下，被辅导者仍然有机会与其辅导师进行 3 小时的一对一辅导。

最后考虑请谁做辅导师。被辅导者不必在同一个辅导师的辅导下完成全部 10 小时的辅导，尽管在实践中许多被辅导者都这样做。对于选择一名以上辅导师的被辅导者，有一个建议是总体的辅导计划最终应涵盖全部核心教练能力，因此需要一定程度的协调以确保在与多位辅导师进行教练辅导时完成总体计划的内容。

下面讨论如何寻找和选择辅导师。

寻找辅导师

有多个方式来寻找辅导师，包括：

- 获得 ICF 认证的教练培训机构可以直接提供辅导服务，或者推荐辅导师，或者让被辅导者与他们社区中的辅导师直接接触。

- ICF 注册辅导教练。有些辅导师在 ICF 网站上注册了他们的辅导服务，并展现出来以供学员浏览，学员可以从网站上选择辅导师，进行联系以进一步了解。

- ICF当地协会。一些ICF在当地的协会知道或已经列出它们所在地区的辅导师。
- 口碑相传。这是被辅导者和辅导师找到彼此的常见方式。

无论被辅导者以何种方式找到辅导师，要注意的是与辅导师一起工作并不能保证你可以成功申请到教练证书。我们强烈建议被辅导者做出恰当的选择，以确保他们的辅导师具有相应的技能、资质和经验，并创造一种安全的、支持性的、有益的、发展式反馈的方式对被辅导者进行辅导。

为了支持这个过程，ICF和ACTO（2020）给出以下指南，建议辅导师体现以下个人特质和能力（见知识框31－2）。

知识框31－2　辅导师的个人特质和能力

个人特质

ICF辅导教练：

1. 值得信赖，并且有能力从适合度、好感及匹配度上与被辅导者联结。

2. 是一个鼓励被辅导者超越其最初认为可能的范围，帮助其拓宽创造性过程的人。

3. 以开放、示弱和愿意承担适当风险的方式展示平等的伙伴关系，例如，提供可能使一个人或两个人感到不舒服的反馈。

4. 理解并示范伙伴关系的价值，例如，允许/鼓励由被辅导者主导设计两次辅导之间的工作，这将带来更强有力的、更有效的教练服务。

5. 有能力以支持和真诚的姿态在整个辅导过程中庆祝被辅导者对自我的认知、在辅导过程中取得的成就和成长。

6. 对自己的辅导工作有把握，并且能够对每个被辅导者的独特风格表现出欣赏和尊重。

7. 鼓励学员发展自己的教练风格。

8. 愿意对自己和被辅导者的表现负责，并鼓励定期对关系的有效性进行相互评估。

能力

ICF 辅导教练：

1. 倾听内容之外的内容，以辨别与核心能力相关的技能的应用。（即辨别教练技能与教练方向、教练技能与教练风格、教练技能与对客户的教练成果。）

2. 在所有层次上聆听：身体的、智力的、情感的和直觉的。

3. 在聆听优势方面和成长方面不偏不倚。

4. 觉察并接纳在风格、文化和语言上的差异。

5. 了解 ICF 在认证考试过程中对教练约谈录音进行评估所使用的评估工具。

6. 关注个人能力在当下的体现以及个人总的技能水平。

7. 有能力区分哪个（哪些）关键能力可能带来低效或有限的教练效果。

8. 可以辨别和阐明体现出的技能水平与下一个要达到的技能水平之间的差距。

9. 通过基于能力的语言和在教练实例中表现出的具体行为来辨别及阐明需要成长的领域、能力的运用和体现出的技能水平。

10. 使用尊重、清晰、不带评判的语气，为提供反馈创建一个安全和信任的空间。

11. 用具体的细节和例子说明观察到的情况，以及为了发展到下一个技能水平需要具体提升的部分，在说明时对反馈带给被辅导者的影响保持敏感。

12. 提供与每一种具体的教练核心能力相关的反馈，认可优势和潜在的成长领域。

13. 展示与任何教练模型相关的自我管理能力，并专注于与核心教练能力相关的技能评估。

关于寻找辅导师的最后说明是，辅导师只能辅导他人获得最高与自己证书级别相当的认证。对于持有 ACC 证书的辅导师，他们持有证书的时间必须不低于 3 年并且至少更新过一次，才能有资格辅导其他人。

从你的教练辅导中获得最大收益

尽管教练辅导是教练证书申请（和 ACC 证书更新）的要求，但如果你把它当作“打钩”练习来对待，那就白白浪费了机会。教练辅导可以说是非常丰富和回报很高的成长性体验。此外，通过辅导过程，被辅导者对 ICF 核心能力和道德规范更加熟悉，因此在辅导过程结束后具备了强大的自我反省能力。通过回听自己的教练约谈录音，探索是否、何时以及如何让教练核心能力展示出来，他们能够定期进行自我反思。

以下是一些让你从教练辅导中获得最大收益的建议：

- 做好调研，确保你的辅导师有足够的技能、资质和经验对你进行教练辅导。
- 确保你和你的辅导师是在一个安全、合作、有利于成长的环境中一起进行辅导，双方关系亲和、意气相投。
- 围绕你的辅导目标和你将如何与辅导师一起工作的所有其他方面，与你的辅导师签订合约。（通过这样的方式，你也可以像在一次好的教练实践中那样，对签订合约和建立合约的过程做个样板和镜像。）

- 给自己足够的时间和空间，让你完全投入到学习过程中。
- 提前计划，并考虑你会请求哪些客户同意对教练约谈进行录音以满足教练辅导的目的。
- 考虑一下你目前有多少教练客户的工作，这样你就有足够的机会随着辅导过程的推进不断实践和整合你的学习。
- 考虑你倾向的时间安排。你想花多长时间参加这项重要的专业发展活动？如何让它适配你承诺的其他事情？
- 听自己的教练约谈！你的辅导师将听你录制的教练约谈录音，然后与你讨论并提供反馈。听自己的教练约谈录音是一种非常有帮助的提升方式，并且肯定会增强你的学习体验。在听你的教练约谈录音时，请考虑是否展现了自己的能力，以及在展现自己能力的时候感觉到了什么？当你与辅导师简述你的教练约谈时，你可以探索自己对核心能力的理解和辨别核心能力的准确性，从而增长自己的知识，以支持对未来的、持续的自我反思。
- 思考你参加教练辅导的心态，这样你就能带着开放的心态、对学习和提升的渴望，获得有益的或者挑战性的反馈，以此助力你的职业发展。
- 一旦你的教练辅导完成，延续这个流程，定期录制和回听你与客户的教练约谈并进行反思实践。对于教练同伴来说，这也是一个很好的活动。互相做教练，或者使用你与客户进行教练约谈的实例（当然是在客户允许的情况下），然后比照核心能力进行回顾和小结。

结语

在本章中，我们将教练辅导定位为教练的一个强大的职业发展工具，并概述了它如何成为 ICF 证书申请过程的必要组成部分。我们讨论了何时、如何、请谁进行辅导，以及如何从这个过程中获得最大的收益。

第 32 章

教练知识测评

本章介绍 ICF 教练知识测评（Coach Knowledge Assessment，CKA），解释其目的并描述其评估过程（ICF，2020a）。我们还将研究如何为这项评估做最好的准备，以获得满意的结果。

什么是教练知识测评?

教练知识测评是一种在线评估工具，ICF 使用它来评估教练对教练实践中重要知识和技能的理解。具体来说，它针对包括 ICF 对教练的定义、教练核心能力和道德规范在内的知识体系对教练进行测评。

教练知识测评是申请 ACC、PCC 和 MCC 的必要步骤。这一测评步骤的目的是提供一种标准化的且有科学依据的测试，以确保认证过程中的公正性和严谨性，它是基于能力职业分析过程而设计的。这项测评考核知识的同时，通过对实际教练约谈的评估来考核教练对知识的实际应用。

教练知识测评定期进行审查和更新，其典型形式是大约 155 个多项选择题目。每个题目都包含一个简短的陈述或一个带有四个可能答案的问题。对于每个题目，都有一个由 ICF 确定的最佳答案。

该测评涵盖了 ICF 核心能力模型的四个领域：基础领域、共创关系领域、有效沟通领域及促进学习和成长领域，以及在这四个领域之下的八项能力。测试题目与 ICF 对教练的定义、教练核心能力和 ICF 道德规范有关，难易程度有所不同。其中一些题目旨在评估教练对教练概念或技能的了解，一些题目则提供了一种场景，要求教练对所要确定的正确答案表现出更深刻的理解。

知识框 32 - 1 是教练知识测评示例。

知识框 32 - 1　教练知识测评示例

基础领域

客户是一位精力充沛的经理，总体上对前景积极乐观。就在参加教练约谈之前，客户被告知他的职责将发生变化，并且将不再从事他所喜爱的工作。客户带着特别消极的情绪来参加教练约谈，并表示希望在今天的约谈中解决这个问题。推进教练进程的最佳方式是什么？

(a) 向客户询问这种情况下所有潜在的正向结果；

(b) 提醒客户此次约谈的议题已在上次约谈中确定了；

(c) 探索此次约谈要达成的成果，并确保客户和教练双方对此成果都清楚；

(d) 向客户指出，对我们所做的工作充满热情是多么重要。

有效沟通领域

当与一位需要解决许多问题的客户打交道时，最好由教练选择：

(a) 教练经验最丰富的问题；

(b) 询问客户想从哪个问题开始；

(c) 看起来最有可能在约谈时间内得到处理的问题；

(d) 教练认为对客户最有益的问题。

实际操作中，教练在证书申请过程中的某个时间点完成教练知识测评。具体时间点取决于教练所遵照的证书申请路径类型（不同的路径取决于教练完成的具体教练培训类别，详情可在 ICF 网站上找到）。测试将通过邮件链接发送给教练，教练收到链接后有 60 天时间完成测试。

测试链接一经打开，就需要一次性完成（没有“保存并稍后继续”选项），ICF 给的完成测试的时间是 3 个小时。在大多数情况下，教练会在较短的时间内完成测试（通常是 2 个小时左右）。一旦完成测试，测试结果将立即通过电子邮件发送给教练。CKA 的通过分数也随着时间的推移而变化，因为 ICF 会定期对问题和测试题目做审查和更新，但是通过分数通常为总分的 70% 左右。

分数将会按照四个测试领域进行分解，对于任何不正确的回答都不会给出反馈。作为证书申请流程的一部分，所提交的教练约谈录音会收到反馈。如果教练第一次没有通过考试，可以再考一次，但要额外付费，每季度最多考两次。然而，如果教练接受过良好的培训，完成了教练辅导并为测试做了准备，那么这一过程就很可能不必重复了。

如何为教练知识测评做最好的准备？

当你注册并开始你的教练培训时，你就开始为参加教练知识测评做准备了。ICF 要求通过 ICF 认证的教练培训项目（ACTP 和 ACSTH 项目）必须将 ICF 对教练的定义、核心能力和道德规范包含在课程内容中，所以你会在你的教练实践中接受指导和反馈，这些与教练知识体系是一致的。

此外，第 31 章所述的教练辅导也提供了另一个机会去讨论、回顾和反思这些领域，从而深化教练知识和相应的理解。

对参加线上测试的建议

在参加测试时，这里有一些提示可以帮助你：

- 收到参加考试的链接后，请确保查看日程并事先做好计划，以便你可以轻松地预留出一些用来准备考试的时间以及参加考试的时间。
- 作为最终准备的一部分，请查看并消化以下材料：

  —你的教练培训手册和注意事项；

  —你的教练辅导笔记和反馈；

  —ICF 核心能力模型；

  —ICF 道德守则；

  —其他与 ICF 能力相关的文件。
- 参加考试时，请准备好上述材料。CKA 并不是一个记忆型测试，它更像是一个开卷考试，你可以随身携带这些材料，在考虑答案时，它们将提供有用的参考。
- 在参加测试的当天，为自己创建一个舒适、安静、不受干扰的环境，以安心地完成测试。
- 最后，请放松心情。

结语

在本章中，我们对作为 ICF 证书申请流程中的教练知识测评进行了概述。我们介绍了测评目的和测评形式，并介绍了一些试题范例。我们还就如何为该测试做好准备以取得成功提供了一些建议。有关这个测试的更多详细信息和资源，请访问 ICF 网站。

第 33 章

提高你的教练技能

完成 ACC 认证只是教练生涯的第一步。大多数教练都渴望成为 PCC 或 MCC。实现这些目标的过程是建立在反思实践的基础上的，在这一过程中，教练继续应用他们的技能积累教练经验，并继续参与教练培训。

在本章中，我们将解释 PCC 和 MCC 的认证要求，以及在未来几年内应该如何规划你的旅程来达到这些标准。如果你已经是一名 MCC，我们也会考虑教练的成熟度方面，并请你思考一下自己的发展旅程，在你的教练实践中保持初学者心态。

什么是专业级认证教练?

PCC 是专业级认证教练的缩写，旨在为教练的黄金标准提供一个基准。有些教练在成功获得 ACC 认证后，就开始申请 PCC 认证，而有些教练如果符合相关标准和要求，就会直接申请 PCC 认证。两种选择没有正确或错误之分，通常很大程度上取决于一个人所开展的教练工作量，这反过来又会影响教练积累的客户小时数和教练经验的速度。

尽管 ACC 是一个享誉全球的知名证书，但许多教练仍选择在教练领域中继续发展并以获得 PCC 认证为目标。保持在 ACC 级别的教练是那些较少使用教练技能的教练，对于他们而言，教练可能只是其多重角色中较小的一个。

我们建议那些将教练作为工作重心或全部的人，在某个时点考虑获得 PCC 认证。由于教练现在被广泛认为是一种强有力的职业发展方式，许多组织越来越意识到资格证书级别的价值，通常要求在这些组织内提供服务的专业教练至少要持有 PCC 级别的证书。面对组织客户的期待，教练需参与定期督导，作为其持续的专业发展和反思实践的一部分。关于教练督导的更多内容参见第 29 章。

我需要做什么才能成为专业级认证教练？

与 ACC 相比，PCC 认证需要更多的教练专业培训和更多的教练经验（见表 33－1）。

表 33－1　ACC 和 PCC 认证要求对比

ACC	PCC
• 60 小时以上的专业教练培训 • 10 小时的教练辅导 • 100 小时以上的教练经验 • 通过教练知识测评 • 核心能力评估达到 ACC 最低要求	• 125 小时以上的专业教练培训 • 10 小时的教练辅导 • 500 小时以上的教练经验 • 通过教练知识测评 • 核心能力评估达到 PCC 最低要求

培训小时数和教练经验随认证级别的提高而增加。例如，一旦一名教练积累了至少 100 小时来申请 ACC，他便会继续进行教练工作并再积累至少 400 小时，总共达到至少 500 小时以有资格申请 PCC 证书。同样的原则适用于针对教练的专业培训。

与 ACC 相比，对 PCC 的要求的另一个不同之处在于，对于 ACC 证书申请，需提交一个客户约谈案例以供评估，而对于 PCC 证书申请，需要提交两个客户约谈案例以供评估。

专业级认证教练和助理级认证教练的区别是什么？

除了上述明显的区别，PCC 需要完成更多的教练专业培训，并完成更多的教练工作小时数，PCC 级别的教练还需要更深入地了解、理解和展示 ICF 核心能力。

ICF 核心能力框架是一个单一的工作体系，适用于所有三个级别的证书。因此，根据对这一框架的理解和展示的深度，可区分出三个认证级别的不同。下面是一些在实践中可能出现的例子。在分析这些差异时需要注意的一点是，它们是根据 ICF 核心能力模型对 ACC 或 PCC 级别教练的反思，而不是对教练的评估或判断。例如，教练目前可能持有 ACC 证书，然而，他们在实践中可能更多的是在 PCC 的水平上开展教练工作。

教练心态

PCC 级别的教练很可能是一个完全致力于和投身于教练实践的人，因此，他可能以一种更结构化的、持续的、专注的和更深入的方式投入到持续的学习、提升和反思实践中。这并不意味着一个 ACC 级别的教练对他们的工作和提升投入较少。这仅仅是一个事实，即对于一个 PCC 级别的教练来说，教练资质和教练能力的提升可能在他们的职业身份中占有相当大的比重。

在 PCC 级别上，教练在联结和运用自己的直觉方面会更加自在和熟练，从而让他们的客户受益。而在 ACC 级别上，教练可能更关注教练过程中的技术和能力的运用，因此，他们在教练实践中可能没有注意到对直觉的联结或自在地运用。

教练合约

虽然在核心能力模型中概述了三个关键级别的教练合约，但在 ACC 和 PCC 级别的教练中，探索和建立这些合约的程度可能有很大差异。在这项能力中要评估的部分内容是合约创建的深度，以及教练所展示的他们在合约创建过程中与客户合作的程度。

在 ACC 级别上，教练需要确定客户想要针对什么问题接受教练服务，然后按照教练流程开展教练工作。本质上，ACC 级别的教练聚焦在那个“关于什么”的教练议题上。然而在 PCC 级别，更深入地探索“为什么”这个议题可能对客户更有意义和更重要，也许“为什么现在”会作为教练对话的一个议题出现。此外，在 PCC 级别，我们还可以看到对带来这个议题的客户是“谁”的探索。这种更深层次的探索还包括以下几个方面：

- 询问并与客户一起探索他们想就什么问题开展教练工作（这包括探索客户真正的议题是什么，而不是客户最初提出的）；
- 探索并确认这个议程对客户是有意义的，并带动客户朝想要的结果前进；
- 在教练约谈中进行一些对约谈的每个预期结果的成功衡量标准的探索；
- 开展与每个结果相关的议题的探索；
- 在整个教练过程中保持对议程、衡量标准和议题的关注；
- 可以向客户提出未显现的问题，但是除非客户重新定向，否则不能改变约谈的议程、衡量标准或议题；
- 应在教练约谈期间与客户核实，以确保客户的教练约谈目标在实现的过程中，和 / 或目标是否正在演进或改变。

虽然所有的核心能力都很重要，但是“建立和保持合约”的能力对于奠定教练对话成功的基础是至关重要的，我们强烈推荐全面回顾第 8 章所介绍的这个能力。

信任和安全

在各个层次上，教练都应表现出对客户的真诚关心和尊重，并创造一个安全、开放的教练对话环境。为做到这一点，在必要的时候，教练还应调整自己的风格。然而，在 PCC 级别上，教练应该更擅长为客户的充分表达提供空间和支持，并高度适应客户的风格和存在方式。

同在感

随着所持教练证书级别的提高，教练被期望能够提高处理客户情绪表达（尤其是强烈的情绪）和管理自己情绪的能力与信心。这也适用于培养一种与未知打交道的舒适感，保持一种开放、好奇的心态，（为客户和教练）留出反思的空间和停顿时间，而不是陷入给客户提建议或“修复”客户的内在需要。因此，教练的同在感也反映了教练的自我觉察和个人的成长水平，随着证书级别的提高，对教练在这一点上的期待也越来越明显。

积极聆听和创建觉察

在 ACC 级别，教练应充分投入并积极聆听客户。这包括用眼睛观察，客户的肢体语言也是一种交流形式。ACC 级别的教练要采取询问而不是告知的方式针对客户的议题提出问题。

在 PCC 级别，倾听进一步包括对客户没有说的内容保持好奇，留意并探索客户精气神的微妙变化，留意并探索在此次约谈或整个教练服务中的模式或议题。PCC 级别的教练，能够通过提问创建觉察，不是聚焦于教练对话中的“数据”或“内容”，而是聚焦于带来议题的客户和客户在与话题的关系方面是如何处理、思考和感觉的。

客户成长

这方面的能力可以凸显出 ACC 级别的教练和 PCC 级别的教练之间的显著差异。在 ACC 级别，教练可能会在教练约谈结束后询问客户关于下一个步骤的事项，并询问客户从约谈中得到了哪些重要收获。这种层次的探索往往导致教练约谈在这方面用时相对简短且深度有限。而在PCC级别，则期望有更深入和更丰富的探索，包括请客户考虑和总结他们在约谈中的收获与见解，以及在约谈后如何整合这些学习内容。也会对下一步行动进行更深入的探询，包括如何采取这些步骤，可能需要什么支持或资源，可能遇到什么障碍，以及客户对完成这些步骤有多坚定或多有信心。因此，在PCC级别，这方面的教练活动可能是一个更长的、更全面的探询。

我需要做什么才能成为大师级认证教练？

与ACC或PCC证书所需要的条件相比，MCC证书需要更多的教练培训时间和教练经验（见知识框33－1）。

知识框33－1　大师级认证教练证书要求

- 200小时以上的专业教练培训；
- 10小时的教练辅导；
- 2 500小时以上的教练经验；
- 通过教练知识测评；
- 核心能力评估达到MCC最低要求；
- 教练必须持有PCC证书，才有资格申请MCC证书。

同样，培训小时数和教练经验随认证级别的提高而增加。例如，一旦一名教练完成了申请PCC级别所需要的最少500小时的教练小时数，他们便会继续进行教练工作并再积累至少2 000小时，在总的教练小时数达到2 500小时才会具备申请MCC的资格。同样的原则适用于针对教练的专业培训。像申请PCC一样，申请MCC需要提交两个客户教练约谈案例以供评估。

大师级认证教练和专业级认证教练的区别是什么？

与从 ACC 升级到 PCC 一样，MCC 级别的申请条件体现了对核心能力更广泛、更深入和更持续的应用。另外值得注意的是，由于在获得 PCC 后才有资格申请 MCC，此时教练对核心能力的理解和运用实际上已经达到了很高的水平。因此，MCC 有时被称为"超越能力"的教练，MCC 很可能会在充分关注核心能力框架的基础上，展现出以下一些特征、技能和素质：

- 在教练工作的所有方面，展示并保持与客户的全面和完整的伙伴关系，以及与客户之间的信任和平等关系；
- 全面探索教练合约的各个方面、在教练方向上任何潜在的变化，并定期与客户核对以确保教练方向和所有的合约保持一致；
- 在整个教练过程中，对客户和自己表现出完全的信任与信心；
- 无论教练约谈时间长短，都能轻松面对沉默，并为教练工作提供宽敞的环境；
- 在教练对话中表现出轻松感和自然感；
- 可以同时容纳客观的和情绪化的观点，因此可以对教练过程采取"观察者"立场（沉浸和抽离同时发生）；
- 从一个个体的视角看待客户，与客户一起工作，考虑并将客户的语境、环境、情景和背景等作为丰富而相关的内容融入教练工作；
- 可以完全自在地面对未知并针对客户的情绪开展工作，即使在一些不舒服的时刻，也能对自己的情绪进行调节和管理；
- 接纳并对自己的脆弱保持开放，愿意并允许由客户来告诉教练怎么做；
- 以清晰、简单的方式进行沟通，并与客户的风格保持一致；
- 留意并针对客户所展现的所有品质和天赋，以及他们的限制性信念和模式开展工作；

● 在平衡尊重、互助、与挑战相伴和激发新的想法方面显得轻松和老练，即使这会使教练、客户或双方都感到不舒服；

● 能够自由分享自己的观察、直觉和反馈，并且没有任何执念；

● 经常邀请客户就其所学、洞见和直觉进行分享与探索；

● 支持客户制定超出客户所提问题范围的目标、行动和下一步的方案；

● 如果对客户的进展没有达成一致，能够适当地让客户承担责任或展开讨论。

一个职业发展模型

虽然我们在描述某种事物时有“艺术和科学”这样的表达，但迈克尔·格林德（Michael Grinder，2007）提出，实际上，当人们学习一种新技能时，通常需要掌握的是科学部分。我们经常被追求精通的精神所吸引，积极寻求艺术性教练对话的魔力。但是，实际上，教练的成长与发展通常意味着我们首先要学习和理解教练的科学部分，然后才开始发展教练的艺术部分。因为有效和高级的交流是好的教练技能的核心部分，格林德关于沟通的职业发展模型可以很方便地用于教练过程（见图 33－1）。

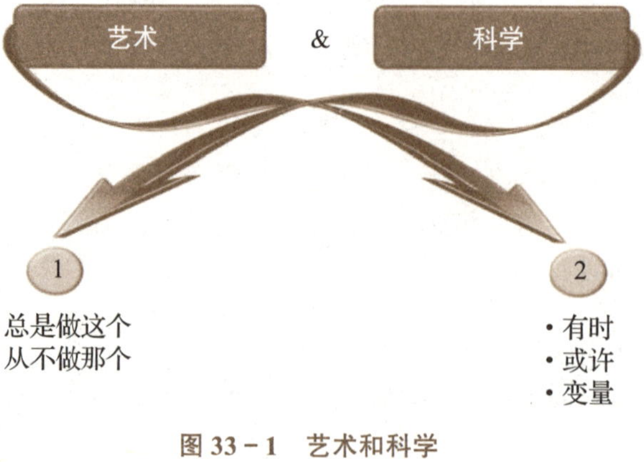

图 33－1　艺术和科学

首先是科学，然后是艺术，在这两个阶段中，有四个发展层次（见图 33－2）。

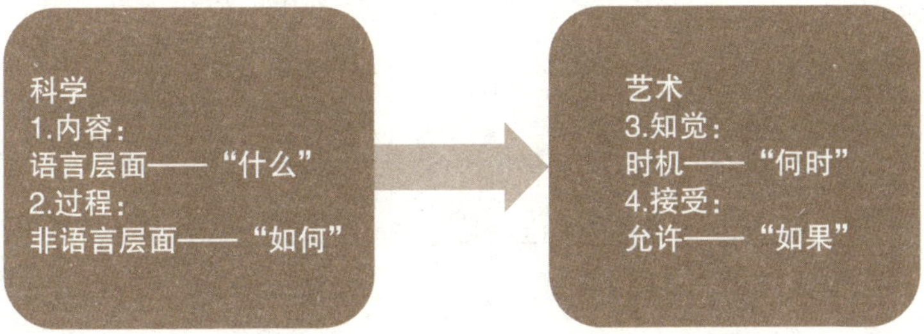

图 33－2　科学与艺术

科学

当我们最开始学习做教练时，会非常关注以下内容：客户对我们说的是什么以及我们反馈的是什么。或许我们会感到担心，我们会忘了客户所说的话，客户讲的整个故事很重要，我们需要了解事情的全部细节和关于故事情形的数据，以便能够有效地为客户提供教练服务。在此阶段，我们可能会严格地基于客户带来的约谈议题开展教练工作。我们可能还会认为，我们需要带给客户某种认知或专业知识，才有信心说给客户增加了价值。随着技能和信心的提升，我们留意到客户所讲的不仅仅是内容或文字。我们开始意识到，客户所讲的某些内容甚至对我们做教练没有什么用处——实际上，这些内容甚至可能会妨碍教练工作。

还有他们是如何说的，以及他们确实没有说的。我们听到的不仅仅是词汇，我们的倾听会变得更广泛、更深入、更全面。我们发现自己能够将注意力扩展到提出议题的人和议题本身上。我们对肢体语言、精气神、情绪和语气等有更强的观察力。

总之，格林德认为，为了学习一项新技能，我们首先需要通过建立一些明确的指导原则了解该技能的科学性，以便我们知道要做什么或不做什么（Grinder，2007）。例如：

总是问问题，永远不要给出你的意见。

总是让客户充分表达自己，不要打断。

艺术

随着我们的进一步发展，我们开始提升自己的感知力，这使我们越来越能感知何时介入，何时提出问题，何时保持沉默，何时给予反思空间和时间，何时挑战，何时进一步探询，等等。随着我们对客户感知的提升，我们发现自己越来越多地与他们一起同在和“在当下”。随着对教练方式的感知，我们的教练工作也更加流畅、更加自然。这种感知建立在我们对教练科学理解的坚实基础上，也是我们开展教练工作的基础。我们以此种方式工作的能力也得益于我们不断提高的信任水平：对自己作为教练的信任、对客户的信任，以及对教练流程的信任。

增强的感知使我们能够联通自己的直觉，当所有这些技能融汇在一起时，我们与客户建立了更高层次的许可和亲和的关系。通过这种方式，我们也开始知道现在是否是介入的时机，以及客户对我们提供的服务会是什么反应。

在这个阶段，我们对一开始需要遵循的一些严格的指导方针有所放松，就像从自行车上取下稳定轮，因为我们现在可以更流畅、更自信地掌控和前行。例如：

作为一名教练，我通过提问来唤起客户的觉察……有时，根据情况，如果我觉得对客户有帮助的话，我可能会提供我的看法……

作为一名教练，我鼓励我的客户充分表达自己的想法……如果我觉得对他们有帮助的话，我可能会打断他们，并请他们总结一下他们觉得对他们来说最关键的问题。

同样值得注意的是，在科学和艺术中前行这一过程本身就是一种舞蹈，因为优秀的教练这两个方面是相互交织在一起的，而不是一个单一的、线性的学习过程。当我们过渡到作为一名教练去寻找我们的艺术性时，我们并没有把科学性抛在脑后，因为它仍然存在，根植于我们的知识、培训和经验之中，实质上是建立在我们长期职业发展的基础之上的。

保持初学者心态

你可能已经成为 MCC 了。在这个阶段，尤其是当你的角色主要是通过教练辅导、督导和网络研讨会来帮助和支持其他教练时，你很容易认为自己已经成为专家或大师了。毕竟，你处于顶尖的位置。

实际上，这些年来，我们认识了几位备受推崇的教练，他们公开宣称自己为大师。我们认为这是一个非常危险的信号。一旦我们开始将自己视为专家或大师，就没有其他可学的了。我们都知道停止学习和变化的物种会发生什么——今天的大师就是明天的恐龙。

为了应对这一挑战，我们建议分三个步骤进行。首先，在承认我们的专业度的同时去挑战它。我们建议你完成以下句子："我对当前的 ICF 核心能力及其运用方法了解很多，但我在……地方还不熟练。在接下来的两年中，我将聚焦在对这一方面实践的思考和学习上。"

其次，继续培养初学者心态。当你刚开始之时，你可能对所有事情都感到好奇："这是如何做到的？""他们为什么这么说？""我想知道这意味着什么？""接下来我要做什么？"随着我们经验的增多和知识的增长，我们的理解更深刻，或者至少我们认为自己理解了。在佛教中，初学者心态用来形容一个空的心智，是什么或应该是什么的先入为主的观念或规则不复存在，它是开放的、好奇的和接纳的。知识框 33－2 中讲了一个禅宗故事。

知识框 33－2　禅宗故事

一个学生来到一位著名的禅宗大师处，请求他以佛教禅宗开示。

大师一开始讨论了几个佛教的话题，比如空性和冥想。但是学生试图给大师留下好印象，打断了大师："哦，这些我都知道了。"

然后，大师邀请这位学生去喝茶。

当茶水沏好了，大师把茶水倒进茶杯里，茶水漫到了茶杯的边缘，渐渐从茶杯口溢出来流到了桌子上。

学生大声地说："停！你不能在已经满的茶杯里倒茶水了。"

大师回答说："当你的杯子空了的时候再来找我。"

大师级认证教练需要保持开放和好奇。

最后，我们建议大师级认证教练制订自己的年度个人发展计划，并继续积极参与积累 CCEU 分数和反思实践，例如参加督导。通过这样的方式，大师级认证教练与他们认识的资深教练同侪工作，信任与尊重被挑战和激发以继续个人发展，通向成熟之路。成熟，是一种追求，永无止境；乐趣和喜悦在于旅途，而不在于目的地。

结语

在本章中，我们研究了如何从 ACC 升级到 PCC 再到 MCC，并概述了 ICF 对每个证书级别的要求。我们还根据对核心能力展现的程度，考虑并描述了每个教练级别之间的一些差异。最后，我们提倡抱持初学者心态：当杯子为空时，才有空间，或者需要用更多的学习和成长来注满它。客户如此，我们亦如此。

第六部分

教练工具和技巧

BECOMING A COACH

本书的最后一部分介绍一些教练工具和技巧，它们也是教练资源库的组成部分。第 34 章会介绍这些资源，它们能为教练提供许多想法，以便更好地为教练在个人和专业层面的持续成长与发展服务。

从客户的角度来看，虽然我们并不主张把教练对话变成一个工具驱动的过程，但是我们认为这个部分中包含的一些概念与方法，能帮我们唤起客户新的觉察、洞察力和求知欲。在得到客户允许的情况下，我们以一种和当前所做教练工作相融合、在直觉层面相一致的方式引入这些工具并与客户合作，这些工具便可以成为新视角和创造性思维的重要来源。

一些重要的工具已经在本书的其他章节做了介绍，本部分将再次对其进行说明与总结，以方便阅读。此外，我们还介绍了其他教练工具和技巧，并对这些工具或技巧本身进行了概述。同时，我们还通过示例和提供其他有用的相关参考资料，给出了这些工具和技巧在实践中的应用说明。

第 34 章

教练工具和技巧

根据以往的经验，我们发现新手教练喜欢学习新的技巧并进行尝试，因此，我们在本章精选了一些工具。之前的章节已经介绍了一些工具，本章对此进行了汇总，并做了补充。

我们深知，不同的教练、客户和呈现的问题可能需要使用不同的技巧。尽管有不同的工具和技巧可以利用，有不同的模型和方法可以使用，但我们相信教练本人才是那个满足客户需求的最佳工具。

表 34 - 1（a）总结了本书已介绍的教练工具或技巧。在教练对话中使用一项新技巧可能会更有挑战性，一个比较好的尝试是向客户询问他是否愿意做一个实验。你可以向客户说明自己不确定它是否奏效，但同时也表达它曾经对其他人有过帮助。这样，即使实验失败了，也不太可能对你与客户的关系产生负面影响，毕竟这只是一个实验。当然，如果它奏效了，客户自己可能就会要求使用这个工具。

表 34 - 1（a） 本书已介绍的教练工具或技巧

章	工具或技巧名称	适用场景
16	思考时间模型	给客户提供思考的空间
17	ABCDEF 模型	帮助客户探索他们的信念、情绪和行为之间的联系
18	椅子工作法	探索人际关系，以及我们对他人的想法与感受
19	奇迹问题	生成想法

续表

章	工具或技巧名称	适用场景
20	力场	探索在工作中支持与抵制变革的影响因素
35	PIPS	做笔记
29	自我督导	回顾你在教练实践中的反思性问题
30	Henley8	自我反思或写学习日志

在表 34－1（b）中，我们罗列了其他相关工具或技巧。

表 34－1（b） 补充的教练工具或技巧

工具或技巧名称	适用场景
1. 正念冥想	准备一场教练约谈 / 进入完全同在的状态
2. 斯托克模型	目标设定
3. 典型的一天	探索目前的情况 / 状态
4. 强化改变的对话	帮客户专注于建立内在改变的动机
5. 边走边谈——生态教练方式	如果客户卡住了……
6. 天堂与地狱	探索不同的未来
7. 回放	建立行动动机
8.VIP	产生新选择 / 想法
9. 便利贴	产生新选择 / 想法
10. 荒岛	探索客户与某位关键利益相关者之间的关系
11. “邪恶之花”	探索错误思维
12. “美德之花”	探索优势思维
13. 个人成长董事会	责任与支持
14. 果冻宝贝树	探索情绪、情感与人际关系
15. 后果轮	评估选项
16. 传承	基于价值观做出选择
17. 人生平衡轮	评估现状
18. 影响范围	反思与状况有关的利益相关者
19. 熄火	结束教练关系
20. 三件美好的事情	重新聚焦于积极方面
21. 祝福	培养同理心

工具 1：正念冥想

正念已经成为一种比较受欢迎的组织实践。它能有效地帮助教练在教练约谈中增强同在感，同时为进入教练状态做好准备工作。在第 26 章中，我们介绍了教练使用正念的方式，对客户来说正念也是同样有效的工具。

工具介绍

目前，网络上或书籍中可以查到大量有关正念的播客、练习和材料（Passmore & Amit，2017），可供教练探索。其中，我们发现了一个有用的工具——STOP，尤其适合处于高压情形且有多任务处理需求的客户（Passmore，2017a，b）。

当我们观察到客户表现出注意力不集中或极度激动时，引入 STOP 技术是非常有帮助的。在这种情况下，可以通过停止、反思和重新确定优先级来帮助客户恢复身心平衡。在使用 STOP 时，我们可以向客户回顾自己所观察到的情况，请客户花几分钟时间让自己暂时停下来，放下正在处理的事情，清空头脑，并观察自己发生了什么变化——包括身体的感受、自己的想法与感觉。我们不是邀请客户去分享这些，客户也无须去评判、评估这些想法和感受的对与错，而只是从一个局外人视角对此有所觉察。

接下来，我们请客户将注意力转移到他们的呼吸上，可以感受自己的呼吸是急促还是缓慢，是深还是浅，以及呼吸是来自横膈膜还是肺部。让你的客户花 30 秒的时间只是感受呼吸，不带评判，感受完整的吸气和呼气。

最后，客户带着对当下的更深觉察，考虑做出何种选择或改变才能最好地实现今天的目标。

结语

这个短短 2 分钟的练习在教练对话中对重新聚焦非常有帮助。对客户来说，将该技巧融入日常也是很有益的，可以每隔 2 小时停下工作。从一片忙乱中后退一步，将注意力转向当下的感受、想法和感觉，还有呼吸。然后停下来重新审视目前的重点，再继续带着全新的焦点前行。

工具 2：斯托克模型

工具 STOKeRS 的框架最初是由克莱尔·佩德瑞克（Clare Pedrick）开发，主要用在教练对话中的目标设定阶段支持客户。在与客户的工作实践中，我们将此工具迭代为 STOKERS（斯托克）模型，为教练与客户在目标设定阶段提供了七个步骤。

工具介绍

司炉工（Stoker）一词原意是指在蒸汽火车上给锅炉添加燃料的人，他们负责加煤，而司机决定火车何时出站、去往哪个方向以及何时在何地停靠。这也是一个形容教练工作的有用的隐喻。教练是那个司炉工，负责为教练对话添加燃料，但客户才是决定去哪里以及何时去的火车司机。

教练可以通过特定的问题与客户探讨每个步骤，并在每个步骤根据需要提出后续问题。

1. 议题（Subject）：约谈开始时，教练请客户确定他希望在约谈中讨论的主题。

2. 时间（Time）：这里可提出一个问题，鼓励客户思考并认同约谈的时长，这样可以使主题更加精准。

3. 成果（Outcome）：第三个问题的目的是帮助客户思考在约谈结束的时候想带走什么，可能是一个学习点、一个新的见解，抑或是一份可以带走实施的行动计划。

4. 可知（Know）：这个问题聚焦于通过使用成功指标与客户确认他们的目标实现情况，使得目标可以依据 SMART 原则进行衡量。

5. 能量（Energy）：这是一个补充问题，鼓励客户思考这个话题对他们当下的重要性，及其现在有多少能量和动力用于解决这个话题。

6. 角色（Role）：这个问题探讨了教练与客户在约谈中即将扮演的角色，并为双方提供了一个商定如何合作以实现客户目标的机会。由于该模型没有正式提及保密性，因此，可以在此阶段将保密性作为工作关系的一部分进行讨论。

7. 起点（Start）：最后一个问题是请客户确定约谈从哪里开始。

STOKERS 模型使目标设定成为一个双方合作的过程，同时也确保涵盖了约谈的关键因素，从而为教练目标的实现做好准备（见图 34－1）。

图 34－1　STOKERS 模型——目标设定的七步

STOKERS 模型可以参考的问题见知识框 34－1。

知识框 34－1　STOKERS 模型可以参考的问题

1. 今天你需要思考的是什么？（议题问题）

2. 今天有 ×× 分钟的时间，我们的对话聚焦在哪个方面呢？（时间问题）

3. 你想在约谈结束的时候有什么不同？（成果问题）

4. 你如何知道你实现了这个目标？（可知问题）

5. 现在这个问题对你有多重要？（能量问题）

6. 我们该如何进行呢？（角色问题）

7. 我们应该从哪里开始？（开始问题）

结语

STOKERS 模型是帮助教练在对话的目标设定阶段确保覆盖关键因素的一种简便工具。

工具 3：典型的一天

在教练合约和目标设定后，“典型的一天”工具可以很好地衔接教练约谈的前 10 ～ 20 分钟。“典型的一天”是一种来自动机访谈的技术，最初由米勒（Miller）和罗尔尼克（Rollnick）开发（Miller & Rollnick，2002）。后期被调整用于教练工作（Anstiss & Passmore，2011）。

工具介绍

“典型的一天”是一种以不具威胁性的方式让客户谈论教练议题的好方法。该工具为教练提供了一个机会，向新客户展示教练对话都是围绕他们展开的，并为教练提供了积极聆听且在适当的时候对客户展现好奇心的机会。在这个过程中，教练可以使用总结与反思工具，回顾客户的用词、情感和部分陈述的内容，以及对他们可能没说出来的话提供洞见，帮助客户将自己的话语放入更广的文化环境和系统背景中去。总的来说，这项技术能帮助教练建立同理心和亲和力，并增强客户对教练过程的承诺。

教练可以这样介绍这个工具：

> 你可以帮我更好地了解通常你的一天是怎么度过的，就从你早上几点起床开始讲起，直到你几点上床睡觉。你的一天是如何开始的？

在回答这个问题时，有些客户会急匆匆地把注意力集中在他们希望讨论的问题上，例如工作和生活的平衡或与团队的关系。他们可能会说：

“嗯，其实也没发生什么，直到……”我们建议让客户慢下来，即使他们认为没有发生任何重大的事情，也请客户依次介绍一天的每一个部分。还有一些客户可能会用几分钟时间，把他们没起床之前就产生的一些想法告诉你。教练可以管理这个过程，帮助客户用新的视角探索他们的一天，尤其可以具体关注客户想要在约谈中考虑的议题。

该工具的另一部分是通过客户回答的内容来构建如何改变对话，我们将在工具 4 中详细探索。“典型的一天”可以参考的问题见知识框 34 – 2。

知识框 34 – 2　“典型的一天”可以参考的问题

1. 你可以帮我更好地了解通常你的一天是怎么度过的，就从你早上几点起床开始讲起，直到你几点上床睡觉。你的一天是如何开始的？

2. 可以再多说一点吗？

3. 在开始下午的团队会议之前，能先和我说说早上的情况和团队中发生了什么吗？

结语

该工具为教练提供了一项有效的干预措施，以此创建一个让客户开放地谈论问题，让教练展现积极聆听和同理心的空间。如运用得当，这个工具还可以为教练鼓励客户花时间考虑如何改变对话提供了机会，为客户建立起“相信情况会有所不同”的信念提供了机会。

工具 4：强化改变的对话

在大多数教练对话中，客户会使用表明其想要改变的意愿的语言，也会使用表明其对改变不情愿的语言。“强化改变的对话”工具聚焦在帮助客户探索这种模糊性，提升客户改变的动机和承诺。

工具介绍

在典型的教练对话中，客户可能会同时使用比尔·米勒和史蒂夫·罗尔尼克所说的“维持对话”与“改变对话”（Miller & Rollnick, 2002）。“维持对话”是一种会强化客户对某种情形的观点的话语（例如，“我无法忍受在这个地方工作，女性被视为二等公民”），而“改变对话”则是期望或计划发生改变的那些表述（比如，“我以前在另一家科技公司工作，在那里我工作得很开心”）。在没有教练引导的情况下，这些表达会自然地出现在教练对话中。这些回应为教练提供了一个很好的探索客户语言的机会。

米勒和罗尔尼克（2002）认为，“改变对话”好像登山，分为上山和下山两个部分。上山一侧即改变对话的准备阶段，这最有可能发生在变化周期的意向阶段。在这个阶段，人们对变化进行思考，权衡改变是否真正适合他们，以及如果适合的话要如何实现。很多情况下，人们对改变的益处有觉察，但与此相左的是一系列阻碍成功改变的障碍。教练能做的就是帮助客户探索这些障碍并为克服这些障碍做准备。改变阶段模型见图 34－2。

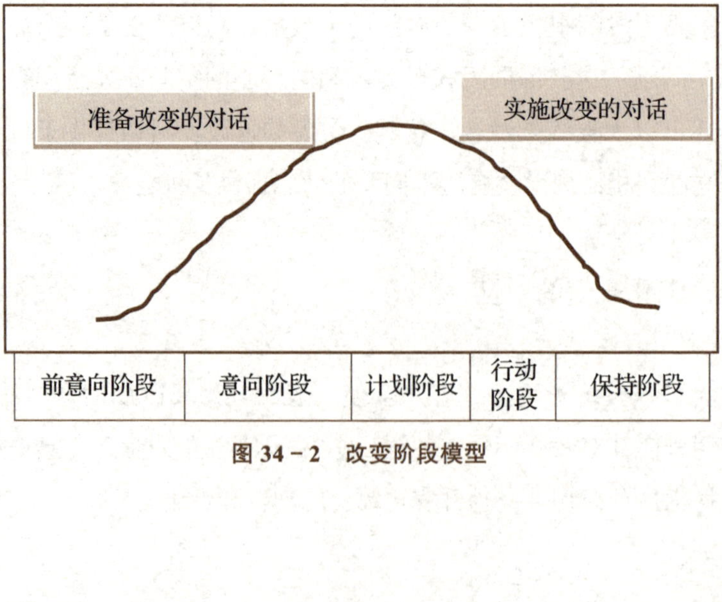

图 34－2　改变阶段模型

在意向阶段，教练需要聆听米勒和罗尔尼克（2002）称之为DARN的表述。正是客户的这些陈述显示了他们对改变的兴趣和考虑，但是客户缺乏实施改变的具体承诺。这样的陈述表达了个体做出改变的愿望、改变的能力、改变的原因和改变的需要等。这些表述的示例可以参考知识框34－3。

知识框34－3　有关DARN表述的一些示例

期望（Desire）："我真的很想做Y。"

能力（Ability）："我认为如果我真想的话，就可以做到Y。"

原因（Reason）："如果他们做了X的话，我想那就足够了，我就会去做Y。"

需要（Need）："我真的需要去做Y，否则……会发生。"

总的来说，教练应该关注客户的一些条件性、假设性的陈述。它们可能代表愿望（"我需要……"或"我想要……"）、能力（"我可以……"或"我能……"）、改变的原因，还可能代表脑海中想到的风险。虽然这些陈述已经表明了客户从改变阶段模型的前意向阶段进入了意向阶段（Prochaska & DiClemente，1983），但客户并未明确做出对改变的承诺，或并没有如何改变的具体计划，特别是如何克服一直使其停滞不前的障碍。

在这个阶段，教练的角色是帮助客户持续探索现状，并且鼓励客户聚焦于能引领他们进行改变的信念和价值观。

当这一点发生的时候，教练保持有效聆听和干预，客户的信心会增加，并且可能出现承诺性的语言。客户将不再使用DARN表述，取而代之的是CAT表述（Miller & Rollnick，2002）。CAT表述可能反映客户从早期的承诺到采取行动，从"我想……"变成"我会……"。知识框34－4提供了CAT表述的示例，这些是教练应该留心的。

知识框 34－4 有关 CAT 表述的一些示例

承诺（Commitment）："……下周我会做 Y。"

行动（Action）："这次我真的很想取得成功，我想过了上次为什么没有成功，周二一定会不同。"

采取步骤（Taking Steps）："……在下周二之前，已经完成了 X。这意味着周二开会的时候，Y 应该会容易很多。"

如知识框 34－4 所示，CAT 表述与客户的意图和承诺有关，客户做出清晰明确的陈述，表述未来的计划，教练可以听到的关键词有"会""承诺""保证"之类。有关行动的陈述反映了个体的意愿和准备好行动的状态。

结语

DARN CAT 为教练聆听客户的语言提供了一个有用的框架，帮助教练了解客户目前处于改变阶段模型的哪个阶段，鼓励客户聚焦于价值观及改变的愿望，并通过这些干预观察客户语言从 DARN 到 CAT 的转变。

工具 5：边走边谈——生态教练方式

这个工具可以在客户感觉被困住或卡住的时候，帮助他们突破困境。改变物理环境可以帮助客户以全新的视角看待问题。总体的做法是让客户外出，去到蓝或绿色的环境中，既对他的健康产生积极影响，又能让他在办公室或会议室做出让大家欢喜的变化。

工具介绍

大多数教练对话是在公司会议室或办公室进行的，这种单一的对话环境很少能激发出新的观点或想法。在正常的生活中，很多人都会出去散步以理清思绪。我们发现，散步能带来一些新的洞见或新鲜的视角。生态教练方式旨在利用户外活动带来心理收益，如在玫瑰花园散步、徒步登山、沿着河岸或在海滩上散步等，结合环境的变化，可以让新的观点浮现。与面对面对话相比，边走边谈能够带来的不同是在环境中出现了蓝或绿色、行走的身体和并排前行的对话方式。

从我们的经验来看，当你已经了解了客户后就可以引入这个工具，但对有些客户来说，也许从一开始就适用。我们认识一些擅长使用这种方法的教练，已经将它融入教练方式中了。

结语

生态教练方式在为教练关系注入活力方面很有用，并为客户提供了一个以新的方式思考其议题的不同空间。

工具 6：天堂与地狱

目标设定是大多数教练对话的关键任务，然而，大多数新手教练都过于匆忙地从发现议题潜入到探索议题的细节。我们认为教练花时间探索客户的议题是重要的，以了解这个议题对客户的重要性和相关性，并拆解在本次特定教练对话中可以聚焦的方面，以及客户在计划好的 20 分钟或 2 小时约谈中能够实现什么目标。“天堂和地狱”是一种视觉化的工具，通过花一些时间考量完美的结果（“天堂”）和相反的结果（“地狱”），帮助客户以更精准的细节明确他们想要的结果。

工具介绍

该工具旨在帮助客户探索他们最初带来的议题。把一个模糊的目标清晰化，并提炼为更具体和更明确的目标。此流程的第一部分如同一次普通的目标设定讨论，即要求客户设定目标。有了目标后，对他们可能意味着什么？教练在此处要确保这个目标是重要且相关的。

流程的下一步，教练请客户描述（或画出）他们想要的最完美的结果（“天堂”），描述得越详细越好；接着，请客户描述（或画出）现实情况下最坏的可能性。

当客户描述或画出“地狱”之后，教练请他们考虑哪些步骤可能导致他们陷入地狱。接着使用卡通速写本，以地狱为结果，请客户倒推，画出代表导致每个结果的关键步骤。表 34－2 按顺序列出了从地狱开始倒推的步骤。

表 34－2　在卡通速写本上规划“天堂与地狱”

步骤 2 此刻的画面	步骤 9	步骤 8
步骤 7	步骤 6	步骤 5
步骤 4	步骤 3 关键因素始于这里，从“天堂”向此刻倒推	步骤 1 “天堂”的画面

在这个过程中，要尽量避免客户在其情境或事件描述中变得极端，鼓励他们将注意力聚焦在可能性大的事件，而不是极偶然的事件上。

“天堂与地狱”可以参考的问题见知识框 34－5。

知识框 34－5　“天堂与地狱”可以参考的问题

1. 你今天想在约谈中重点关注什么？

2. 今天我们有 ×× 分钟的时间，你想重点关注议题的哪一方面？

3. 为什么这个对你重要？

4. 今天你想实现什么结果？

5. 如果这就是完美的结果——天堂，你希望它看起来是什么样的？可否请你为我描述（或画出）它的样子？

6. 现在，请你用片刻时间想象一下最糟糕的结果（地狱）。可否同样请你为我描述（或画出）它是什么样子的？

7. 那我们就从“地狱”开始，倒推各个阶段，你是怎么弄成这个结果的？（画出或标注出这个过程中发生的一些事情。）

8. 接下来，让我们回到“天堂”，同样倒推各个阶段，你如何能提高这个结果出现的可能性？（画出或标注出这个过程中发生的一些事情。）

一旦客户画完了“地狱”，他们就可以开始描述（或画出）“天堂”，以及思考是什么步骤让他们从“天堂”来到此刻。

这里有一个重要的考虑，就是确保你们在教练约谈结束时，把白板、活页白板纸或纸上的内容或图案擦掉或从房间清除。

结语

这个工具对于鼓励客户思考、描述以及绘制其想要的最完美结果和最糟糕结果非常有用。

工具 7：回顾

回顾和总结是有用的工具，教练应将其作为积极聆听的一部分，以此确保约谈的清晰和明了。此工具通过提供不同类型的回顾方法得以运用。该工具是从动机访谈发展而来的（Miller & Rollnick，2002）。

工具介绍

回顾式聆听是一项关键的教练技能。通常来讲，聆听意味着保持安静，等待轮到我们说话。尽管层次 1 的聆听在许多日常对话中很常见，但即使是在最基础的教练工作中它也没有帮助。有能力的教练应该把层次 4 的聆听作为目标，而专业级认证教练需达到解义聆听的层次，并能在对客户有帮助的时候分享自己的见解。

知识框 34 - 6 聆听的五个层次

层次 1：等待说话——在这个层次上，我们只是等待轮到自己说话。

层次 2：基本聆听——在这个层次上，听者关注说出的话。

层次 3：专注聆听——在这个层次上，听者关注交流中的用词和语气，以理解真实的意思。

层次 4：积极聆听——在这个层次上，听者关注说话者的用词、语音语调和肢体语言，并致力于理解说话者想要沟通的是什么。

层次 5：解义聆听——听者旨在寻求超越预期的沟通，他们从整体的沟通中理解意思，这包括说话者想要表达的意思和无意间表达的意思。

在层次 1 和层次 2，教练可能倾向于使用一些干预措施，但这会给客户制造路障，阻碍其前行（Gordon，1970）。这些干预措施可能包括：认同、宽慰、提醒、贴标签，甚至是提问。对于进退两难的客户来说，他们正寻求前行，对做出改变仍犹豫不决，而此时路障式的干预很可能导致客户进入停滞状态，使其维持在当前位置。

在知识框 34 - 7 中，我们能看到，教练先使用了一个肯定的陈述（“听起来真的很糟糕”），又提了一个问题来进一步详细地探究导致这种感受的行为。这种干预的结果是客户开始谈论情绪产生的原因，从而陷入问题之中。

知识框 34－7　典型的教练回应示例

客户：“我真的受够我的老板了。”

教练：“听起来真的很糟糕，他都做了什么？”

教练其实可以采用不同的方法。他们可以鼓励客户聚焦于和改变更加相关的对话，从而帮助客户开始向前推进。

改变对话是一种来自客户的陈述，它专注于客户对发生改变的期望或与之相关的行动计划。在本章的工具 4 中我们已经探讨过了。

单纯回顾

运用单纯回顾，教练试图理解客户的意思并回顾给他们，捕捉他们用的单词、短语，重要的是理解客户沟通中的意思。使用回顾式陈述不太可能触发客户的抵抗。例如，若教练询问客户陈述的意思，会引导客户退后一步，反思他们所说的是否确实表达了自己的意思。教练可以说：“你感觉不确定吗？”这是通过抑扬的变化，即采用标准的英式发音（有时称为 BBC 英语），在句末以升调的方式来实现的。教练也可以使用回顾聆听的方式来反馈，如：“你感受到了不确定。”整句表达采用中立的语气。这句回顾式陈述传达了理解，是一句事实陈述。这样的陈述更有可能鼓励客户更多地谈论这种情绪状态。当客户谈论时，他们会思考这个状态，并发掘出为什么自己有这个感受的证据。这都会提高他们的洞察力，并极有可能引发改变对话（期望或计划发生改变的那些表述）。

回顾式陈述可以很纯粹，也许就是从客户的故事中捕捉一个词或一组关键词回顾给客户。教练的技巧就在于聆听并选择那些能捕捉到核心信息的正确单词或词组进行回顾。

不过教练也有其他更精妙的选项，比如增强型（夸大的）或减弱型（含蓄的）回顾，教练可根据自己的技能选择不同的类型及频次。同时其承载的含义可能会因国家和文化背景的不同而有差异。

但是请注意，使用不当或过度频繁使用这种类型的回顾可能会使客户认为他们的教练没有认真倾听，并且可能破坏教练与客户间的关系。因此，我们要求教练谨慎使用，并且一定要避免在任何约谈中重复使用一次或两次以上。

减弱型（含蓄的）回顾

当教练希望客户能继续探索一个议题并确认他们对此议题的感受很强烈时，最适合使用这个方法。教练回顾的情绪强度可以比客户传达出来的低一点，例如，客户表达了“愤怒”，教练可以选择回顾比“愤怒”强度值低一点的词语，如“烦躁”或“烦恼”。如果含蓄地表达是客户文化的一个特征的话，这种反馈方式就很能奏效。其结果是，客户可能会进一步谈论自己的真实情绪，有可能会纠正教练对其感受强度的描述，并更坦诚地谈论他的真实感受。

关于此回顾方式的关键技能就是把握好含蓄的度，不要让客户感到教练没有听他们说话。这既需要教练对整个对话有高水平的聆听能力，同时又需要高水平的技巧，能选择合适的词进行反馈。

增强型（夸大的）回顾

相反，与客户本来沟通的意思相比，如果教练选择夸大客户的情绪并过度陈述这种情绪，可能带来的效果就是，客户否认并把情绪降到最低。

有时这是有用的做法。例如，如果客户正在谈论他的经理在工作方式上出现的污点，教练可以对此做夸大的陈述，“所以你认为你的经理完全不称职”或“这对你的经理来说，一定很难，听起来你似乎认为他是一个扫把星”。在这个过程中，教练一定要小心措辞，明确这个标签是客户正在使用的，而不是教练正在使用的。“你认为”在这种情形下就清晰地表明该观点的拥有者是客户。这种干预可能带来的效果就是，让客户认识到经理的一些正面的品质，从而形成更平衡和基于证据的观点。

同样，这种反馈方式存在让客户感觉教练没有认真聆听的风险。因此，教练使用的时候需要谨慎并限制使用夸大陈述的频率，避免损害教练与客户的关系。此外还存在其他风险，比如客户会认同教练的陈述，以及教练措辞不妥显得是在冲撞客户。

结语

回顾和教练工作一样，并不是一个被动的过程。教练决定何时干预、何时沉默、何时点头和说些什么。因此，如何选择就显得非常重要。教练可以引导客户的注意力，鼓励他们朝着自己的目标前进，或驻于当下，或反思过去。回顾是教练工具包中一个有用的工具。

工具 8：VIP

当客户需要超越他们当前的经验进行思考并产生新观点时，VIP 这个工具尤其有用。该工具让客户去想象当其他人（重要人物）面临他们正在探索的问题时会如何处理，从而从中借鉴新的想法。根据教练所选人物的不同，这个工具可以严肃，也可以活泼有趣。

工具介绍

VIP（Very Important Person，重要人物）这个工具通常可以成为我们和客户的灵感来源。我们所选择的这些人物身上往往体现出一种独特的做事方式，如纳尔逊・曼德拉（Nelson Mandela）。

当客户被困在 GROW 模型的选择阶段，并且觉得自己选择的范围有限时，这个技术尤其管用。VIP 设计的问题会使客户跳出自己的风格和工作方式，把自己想象成别人，从而考虑更多的选择方案以解决问题。

教练可以选择一些公众熟识的人物，如沃伦·巴菲特（Warren Buffet）或格蕾塔·桑伯格（Greta Thunberg），或者借鉴历史上不同时期的人物以及卡通人物，如亚伯拉罕·林肯（Abraham Lincoln）、成吉思汗（Genghis Khan）或丽莎·辛普森（Lisa Simpson，来自美国动画情景喜剧《辛普森一家》(The Simpsons)）。通常情况下，我们和客户会对这个人物持有共同的印象，客户会用此人物来想象解决问题的方法。VIP 可以参考的问题见知识框 34－8。

知识框 34－8　VIP 可以参考的问题

1. 你愿意和我一起做个实验吗？让我们来想象一下，当撒切尔夫人（Margaret Thatcher）面对这个问题时，她会怎么做？

2. 现在让我们想象一下，如果是马丁·路德·金（Martin Luther King）面对这个问题，他会得出什么解决方案？

3. 那如果是亚伯拉罕·林肯呢？

4. 最后，如果是格蕾塔·桑伯格呢？

如果教练能提供 4 ～ 5 个客户熟悉的人物，就能为客户提供 4 ～ 5 个提出不同的、有创意的新想法的机会，以推进问题的解决。一旦有了这些新想法，教练就可以请客户思考这些想法与他们自己、他们的组织和文化环境如何适配。当我们想象某个特定时代背景下的 VIP 时，有些想法需要根据时代的变化进行调整。

结语

客户通常都比较喜欢 VIP 技术，因为它很有趣。教练在选择 VIP 时，要注意在客户的参照系内进行挑选，不要引起他们的反感。此外，多样化会为对话带来创造性，从而增加价值。

工具 9：便利贴

该技术在想法生成阶段很有帮助。对于那些更喜欢将想法可视化、喜欢思考的客户来说，这种方法最为有效。客户在便利贴上写下他们的想法，然后将这些便利贴摊开放在会议桌上，在约谈结束的时候可以带走。

工具介绍

教练请客户思考解决问题的新方法，并写下来，而不仅仅是说出来。研究表明，在集体场合中头脑写作法（Rohrbach，1969）是一种较头脑风暴更为强大的技术，因为参与者能够更加专注于生成想法，去评估想法的可能性更小。他们将生成想法和评估想法两个阶段分得更清楚，并发现这样更有趣和更有效（Litcanu，Prostena，Oros，& Mnerie，2015）。

该技巧将同样的过程用于一对一的教练对话中。教练请客户在便利贴上写下尽可能多的想法。对于某些客户而言，在这个环节设定一个 2 分钟时间产生 12 个想法的目标，会很有趣。有些客户则倾向于不设目标的时间。在客户进行头脑写作的时间里，教练将保持沉默。待客户的想法全部写完后，教练请客户将便利贴摊开放在桌子上，然后对它们进行回顾和逐一讨论。

在收集阶段，可以对便利贴进行移动，例如，可以在白板或活动挂图上写下一些标准，通过 *X-Y* 轴来考量符合该标准的前 5 或 6 个想法。有些客户在这个阶段可能会根据标准对想法打分或排名，而一些非数据导向的客户依次讨论各个想法就可以了。

结语

该工具通过基于证据的方法，提供了扩充想法数量的可能性。

工具 10：荒岛

该方法旨在鼓励客户从不同的维度或位置思考他们目前所面临的问题。荒岛位于空间和时间之外，为解决问题提供新的视角。

工具

该工具只涉及一个问题，然后基于此问题跟进和深入探究客户的想法。这个问题是："想象你和当事人的船只失事落难荒岛，而这个议题/情景（教练活动中探讨的问题）碰巧发生，在荒岛上会发生什么？"

对"荒岛"有用的问题见知识框 34-9。

知识框 34-9 对"荒岛"有用的问题

1. 想象你和当事人的船只失事落难荒岛，而这个议题/情景（教练活动中探讨的问题）碰巧发生，在荒岛上会发生什么？

2. 接下来会发生什么？

3. 如果救援人员要两个月后才到，你如何（与他们）生存下去？

4. 你怎么看你与 X 及主要利益相关者的关系？

5. 你现在获救了，已重返工作岗位，基于我们刚刚的讨论，对于这个议题你期望如何推进解决？

结语

当客户想寻求新的视角或打破组织的流程、系统和文化局限来考虑问题时，可以引入“荒岛”这个有用的工具，有时候简单的解决方案会出现。

工具 11：“邪恶之花”

“邪恶之花”可以很好地用来帮助客户探索他们错误的思维方式。该工具属于认知行为教练方法的范畴，可与 ABC 理论框架一起使用，即帮助客户探索其激发事件（Activating Event）、信念（Belief）和行为后果（Consequence）。该技术鼓励客户去探索延长或持续其错误思维模式的循环（经常无意之中发生）。

工具介绍

教练可以画一朵花（或使用预先画好的图像），向客户解释花瓣代表了客户的想法，花瓣的中心象征着客户的核心信念（见图 34－3）。然后，教练可以引导客户探索客户自我对话时使用的语言，例如“我不擅长做简报”“我总是忘记信息的关键部分”“同事认为我很愚蠢”“我总是没有思路，并谈论一些无关紧要的事情”。所有这些想法可能都在支持“我不配做经理”。

让客户给花瓣贴上标签，意识到这些想法后，教练可以与客户共同挑战这些想法。教练可以提出的几个问题如：“你这样想有多大帮助呢？”“你这样说，证据何在？”“这么想是否合乎逻辑？”有关“邪恶之花”的参考问题见知识框 34－10。

图 34－3 “邪恶之花”

知识框 34－10　有关“邪恶之花”的参考问题

1. 我画了一朵花，我们称它为“邪恶之花”，因为它是有毒的。我们的目标是尽可能多地标出你的无益想法，并把它们写在花瓣上。接下来，你想从哪里开始呢？

2. 这些想法对你有多大帮助呢？

3. 这么想有多合乎逻辑？

4. 这件事“总是”发生的证据是什么？

结语

在认知行为教练约谈中，该技术与 ABC 理论框架一起使用时，是一个有用的工具。

工具 12：“美德之花”

“美德之花”与“邪恶之花”恰好相反，可以在“邪恶之花”工具之后使用，亦可以单独使用。该工具虽然属于积极心理学教练方法的范畴，但也与认知行为学理论第三波浪潮①中基于慈悲心的技术②相一致。

① 行为疗法的第一波浪潮以行为主义为特征。阿尔伯特·埃利斯和亚伦·贝克通过认知行为疗法开创了行为疗法的第二波浪潮，该疗法将一个人的思想和信念整合在一起，以理解和改变行为以及诸如抑郁之类的情绪体验。第三波认知行为疗法是一组新兴的心理治疗方法，代表了传统认知行为疗法的发展和扩展，优先考虑全面促进与健康和福祉相关的心理及行为过程，而不是减轻或消除心理和情感症状。元认知、接纳、正念、个人价值观和灵性之类的概念经常被并入传统的行为干预中。第三波浪潮不是关注一个人的思想和内在体验，而是关注一个人如何与内在体验（即思想、冲动、感觉）相互影响，影响了哪些方面，是怎样的过程，以及带来了什么效果。——译者

② 基于慈悲心的技术是以这样的方式发挥作用的——当你感到焦虑或抑郁时，你通常会被一些有关自己本人和自己生活的消极思想所充斥，如“你把什么都弄得一团糟”，这时你可以问自己：“如果一个亲密朋友出现类似问题，我会怎样和他谈？我会对他使用这样刺耳的言辞吗？”接下来再问问自己，你是否愿意以同样的充满慈悲心的方式来对待自己。——译者

与“邪恶之花”工具中标记和去除无益的负向自我对话的想法不同的是，“美德之花”旨在发展或捕捉正向自我对话的陈述，起到增强教练对话的效果。

工具介绍

教练可使用与“邪恶之花”相同的花朵图案，但这次不同的是，他们需要解释花瓣代表了客户的优势、美德或正向的陈述，花朵的中心象征着客户的主要优势或美德。教练可以基于优势行动价值问卷研究的结果或借鉴客户已收到的正向反馈，来帮助客户探索这些美德。如果客户在探索过程中又陷入了负向评价，教练可以通过干预来引导，提醒客户约定好的聚焦点在优势、美德和正向陈述上。

让客户给花瓣贴上标签，鼓励他们思考在什么情况下展示出了这些美德，以及思考如何在不同情况下更多地利用这些美德来达到更高效的结果。有关“美德之花”工具的参考问题见知识框 34－11。

知识框 34－11　有关“美德之花”工具的参考问题

1. 我画了一朵花，我们称它为“美德之花”。我想让你做的是，想一想当你处于自己最好状态的时候，你脑海里出现了哪些词？用你想到的这些词给花瓣贴上标签。

2. 当你运用这些特质时，你有什么感觉？

3. 在我们讨论的挑战中，你如何运用其中的一个或几个？

4. 你将如何培养这些美德，以便更经常地使用它们？

结语

“美德之花”这个有用的工具用来鼓励人们谈论自己的优势与美德，并反思如何利用这些性格优势更多地让自己达到最佳状态。

工具13：个人成长董事会

很多客户都忽略了一个因素，那就是如何利用自己的利益相关者、家人和同事的个人网络来帮助他们实现目标。个人成长董事会是一个隐喻，很多客户都可将其理解为教练之外的一个支持团队，帮助自己朝着更大的目标前进。

工具介绍

“个人成长董事会”相当简单。它试图解决的挑战是，虽然客户可能只是每周或每月与教练进行一次对话，但在两次对话之间，客户需要调用自己的资源来取得进步。相对于每次教练约谈的1小时，客户还要在额外的100小时（或更多）时间里去找到自己前行的路。

“个人成长董事会”就是很好的方式，为客户创建属于自己的支持团队，也可以称为“天龙特攻队”（The A－Team，美国20世纪80年代流行的电视剧）。客户在制订计划时，这个工具最有价值。教练可以请客户考虑，在他推进计划的时候，谁来支持他们。有关“个人成长董事会”工具的参考问题见知识框34－12。

知识框34－12　有关“个人成长董事会”工具的参考问题

1. 当你考虑这个计划时，你想得到谁的帮助或支持，有点儿像个人成长董事会，你希望谁帮助你交付计划？
2. 每个人可以在哪些方面提供最佳帮助？
3. 你将如何获得他们的支持？

结语

当客户倒退或卡壳时，该技术可以帮助客户认识到他们并不孤单，朋友、家人和同事会支持他们，为他们提供建议，鼓励他们，在他们倒退的时候为他们加油，以及让他们自主担责，等等。比起独自获得行为改变，借助这种方式他们更有可能实现自己的目标。

工具 14：果冻宝贝树

“果冻宝贝树”最初是为在学校使用而开发的，它的传播范围很广，衍生了很多不同的版本，包括给成年人使用的版本。这个工具的起源很难确定，很多人声称自己是它的原创者。“果冻宝贝树”这幅图使人们得以把自己的感受投射到画中的某一个角色上，从而提供了一个机会去探索，通过这个角色去体验这些感受，以及思考如果成为画中的其他角色又会是什么样子。

工具介绍

流程开始时，教练和客户分享“果冻宝贝树”这幅图。教练请客户看着图，然后问客户，今天和哪个人物最有共鸣，客户认为这个角色正在感受什么。为什么客户会有这样的感觉？你可以继续探索客户的想法，比如这个角色可以做什么来改变客户的感受？客户可以与谁相联合？有关“果冻宝贝树”工具的参考问题见知识框 34－13。

知识框 34－13　有关“果冻宝贝树”工具的参考问题

1. 今天你和哪个人物最有共鸣？
2. 在这个人物身上可能发生了什么？
3. 你能做些什么来改变这种感受？
4. 你最想自己的感受贴近哪个人物？
5. 你可以做什么来接近这样的感受？

结语

这个工具很适合探索情绪的对话，并提供了一个安全的机制。只有当你判断客户已经准备好了，方可进入个人话题。

工具 15：后果轮

该技术聚焦于提供一种探索结构，以探讨客户每一个已经识别出的选项的优势和劣势。它提供一个貌似简单的流程，鼓励客户考虑短期和长期的影响，通过制图和比较，使客户能够规划如何减轻风险并获得收益。

工具介绍

该工具请客户正式地思考后果。由于大多数决定都涉及多种后果，最好将重点放在三或四个可能性最高的后果上，同时考虑一到两个概率较低但具有高风险的后果。决策越重要，就越要考虑更多的情况。

大多数客户倾向于关注高概率事件，但如果行动发生的概率低，却具有高风险，那么，考虑这个风险就很重要。例如，酒后驾驶被警察拦下并进行呼吸测试是中等概率事件，其后果是一段时间内暂扣驾照，这会给你带来不便。但是，酒后驾驶导致与其他车辆发生碰撞，使车滑到人行道上，导致 5 名学龄前儿童死亡，则是一个低概率事件。若这个事件发生，则很可能会是改变人一生的事件，不仅对死亡的儿童及其家庭如此，对司机、司机的职业生涯及其整个家庭也是如此。

教练请客户列出每一个可能的后果所能导致的事件链，其中包含短期事件和长期事件，同时，借此机会既思考一些想要的、预期的后果，也思考一些意想不到的后果。

以应对工作中烦人的经理为例，最后得到的是一张图（见图 34 – 4）。它可以帮助客户决定最适当的行动步骤，制订计划缓和或管理不太想要的潜在后果，以及思考如何能得到或放大想要的、积极的后果。

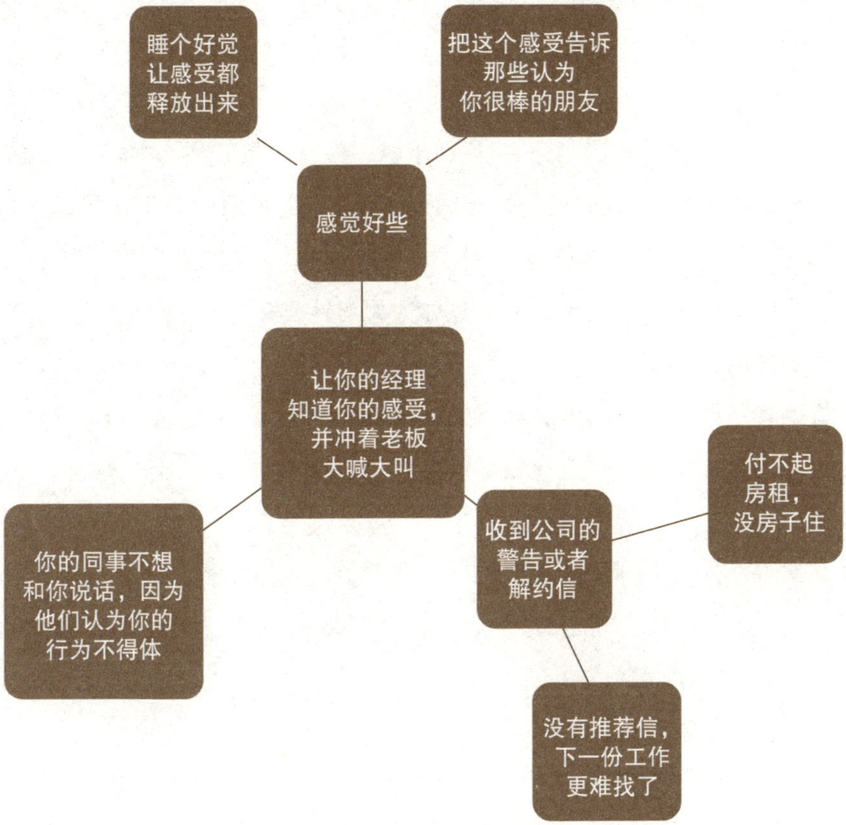

图 34－4　应对工作中烦人的经理的 A 方案

结语

该工具使用简单，并且可以依据客户的时间和意愿进行充分延展，可以将短期后果发展为长期的和次要的后果。

工具 16：传承

生活中，我们往往很容易关注眼前的事情，比如本周、本月、今年，而容易忽视我们的行动带来的长期影响。这个工具恰好克服了这一不足，请客户考虑他们的计划或愿望带来的长期影响。

工具介绍

该工具请客户思考自己一生的计划。提问的方式有多种，可以根据客户和他们的情况来判断哪种方法最为适合。最常用的一种提问框架是："想象你现在 80 岁了，住在一家养老院里，正在向别人讲述你的故事：回顾这些事件，你想说什么，你是如何面对这件事的？"或者"当你思考这些事件的长期影响时，你希望在身后留下什么？当你退休或转到下一个角色时，你希望你的团队成员如何评价你？"在大多数情况下，这些问题比"那么，你的下一步计划是什么？"更能创造一个反思的立场、一次深呼吸和深度思考的时刻。

当然，我们也可以通过引入一个情感类因素做出更具挑战性的干预。这对高级管理者或公众人物来说效果非常好。比如，我们可以这样问："当你的孙辈（或曾孙辈）回顾你的这一段经历时，你认为他们对你应该如何处理这些事件会怎么说？"

后面的问题是请人们对照自己的价值观来考量自己的行为。根据经验鼓励他们依照价值观的方向盘重新调整自己的行为。

结语

该工具非常有助于鼓励客户从长远的角度考虑他们的行为，以及思考这些行为可能会对自己或后代的影响。

工具 17：人生平衡轮

在当今快节奏的世界里，充斥着各种要求，我们是否就如何利用时间做出了正确的选择？我们目前的选择带给自己什么感觉？"人生平衡轮”工具帮助客户探索如何利用自己的时间，如何在平衡生活的各个不同方面之后获得幸福。

工具介绍

“人生平衡轮”是教练最通用的工具之一，非常简单易行。它可以帮助客户找出他们目前生活中最令人满意的方面，以及他们希望聚焦提升的方面。

这个练习只有两个步骤：

找出平衡轮的 6 ～ 8 个细分类别，填入圆形的分区中，思考代表每个领域最满意状态的是什么。常见的平衡轮细分类别可能包括：

- 健康；
- 朋友与家人；
- 另一半；
- 个人成长；
- 乐趣与休闲；
- 家庭环境；
- 职业；
- 金钱。

在每一分区中画一条最能代表当前满意程度的线。其中，平衡轮的中心为 0 分，代表最不满意，平衡轮的边缘为 10 分，即最高满意值。

最终的结果可能看起来有点像蜘蛛网，这能让你的客户直观地了解他们对目前生活的整体满意度与期望的生活满意度之间的关系。

这些结果为客户提供了一个有用的平台去探索其评分，接着探讨在各个方面可能采取的行动。

结语

这是一个探索工作与生活平衡的有用工具。

工具 18：影响范围

工具介绍

在努力实现目标的过程中，有很多让我们偏离轨道或陷入困境的情形，其中之一与我们的影响范围有关。“影响范围”工具背后的观点是，在我们的生活里有三个明显不同的领域：

1. 我们可以控制的事情。
2. 我们可以影响的事情。
3. 无论是现在还是其他任何时候，我们都无法影响的事情。

当我们觉得什么都不在自己控制之下时，通常至少还有一件是我们可以直接控制的事情，这就是我们的态度、思想和行为。即使是在巨大的压力下或当我们感到落入陷阱的时候，也总有机会重构自己的想法。

我们也是有能力影响某些因素的。即使不能完全改变它们，也可以朝我们想要的方向施加影响。例如，我们无法控制别人的态度和行为，但可以为他们提供建议和指导，或者为他们提供一些证据以帮助他们反思。

最后一个领域是我们既无法控制又无法影响的事情。对于大多数人来说，这可能是最大的领域，因为生活中发生的大部分事情都不在我们的直接掌控之中。教练可以帮助客户认识并接纳这一点，并将精力放在可以影响的事情上。

结语

这个框架提供的有用工具，能使客户将他们的情绪和身体能量集中在能够控制和影响的方面，并提高他们面对和接纳无法影响或无法控制的事情的能力。

工具 19：熄火

熄火（DOUSE）是一个有用的工具，帮助我们管理教练关系的结束。

工具介绍

我们使用 STOKERS 模型来管理教练对话的开始阶段——司炉工给锅炉添加燃料。那么使用 DOUSE 作为第二个火车隐喻来形容教练关系的收尾，就显得再适当不过了，因为我们是和客户一道平息教练对话的火焰。

教练通过特定的问题与客户探讨每一步，并在每个阶段根据需要提出跟进的问题。

1. 复核（Double Check）——教练通过告知对话即将结束开始收尾，并请客户回顾约谈的初始目标或计划。

2. 阻碍（Obstacle）——教练引导客户思考任何可能会发生并阻碍他们实现计划的障碍。你可以成为一个盟友或支持其自主担责。

3. 发现（Uncovered）——这个问题的目的是帮助客户反思并增强关于其自身以及所处情形的学习收获与洞见。

4. 支持（Support）——这个问题探讨实现计划可能需要什么支持或资源。

5. 结束（Ending）——教练引导客户结束约谈。

DOUSE 的流程见图 34－5。

图 34－5　结束一段教练对话的 DOUSE 流程

有关 DOUSE 流程有用的问题见知识框 34－14。

知识框 34－14 有关 DOUSE 流程有用的问题

1. 复核：

对照你最初设定的目标，你已经取得了哪些进展？

2. 阻碍：

什么可能会阻碍你迈出下一步？

你可以邀请哪些伙伴来帮助你取得进步？

你可以邀请谁来支持你自主担责？

3. 发现：

你有什么发现？

关于自己，你了解到了什么？

从所处情形中获得的哪些洞见可以帮助你前行？

4. 支持：

从这里你需要什么支持？

5. 结束：

在这里结束可以吗？

结语

DOUSE 是一个简捷的方式，确保教练在结束教练对话时囊括了关键因素。

工具 20：三件美好的事情

该工具围绕一个简单的问题展开，也是一个很好的与客户分享后他们能带走并使用的工具。对那些过度关注消极方面的客户尤其管用，可以帮助他们树立积极正面的导向。

工具介绍

该工具借鉴了积极心理学和更广泛的人本主义传统，以及每个人心中都有的向善的自然信念：自我修正的反射机制。教练的角色是帮助客户营造适合成长和发展的良好条件。

这个工具围绕着一个简单的问题展开："今天发生的三件最棒的事情是什么？"教练可以在某次约谈中提出，进而引导客户在一天结束时，将回答该问题作为关灯前所做的最后一件事。

如果客户能把这三件事情写下来，并把重点放在这三件事情带给他们的感受上的话，尤其有帮助。不同的客户喜欢写下不同程度的细节，有的客户可能喜欢写一篇简短的日记，写下所有的细节，有的客户则喜欢写一句抒发情感的句子。

我们发现，很多客户在尝试使用了这个工具几周以后，就开始把它融入自己的日常生活。

其效果是，从客户的反馈来看，他们发现容易入睡了。

工具 21：祝福

该工具对于培养同理心或慈悲心是非常有帮助的，既可以作为教练的工具，也可以用于客户。就像肌肉训练一样，同理心和慈悲心用得越多，它们就越会在我们内心增长（Passmore，2017a，b，c）。

工具介绍

和许多人一样，我也经常乘坐地铁、火车和飞机。我有一个习惯，当我坐在车厢里时，会看向车厢里的每一位同行者，试着理解他们所面临的挑战。一位乘客可能应付她年幼的孩子，另一位正忧心忡忡地看着他的手机，第三位可能看起来有点儿生气。我试着去感同身受，或者只是为他们的一天祝福："希望你的一天得到祝福，愿你的心带着喜悦与平和并给予遇见的下一个人。"

偶尔，也只是偶尔，会有人抬起头来，与我眼神交汇。通常，我都会给予温暖的微笑。多数时候，对方也会回以微笑，有时还会点头，而在我们周围，同行者都努力地装作四下无人，避免眼神接触。

我不知道这样做是否能照亮别人的一天，但我对每一位同行者的充满爱的善意却能照亮我的一天，并帮助我记住我是这个星球上众多人中的一员，而他们每个人都和我一样，都在尽自己最大的努力为家庭谋生，努力过上平静、幸福而满足的生活。

结语

虽然这个工具可能不会改变世界，但它可能有助于改变你。

First published in English under the title
Becoming a Coach: The Essential ICF Guide
By Jonathan Passmore and Tracy Sinclair, edition:1

图书在版编目（CIP）数据

教练的常识 /（ ）乔纳森·帕斯莫尔，（ ）特蕾西·辛克莱著；群智企业教练译．-- 北京：中国人民大学出版社，2023.6

ISBN 978-7-300-31516-4

Ⅰ．①教… Ⅱ．①乔… ②特… ③群… Ⅲ．①教练员－基本知识 Ⅳ．① G808.191

中国国家版本馆 CIP 数据核字（2023）第 069708 号

教练的常识

乔纳森·帕斯莫尔
特蕾西·辛克莱 著

群智企业教练 译

吴彦群 陈秋佳 张非凡 审校

Jiaolian de Changshi

出版发行	中国人民大学出版社		
社　　址	北京中关村大街 31 号	**邮政编码**	100080
电　　话	010－62511242（总编室）		010－62511770（质管部）
	010－82501766（邮购部）		010－62514148（门市部）
	010－62515195（发行公司）		010－62515275（盗版举报）
网　　址	http://www.crup.com.cn		
经　　销	新华书店		
印　　刷	涿州市星河印刷有限公司		
开　　本	720 mm × 1000 mm　1/16	**版　　次**	2023 年 6 月第 1 版
印　　张	21.25 插页 1	**印　　次**	2023 年 12 月第 2 次印刷
字　　数	257 000	**定　　价**	79.00 元